RECUEIL

DE

MÉMOIRES

ET AUTRES PIÈCES DE PROSE
ET DE VERS,

Qui ont été lus dans les Séances de la Société
Académique d'Aix, département des Bouches-
du-Rhône, depuis 1823 jusques a présent.

tome III

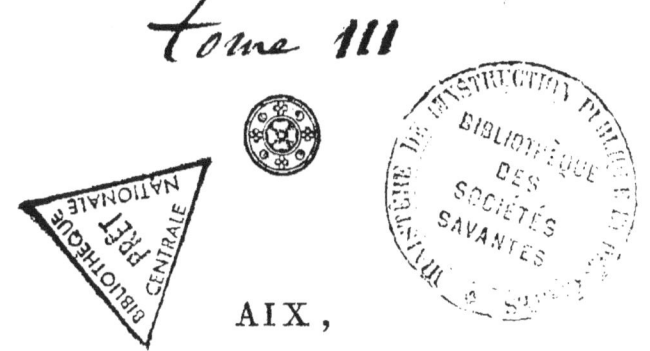

AIX,

De l'Imprimerie de Pontier fils Ainé, Libraire,
rue du Pont-Moreau, n.° 2.

1827.

AVERTISSEMENT.

Ce troisième volume de nos Mémoires dont quelques circonstances imprévues ont retardé l'impression, n'offrira pas, nous l'espérons, une lecture moins variée ni moins instructive que ceux qui l'ont précédé, et que le Public éclairé a favorablement accueillis. Nous signalerons particulièrement à son attention, dans le présent Recueil, deux mémoires qui par leur importance et leur étendue nous paraissent mériter d'être distingués. L'Explication d'une inscription romaine mutilée, qui se trouve dans le cabinet de M. Sallier; et le Mémoire sur la connaissance des terres par rapport à l'Agriculture, figureraient honorablement dans les Recueils des Sociétés les plus célèbres. D'autres pièces moins étendues renfermées dans ce volume sont dignes aussi de l'examen du lecteur éclairé.

La Société encouragée par le suffrage

du Public, s'est déterminée à fixer l'époque de la publication de ses travaux ; désormais un volume de ses mémoires paraîtra de trois en trois ans ; chaque volume, d'après la forme adoptée par un grand nombre de Sociétés savantes, contiendra d'abord l'histoire des travaux de l'Académie pendant cet intervalle, et l'analise des ouvrages qui ne pourront pas être insérés en entier dans ce recueil. Une activité nouvelle dans nos relations avec les membres associés - correspondans que cette Société a choisis parmi les hommes les plus distingués qui cultivent les Lettres en France et même en Europe, pourra contribuer à répandre plus d'intérêts encore sur nos recueils, et à fixer l'attention des savants.

Isidore de MONTMEYAN, Secrétaire perpétuel-adjoint de la Société.

Nota. Le Lecteur est prié de corriger, dans ce volume, avant de le lire, les fautes qui sont indiquées dans l'*errata*, et de suppléer à celles qui peuvent s'être dérobées à notre vigilance.

MÉMOIRES DE LA SOCIÉTÉ

Des Amis des Sciences, des Lettres, de l'Agriculture et des Arts, établie a Aix (Bouches-du-Rhône).

NOTICE

Sur l'origine de l'Imprimerie en Provence.

Par M. Antoine Henricy, *Avocat.*

AIX.

Aix est la première ville de Provence qui ait attiré dans son sein l'art de l'Imprimerie.

Fixer l'époque de son établissement, faire connaître les Imprimeurs qui le formèrent, c'est mettre au jour un point d'histoire littéraire inconnu ; c'est rendre hommage aux lumières, au zèle des Magistrats qui procurèrent à notre cité l'art précieux dont auparavant elle empruntait les secours à d'autres villes.

Le Parlement, l'Administration de la Province et celle de la Ville, faisaient imprimer alors leurs actes soit à Lyon, soit à Avignon.

Ces ouvrages paraissaient sous les noms des Libraires d'Aix, qui les vendaient, et qui quelquefois y faisaient apposer les armoiries de la ville, à l'effet de donner un caractère officiel à des arrêtés que l'on n'avait pu faire imprimer dans le pays.

Ces Libraires sont : Dominique de Portunaire, que l'on voit en 1539; Vas Cavallis, en 1540; Pierre et Uguet Alberts, frères, et Jacques Marcaurelle, en 1554; Thomas Maillou, et Marie d'Herbes, veuve de Vas Cavallis, en 1559; le même Maillou, qui fit imprimer le règlement publié par les Consuls d'Aix, en 1569, sur la police de la ville.

Des priviléges furent accordés à quelques-uns d'entre eux, en 1539 et 1545, par François I, qui avait donné, en 1536, à Antoine Vincens, imprimeur à Lyon, la permission, pour trois ans, d'imprimer les ordonnances du pays de Provence.

Les particuliers livraient également leurs ouvrages aux presses d'Avignon.

Pierre Roux, imprima dans cette ville, en 1557, *les Statutz et Coystumes de Prouence*, par Masse.

D'autres villes de la Province employaient

celles de Lyon, pour ce qui était nécessaire au service public.

En 1547 et le 18 juillet, l'Archevêque d'Arles et le Chanoine Cazaphilete, au nom du Chapitre, autorisent, par acte devant Antoine Surian, notaire à Saint-Chamas, Vas Cavallis, libraire d'Aix, à publier une nouvelle édition du Bréviaire de leur Église. Ce libraire fait imprimer ce livre à Lyon, par Thibault Payen, *Lugduni excudebat Theobaldus Paganus*. 1549. Venvndantvr Aquis, in Palatio regali, per *Vas Cavallis*, bibliopolam.

Le frontispice porte la *marque* de Vas Cavallis, représentant un vase au milieu de deux chevaux dressés sur leurs pieds, avec cette devise prise dans le livre des proverbes: *vas pretiosum, labia scientiœ*.

Les Consuls de la ville de Manosque font imprimer à Lyon, en 1559, suivant l'ordonnance du 20 août: *Tenor priuilegiorum, franquesiarum, et libertatum villœ Manuascœ in Comitatu Prouinciœ, et Forcalquerii existentis*. Venundantur Manuascœ, per magistrum *Saluatorem Jurami*, bibliopolam. 1559.

Les armoiries de la ville de Manosque sont au frontispice de ce livre.

Le Roi René et Charles d'Anjou, son

successeur (1), dont les riches bibliothèques renfermaient les premières productions de l'imprimerie et les œuvres des plus célèbres poëtes provençaux, avaient fait naître à Aix le goût des livres.

Les Chanoines de l'Église métropolitaine répandirent ceux à l'usage du service divin ; car ils firent imprimer à Lyon, en 1499 et en 1526, leur Bréviaire (2); leur Missel, en 1527 ; leur Diurnal, en 1533.

Les écrits dont je fais mention, et desquels je pourrais citer un plus grand nombre,

---

(1) Ce dernier Comte de Provence légua, par son testament du 10 décembre 1481, sa bibliothèque au Couvent de Saint-Maximin, *ad honorem gloriosæ sanctæ Mariæ Magdalenæ.*

(2) Une délibération capitulaire du 9 octobre 1499, porte : *fuerunt recepta per capitulum* 487 *breviaria et venundata singulis canonicis et beneficiatis pretio trium florenorum.*

Le missel se vendait 4 florins et 4 gros. On lit dans une autre délibération : *die 26 mart.* 1530, *probus vir Joan. Mirabelli habuit unum missale, pretio florenor.* 4 *et grossor.* 4.

Ledit jour il en fut vendu plusieurs au même prix : *lou tres de may ay prés un missalh religat.*

Les Eglises cathédrales des autres siéges de la Province, faisaient également imprimer leurs bréviaires à Lyon. L'Eglise de Marseille, en 1526—celle d'Arles, en 1501, 1549—celle de Grasse, en 1528—celle de Fréjus, en 1530—celle d'Apt, en 1532.

imprimés dans des villes étrangères, prouvent avec certitude qu'il n'y avait encore point d'imprimerie à Aix en 1569.

L'Administration de cette ville, désirant depuis long-temps y établir cet art, fit, en 1572, avec *Louis Barrier*, imprimeur d'Avignon, l'accord suivant (1):

---

(1) « L'an 1572 et le 12 février, Loys Barrier,
» m.^e imprimeur de la cité d'Advignon, promet à
» nobles personnes Durand, Hupay, Consuls de la
» cité d'Aix, de venir résider audit Aix, durant le
» temps de cinq ans, avec sa famille et serviteurs
» aptes et propres pour illec travailler continuellement
» à l'estat de imprimeur.....et pour donner moyen
» audit Barrier, de s'entretenir et mieulx négotier
» à sondit estat, lesdits sieurs Consuls..... avec la
» présence et aduis des Consuls de l'année passée,
» promettent audit Barrier de luy payer chascune
» année cinquante livres..... outre ce lesdits Consuls
» baillent audit imprimeur l'usaige et habitation d'une
» maison acquise par la communauté.....au devant
» l'Eglise S.t-Saulueur confrontant.... avec les études
» publiques..... et moyennant ce ledit imprimeur
» promet de imprimer chascune année gratis et sans
» rien prendre les ordres que se liront tant *aux loix,*
» *médecine et saintes écritures, que en lettres hu-*
» *maynes*, à la condiction que ladite communauté
» fornira le papier à ce nécessaire à ses despens, et
» pour donner occasion audit imprimeur de mieulx
» faire son devoir audit estat de imprimerie, lesdits
» sieurs Consuls exemptent Barrier, ses compaignons
» et domestiques de toutes gardes des portes et logemens
» de gendarmerie. » *Acte*, Degoa, *notaire.*

Le Conseil de ville, en le ratifiant, décida que Barrier habiterait la maison de l'Université (1).

C'est ainsi que la Sorbonne reçut dans son enceinte les premiers imprimeurs qui vinrent à Paris.

Par cet acte, les bienfaits de la Typographie étaient d'abord consacrés à l'instruction publique, et à l'égard d'une Université distinguée par ses études, par les professeurs qui les enseignaient (2), et qui avait pour chancelier, un *Julien de Médicis*, alors Archevêque d'Aix (3).

Barrier n'exécuta point cet accord, je ne sais par quel motif ; mais *Pierre Roux*, que nous avons vu publier, en 1557, à Avignon, les Statuts de Masse, s'engage, en 1574, envers les Consuls, à transporter

---

(1) « Le Conseil de ville, nul discrepant, approuve » ledit acte, et neantmoings qu'il sera communiqué » à Messieurs de l'Université, pour ratiffier le pache » consernant l'habitation dudit imprimeur. » *Délibération du 26 février* 1572.

(2) Namque in civitate Aquensi ad id (*studium*) locus propitius et quietus, incolarum grata communio et benigna, salubris aër, victûs abundantia, ac doctorum divini et humani juris peritorum, aliarumque scientiarum copia. *Fundatio regiæ Universitatis Aquensis à Ludovico* II ann. 1413.

(3) Il était de l'illustre famille des Médicis. *Gallia christiana*, etc. 1715, tom. 1, pag. 333.

son imprimerie à Aix, aux mêmes conditions qui avaient été arrêtées avec Barrier (1).

Pierre Roux publia en 1575, et c'est probablement le premier livre imprimé à Aix, le *Traicté de l'Eglise de Dieu contre les calvinistes......* par Jehan Pellicot, conseiller au siége d'Aix.

Pellicot dit dans la dédicace de ce petit écrit, datée du 1.er juillet 1574 : « depuis
» quelques années le traité suivant de l'Eglise
» de Dieu avait esté par moi recueilli,
» et ayant à présent la commodité de l'im-
» primerie en ceste ville.... ».

Il imprima en 1577, *le Livre du Consvlat.....* et *le Portvlan.....*

Guillaume Giraud, et François Mayssoni, traducteur du *Consvlat*, avaient formé société pour l'impression de cet ouvrage, dont ils chargèrent Pierre Roux (2).

―――――――――――――

(1) Acte du 12 janvier 1574. *Joseph Borrilli*, notaire.

(2) « Mayssoni fournira deux balles papier blanc
» de dix-huit sols la rame, si mieux n'aime fournir
» argent audit Roux, jusques à la valeur de dix écus.
» Il traduira le livre du Consulat, pour raison de
» quoi il lui sera baillé par ledit Giraud, trois écus
» de quatre florins.....
» Ledit Roux faira six cent livres de volumes de
» l'ouvrage, moyennant le prix de cinquante sols
» tournois pour rame, et sera tenu de fournir le

Celui-ci prit le même engagement avec Giraud, pour le *Portvlan* (1).

Cet imprimeur continuait cependant d'exercer sa profession à Avignon, en même temps qu'il l'exerçait à Aix. Il mit au jour, en 1576, le livre suivant : *De rimedi contra l'amore ridotti in ottava rima*, da M. Angelo Ingegneri, *gli dve libri di Ovidio*, stampato in Auignone, per M. Pietro Rosso, l'anno 1576.

Je donne une autre preuve de l'existence de son imprimerie à Avignon. Il promet à Giraud de ne réimprimer, sans son consen-

---

» papier et impression. » *Acte du 6 janvier 1575.* Jean Descalis, *notaire à Marseille.*

M. le Comte de Villeneuve, Préfet du département, ayant bien voulu agréer ces recherches sur l'imprimerie, et se proposant d'en faire usage dans la Statistique qu'il publie, m'a procuré, par les soins de M. Toulouzan, rédacteur de cet important ouvrage, la communication que je désirais de cet acte, ainsi que de celui du 29 juin 1614, aux écritures de Bernard Mitre, notaire à Marseille, dont il sera fait mention ci-après.

(1) » Pierre Roux mettra en imprimerie le livre
» appelé *Le Portvlan*......., traduit du langaige
» ytallien en françois, et ledit Giraud promet bailher
» audit Roux pour ses peynes et trauaulx de six
» cent volumes à raison de vingt cinq sols pour
» feulhe appellant la feulhe de vingt quatre mains

tement, dans cette ville, durant dix ans, le Consulat et le Portulan (1).

Roux ne reçut, suivant les comptes trésoraires de la ville, que quatre années de gages, fixés à 50 liv., depuis 1573 jusqu'en 1577, l'année consulaire commençant alors au premier novembre.

Ces gages furent attribués pour l'année 1577 à 1578, qui était la dernière de l'engagement de Roux, à Thomas Maillou, en qualité de *cessionnaire*.

Roux avait donc quitté, en 1577, son imprimerie d'Aix, et sans doute pour se fixer de nouveau à Avignon.

Thomas Maillou et Guillaume son fils, reçoivent, dans les deux années suivantes, les mêmes gages.

Guillaume obtint des lettres royaux de Henri III, du 28 janvier 1580, qui l'établissaient imprimeur juré et ordinaire du Roi (2).

» parfaictes et ceque ce trouvera d'ung autre main,
» le tout bien et deuement faict icelle imprimer
» comme y apposer et ranger les lettres grosses ainsi
» que s'apartient, pour raison de quoy ledit Giraud
» luy prouvoira tout le papier que luy sera necessaire. » *Acte du* 15 *septembre* 1576, Delphin Upays, *notaire à Aix*.

(1) Acte du 2 mars 1577. *Degoa*, notaire.

(2) « En considération des grands frais qu'il a faits

On voit sortir de sa presse, en 1580, le *Panégyrique de l'Hénoticon ou édit de Henry III sur la réunion de ses sujets à l'Église catholique..*, par Honoré de Laurens, aduocat général en la Court du Parlement de Provence, et ensuite Archevêque d'Embrun, ouvrage qui fut accrédité par la Ligue.

Guillaume eut seul les gages, depuis 1580 jusqu'en 1587.

Mais Thomas Maillou ne fut jamais imprimeur. Il était, en 1559, associé de Marie d'Herbes, veuve du libraire Vas Cavallis. En 1568, il ne prenait que la qualité de libraire, sur le tableau du Conseil de ville dont il était membre.

Le Traité de l'Église de Dieu, de Jean Pellicot, imprimé en 1575, porte au frontispice : *On le vend en la bouctique de Thomas Maillou, libraire.*

Le privilége du Roi pour l'impression des ordonnances de Henri III, exécutée en 1580, par Thomas et Guillaume Maillou, est seulement en faveur de Guillaume.

J'insiste sur ces observations, parce que j'ai lu dans un manuscrit de la bibliothèque Méjanes, que l'imprimerie de la famille

---

» à lever son imprimerie en nostre ville d'Aix, de
» laquelle nos subjects du pays de Provence retirent
» plusieurs commodités.

Maillou était réputée la première établie à Aix, et que l'on y fait remonter son origine jusqu'en 1540, erreur auparavant commise par Nicolas Catherinot, d'une manière encore moins vraisemblable, puisque cet écrivain porte à l'année 1482, l'origine de l'imprimerie à Aix (1).

Guillaume Maillou étant décédé, la ville se trouva dépourvue d'imprimeur depuis 1587 jusqu'en 1594. Car, durant cet intervalle, l'article de ses gages n'est plus dans les comptes trésoraires. L'acte que je vais citer sur Courraud, fournit la preuve de cette interruption.

Les Consuls saisirent avec empressement l'occasion qui s'offrit à eux, et qu'ils cherchaient, de rétablir l'imprimerie. Ils continuèrent à la soutenir par des libéralités, malgré les obstacles qu'opposaient à leurs vues les *troubles* civils et la *misère du temps*(2).

Jean Courraud se présenta, et les Consuls le nommèrent imprimeur de la Ville (3). Il

---

(1) Typographiæ celebriores sunt Amstelodamensis, Antuerpiensis, Aquæsextiensis in provinciâ gallicâ, ab ann. 1482. *Wolfii monumenta typographica*. 1740. Pars secunda, pag. 944—960.

(2) Actes des 29 mai ; 9—22—23 novembre 1595. *Jacques Isoard*, notaire.

(3) « MM. les Consuls de cette ville d'Aix, qu'es-

eut son habitation dans le collége de Villeneuve, et reçut les gages depuis 1594 à 1595, jusques en 1600, terme de son engagement.

» toient en charge en l'année 1577, comme soi-
» gneux et curieux de accommoder et orner la ville
» de tous arts et mestiers et mesmement d'une im-
» primerie, auroient habité en icelle un imprimeur et
» dressé une imprimerie, qui eust été depuis tenue
» et exercée par feu M. Guillaume Malhou, auquel la-
» dite ville bailloit quelque estat pour son entrete-
» nement, ayant esgard audit art que pendant six
» ou sept ans auroit été en chaumage *à cause des*
» *troubles*, que aussi par le décés dedit feu Malhou,
» estant toutes les presses, caracteres et autres choses
» a ce necessaires, rompues, brisées, distipées et
» brolhassées, lesquels la veuve dudit feu Malhou
» les auroit vendus à un imprimeur, qui les vouloit
» porter et dresser a Marseille, ce que venu a la
» notice de MM. de la Cour de Parlement, comme
» curieux de la commodité et ornement de ladite
» ville, mesmes d'y avoir un imprimeur, auroient
» empêché que ladite presse et caracteres, ne soient
» transportés hors ladite ville, et trouvé bon de la
» faire redresser, et seroit advenu que M. Jehan
» Corraud dudit Aix, qui auroit acheté ladite-impri-
» merie, se seroit offert la redresser et faire travailher
» lui donnant quelques moyens et commodité de la
» pouvoir entretenir, ayant esgard a la *misere du*
» *temps*, et a la grande dépense que lui convient faire,
» au moyen de quoi... ledit Corraud sera tenu habiter
» en cette ville, y *redresser* ladite imprimerie et faire

Mais n'ayant pu remplir le service des établissemens publics, soit à cause de son incapacité, signalée par le Conseil de ville (1), soit à cause de l'insuffisance de son attelier, on appela de Lyon, en 1597, pour le remplacer, *Jean Tholosan*, établi dans cette ville depuis plusieurs années.

Mais Courraud continua de diriger son impri-

» travailher bien et duement comme s'appartient.

» La ville lui baillera une maison d'habitation, » soit au college de Villeneuve ou autre lieu commode, » pour y dresser ladite imprimerie aux despens de » la ville.

» Et pour aider ledit m.ᵉ imprimeur a supporter » les fraix et despens que lui conviendra faire pour » redresser ladite imprimerie et y travailher, il lui » sera donné durant cinq années, savoir : 100 liv. pour » la présente année, et pour les années suivantes, » 50 liv. chacune année.

» Outre ce sera ledit imprimeur immun et exempt » de toute garde de nuit et de jour de la ville, » logement de gens de guerre, franc de reve comme » est de coutume.

» Lequel m.ᵉ imprimeur sera tenu la et quand la » ville seroit en commodité de faire imprimer les » privileges d'icelle, soit en latin ou françois, que » ledit Corraud les faira imprimer a ses despens, » fors que la ville fornira le papier. » *Acte du* 31 *juillet* 1595, Jacques Isoard, *notaire*.

(1) Délibération du 28 octobre, 1598.

merie, avec *Philippe Coignat*, son gendre, qui lui succéda (1).

Il publia, entre autres écrits, en 1596, *la Gvisiade Prouensale*, de Meirier, pièce remarquable contre la ligue.

La veuve Coignat vendit ensuite son imprimerie, au prix de 195 liv. à *Jean Roize*, libraire d'Aix (2).

Celui-ci mit au jour, en 1629, le *Pontificium Arelatense*, et en 1655, *l'Histoire des Comtes de Provence*, par Ruffi.

L'établissement de Roize a existé successivement jusqu'à la fin du 17.me siècle.

François Duperier, homme de lettres distingué, père de Scipion Duperier, avait désigné Tholosan aux Consuls, sous des rapports honorables. Il le logea dans sa maison (3), le qualifiant dans ses lettres,

───────────

(1) Contrat de mariage de Coignat avec la fille de Courraud, du 27 août 1600. *Gilles*, notaire.

(2) Acte du 2 septembre 1624. *Gilles*, notaire.

(3) Buyer et les Maximis, amis des lettres, l'un à Lyon, les autres à Rome, attirèrent et logèrent dans leurs maisons les premiers imprimeurs qui s'établirent dans ces villes.

Pie IV appela et plaça dans le Capitole Paul Manuce, qui marquait ainsi le lieu de sa demeure et le siége de son imprimerie : *In ædibus populi romani*.

son *très-affectionné* et *parfaict amy*, et lui adressant des vers familiers (1).

Jacques Fontaine, célèbre Médecin de ce temps, à Aix, dit à Duperier en lui dédiant son discours de la petite vérole : *vous ne vous estes contanté d'auoir attiré vn bon et suffisant imprimeur en vostre ville. Mais à sa grande commodité, vous l'auez logé dans vostre maison* (2).

Le Parlement autorisa Tholosan à exercer sa profession, en attendant les lettres patentes du Roi (3).

Il fut nommé imprimeur de la ville, aux gages de 100 l., portés dans la suite à 150 liv.

On lui donna pour son habitation, et pour

---

(1) Ces pièces se trouvent dans les « Memoires et » instrvctions pour l'establissement des meuriers et art » de faire la soye en France, réimprimés par ordre » du Roi, en 1603, à Aix, chez Jean Tholosan. »

(2) Duperier fut loué et recherché par les écrivains de son temps. Jacques Fontaine lui disait, dans le même discours : *je suis résolu de luy faire voir le jour sous vostre faueur qui sur tous aymez extrememement et l'antiquité et l'auancement du proffit public. Vostre plus qu'admirable cabinet est la marque fidelle de la première affection.*

Les États de Provence de 1608, firent don au Roi de ce cabinet.

(3) Arrêt du 31 janvier 1598.

y exercer son art, la maison de l'Université (1).

Il reçut des lettres patentes du Roi, du 14 octobre 1599, qui furent confirmées par celles du 16 novembre 1616.

L'ouvrage suivant imprimé en 1598, pour l'administration de la province, doit être considéré comme le premier livre sorti des presses de cet imprimeur : *Statvta Provinciæ Forcalqveriique Comitatum*, *cum commentariis* L. Massæ.

Le frontispice de ce livre porte son nom avec

___

(1) Tholosan dressa son imprimerie en 1597. Il reçut des indemnités des Consuls, « en considération » de plusieurs grands fraicts et despens qu'il avoit » faicts et soufferts a la conduite des caracteres et » autres engins nessesseres a son art de la ville de » Lyon en ceste ville d'Aix, pour estre luy un homme » savant et bien entendu a son mestier, ayant grand » quantité de beaux caracteres, et pour le profit et » décoration de la ville, on le doibt entretenir et « y accorder des gaiges, a la charge par lui de » fournir sans rien prendre, tout ce que sera de besoing » soyt privileges, lettres, bolletins, passeports, etc. » fors que la ville luy fornira le papier a ce nessesere. » Il jouyra des mesmes honneurs, franchises et » libertés que jouissoit Corraud, par son contrat du » 31 juillet 1595, et soulloyent jouir les autres » imprimeurs de ceste ville, ses devanciers ». *Délibérations des* 10 *septembre* 1597—28 *octobre* 1598— 8 *septembre* 1600. *Conventions des* 15 *mars* 1598, *et* 9 *octobre* 1600. Jacques Isoard, *notaire*.

avec celui de Nicolas Pillehotte, libraire originaire de Lyon, venu probablement à Aix avec Tholosan, pour y établir un commerce de librairie qui fut de courte durée.

Tholosan imprima, dans la même année, *La Favconnerie de Charles d'Arcvssia*, seigneur d'Esparron. C'est la première édition, devenue très-rare, de ce livre, dont le P. le Long cite six autres éditions.

Il réunissait à la profession d'imprimeur celle de libraire. Il est qualifié imprimeur-libraire, dans le privilége du 10 juillet 1612, qui lui fut accordé pour la publication d'un livre d'Église.

Étienne David, après avoir fait son apprentissage d'imprimeur chez Tholosan, épousa l'une de ses filles (1).

Il reçut des lettres patentes, du 14 novembre 1616, pour exercer sa profession, *conjointement avec son beaupère et après lui.*

Tholosan ne pouvant plus, à cause de son âge, continuer le service de la ville, obtint qu'Étienne David fut nommé à sa place (2).

---

(1) Actes des 30 septembre—11 novembre 1616. *Durand*, notaire.

(2) Délibération du 27 avril 1625—acte du 6 juin suivant. *Jacques Isoard*, notaire.

B

Il lui légua ensuite son imprimerie (1), et celui-ci la transmit à ses descendans, qui en ont joui successivement, avec des lettres patentes de nos Rois. Cette imprimerie subsiste encore aujourd'hui.

Je borne mes recherches sur l'origine de l'art typographique à Aix, aux premiers imprimeurs que l'on y voit jusqu'au commencement du dix-septième siècle.

Mais je dois à la mémoire d'Étienne David, de citer ici la lettre honorable que notre célèbre Peiresc écrivait (le 7 mars 1630), au savant antiquaire Borrilly, à Aix.

« Vous sçavez que toutes les fois qu'il a
» été question d'imprimer de bons ouvrages
» en françois, Étienne David s'y est prêté
» à ma considération : que plusieurs de nos
» auteurs et jurisconsultes qui, dans notre
» province, eussent mieux aimé écrire en
» latin qu'en françois, sçachant mieux la
» première langue que l'autre, ayant, d'après
» mes sollicitations, composé et écrit en

_____

(1) « En considération des bons offices qu'il en a
» reçus et espere recevoir d'icelui, et en rémunération
» des peines, travail qu'il a fait depuis douze ans
» en son état et vacation, en toute probité et fidé-
» lité requise, à l'augmentation de sa maison. »
Testament du 23 août 1627. Gilles, *notaire.*

» françois, David m'a souvent fort aidé à
» corriger tant le fond que le style desdits
» ouvrages, tant avant l'impression qu'en
» corrigeant les épreuves. Il a donc acquis
» des droits à la gratitude des gens lettrés
» comme vous » (1).

Une autre lettre de Peiresc au même Borrilly (8 septembre 1630), à l'égard de David, s'exprime en ces termes : «.....après
» tant de services de son père (*Tholosan*)
» et de luy. Vous sçauez les raisons que j'ai
» de m'intéresser en sa fortune. C'est pour-
» quoy je vous supplie de croire que la faueur
» que vous lui ferez ou procurerez pour
» l'amour de moy me sera beaucoup plus
» sensible que si c'estoit en ma propre
» personne. »

L'affection de Peiresc pour David, fut, ainsi que l'avait été celle de Duperier pour Tholosan, inspirée par le mérite de ces deux artistes. Des goûts réciproques formèrent entre les uns et les autres, ce lien plein de charmes qui unit les lettres et les sciences à l'art qui concourt à leur immortalité.

Les sentimens de Peiresc ne sont pas le

---

(1) Lettres inédites de Peiresc, publiées en 1796, dans le Magasin encyclopédique., et en 1815, par M. le Président de Saint-Vincens.

seul exemple de la considération dont les gens de lettres environnaient les imprimeurs qui réunissaient à un habile exercice de l'art, l'étude approfondie des langues anciennes, et de leurs admirables écrits.

Notre Province et notre Cité, appréciant les avantages si importans que procurent aux connaissances de l'esprit humain les lettres et l'art qui leur donne la vie, favorisèrent, par des encouragemens multipliés, la publication d'ouvrages utiles au pays, que la présente notice se plaît à rappeler.
Les États de Provence de 1603, donnèrent à César Nostradamus, une gratification de 3000 liv., pour son Histoire de Provence.
L'Histoire des Comtes de Provence, par *Ruffi*, publiée en 1655--l'Histoire de Provence, par *Bouche*, en 1664—la même, par *Papon*, en 1777—celle des plantes, par *Garidel*, en 1715—les Consultations de *de Cormis*, en 1731—les Statuts de Provence, par *Julien*, en 1778—le Traité de l'olivier, par *Couture*, en 1786 : ces ouvrages, imprimés aux frais de la Province, et l'Histoire d'Aix, par *Pitton*, publiée en 1666, à ceux de la ville, attestent les vues éclairées, les actes bienfaisans d'administrateurs jaloux de répandre les lumières et de conserver la mémoire de nos aïeux.

Nous voyons au nombre de ces administrateurs, et avec un sentiment de reconnaissance que la postérité partagera, le généreux citoyen qui a ouvert toutes les sources des sciences, dans la riche collection de livres dont il nous a fait un legs si précieux.

Méjanes employa sa vie, ses affections, sa fortune, à l'exécution du noble dessein qu'il avait conçu de fonder la bibliothèque, dont la composition montre les vastes recherches, le savoir universel de cet ardent ami des lettres.

En donnant à la Province qui l'avait appelé à la tête de son administration, cette magnifique bibliothèque, Méjanes voulut que la garde en fût confiée à la Capitale, qui l'avait élu son premier Consul.

Combien elle se glorifie de voir dans ses annales, parmi tant d'honorables souvenirs, le nom de ce vertueux Consul, qui lui apporta, avec un choix si éclairé, les productions du génie de tous les siècles, de toutes les nations.

MARSEILLE.

Marseille ne possédant point les établissemens publics qui étaient fixés à Aix, n'éprouva pas d'abord le besoin de l'art de l'imprimerie, qui, plusieurs années auparavant, avait été appelé dans cette cité, pour l'exécution des ouvrages du Parlement, des Administrations et de l'Université.

Mais la colonie phocéenne accueillit cet art merveilleux avec le même empressement et les mêmes distinctions que la ville romaine sa voisine, manifesta lorsqu'elle voulut en jouir.

L'imprimerie fut établie à Marseille, en 1594 (1), suivant l'accord passé entre les

---

(1) « Comme soit que MM. les Consuls gouverneurs
» de cette ville de Marseille, comme cupides et
» desireux de l'ornement et décoration d'icelle depuis
» quelques années ayant taché par plusieurs moyens
» d'établir dans ladite ville l'imprimerie tant nécessaire
» et importante à une telle ville qu'est celle-ci;
» attendu que enfin se seroit présenté M. Pierre
» Mascaron marchant libraire, habitant audit Marseille,
» qui sachant le desir desdits sieurs Consuls, se seroit
» offert leur faire avoir en cette ville ladite imprimerie....à la charge que ladite ville lui fairu quelque
» honnete parti, ce qui auroit été accepté par lesdits
» Consuls.
» Au moyen de quoi ledit Pierre Mascaron promet

Consuls et *Pierre Mascaron*, libraire (1).

On voit, par cet acte, que l'administration de cette ville cherchait depuis quelques années à se procurer l'art de la typographie, et qu'elle s'en assura l'existence par des encouragemens.

Les poésies de La Bellaudiere et celles de Pierre Paul, paraissent être le premier ouvrage sorti des presses de Mascaron.

La Bellaudiere ayant le projet de faire imprimer son recueil, l'avait dédié, en 1583, à François Duperier. Mais il n'exécuta point

---

» à honnorables personnes noble Charles de Casaulx, etc.
» Consuls et gouverneurs de ladite ville, de dresser
» et exercer en cette ville ladite imprimerie dans un
» mois prochain, pour la décoration et bénéfice de
» ladite ville, ses manans et habitans; ledit Mascaron
» sera tenu d'imprimer autant de patentes, bulletins
» et passeports..... qui seront nécessaires au secrétaire
» de la ville, sans rien payer, et lesdits sieurs Consuls
» promettent de payer annuellement audit Mascaron
» 300 escus d'or, de lui procurer aux despens de
» la ville, une maison propre et commode pour son
» habitation et pour exercer son état, et qu'il sera
» exempt de gardes. » — *Acte du 5 novembre* 1594. André Boyer, *notaire à Marseille — archives de l'hôtel-de-ville*, regist. 1594.

(1) Pierre Mascaron, père d'Antoine Mascaron, célèbre avocat au parlement d'Aix, et aïeul de Jules Mascaron, évêque de Tulles.

ce dessein ; il mourut en 1588, et légua son manuscrit à Pierre Paul.

Les Consuls de Marseille en ordonnèrent la publication, ainsi que le rapporte Pierre Paul, dans l'épître qu'il leur adresse : *vous autres messieurs me commandastes de mettre en lumiere tant les œuvres dudit Bellaud que les miennes.*

Mascaron imprima, en 1595, ce recueil, qui se compose de quatre parties réunies sous les titres suivans :

Obros, et rimos provvenssalos, de Lovys de La Bellavdiero, gentilhomme prouvenssau, reviovdados per Pierre Pavl, escvyer de Marseillo. Dedicados as vertvovzes et generovzes seignours, Lovys d'Aix, et Charles de Casavlx, viguier, et premier conssou, capitanis de duos galeros, et gouuernadours de l'antiqua cioutat de Marseillo. A Marseille, par Pierre Mascaron. *Avec permission des-dits seigneurs.* 1595, in-4.°

Le don-don infernal, ov sont descrites en langage provençal, les miseres, et calamitez d'vne prison. Par Lovys de La Bellavdiere, gentilhomme provençal. A Marseille. 1595.

Lovs passatens de Lovys de La Bellavdiero, gentilhomme prouuenssau, mes en sa luzovr, par Pierre Paul, escuyer de Marseille. A Marseille. 1595.

Barbovillado, et phantazies jovrnalieros, de Pierre Pav, escvyer de Marseillo. A Marseille, par Pierre Mascaron. 1595.

Mascaron réimprima, la même année, et ensuite en 1597, je ne sais pourquoi, le frontispice de *obros et rimos provvenssalos....* avec quelques changemens.

Mais j'ai vu dans le cabinet de M. Pontier, libraire, un exemplaire des œuvres de La Bellaudiere, portant le titre suivant : *Rimes provenssales de Lovys de La Bellavdiere, gentilhomme provensal, mises en lumiere par le sieur Pierre Pavl escuyer de Marseille.* A Marseille. 1596, *avec les armes de france.*

Il est évident que ce titre fut réimprimé après la chute de Casaulx, et le renversement de la ligue à Marseille.

On voit avec surprise, que Mascaron, en retranchant de ce frontispice la dédicace aux chefs de la ligue, n'eût pas fait disparaître en même temps quelques pièces écrites à leur louange, qui sont dans l'ouvrage, et qu'il en eût supprimé son nom.

Pierre Paul ne fit point imprimer dans ce recueil de poésies, l'épître dédicatoire que La Bellaudiere avait adressée à Duperier, ni le sonnet que celui-ci composa pour La Bellaudiere.

Il substitua à cette épître une autre dédicace pour les Consuls de Marseille.

La cause de cette suppression ne peut venir que de la nécessité où se trouva l'éditeur de dédier l'ouvrage à ceux qui en avaient ordonné la publication.

Mais Jean Tholosan réimprima à Aix, en 1602, le *don-don*, sans doute, pour avoir l'occasion d'y insérer l'épître et le sonnet qui n'avaient pas été compris dans la première édition, témoignage bien délicat de sa gratitude envers Duperier, pour *tant de faueurs* qu'il en avait *receues*.

En lisant ce don-don que La Bellaudiere écrivit dans sa détention, on désire connaître le sujet de sa disgrâce.

Il doit être attribué à la licence de ses premiers écrits, car il se livra de nouveau à ses goûts favoris, puisque la permission d'imprimer le don-don ne lui fut accordée, qu'*à la charge de rayer certaines expressions et de changer les paroles qui se trouvent un peu trop piquantes* (1).

Sa détention donna lieu au sonnet que son ami Duperier lui adressa.

On lit dans diverses pièces réunies aux poésies de La Bellaudiere, des éloges sur

---

(1) Arrêt du parlement d'Aix, du 31 août 1584.

l'établissement de l'imprimerie à Marseille (1).

Mais on voit dans les vers de P. Paul, que l'impression de ces poésies réclamait les secours de l'administration (2).

---

(1) Aux Consuls de Marseille : *vous auez moyenné d'y faire venir vn imprimeur pour l'embellissement que vous desirez d'apporter a ceste ville.*

Vivo, vivo à jamais aqueou couble parye,
Que son cause qu'auen eyssi l'imprimarie.

(2) *A monsur Lovys d'Aix, viguier de Marseillo :*

Aro és lou cop, ou jamais non,
 Que fés bruzir vostre renom,
 En reuioudant La Bellaudiero.
Fés donc (monseignour) lou viguier,
 Que m'y sié dounat de papier,
 Per boutar lou tout en lumiero.

A monsur de Casaulx, premier Conssou.....

Auitouillas donc sus la presso,
 Bellau qu'és pressat de la presso,
 Que n'a recours qu'à vouostre don.

A monsieur Cauuet, Baron de Montribou.

M'avez jurat Sant Juan Batisto,
Qu'auriou cent ramos de papier :
Souuenez vous ley mettre en listo,
Au conte dau Conssou premier.

Au seruitour dudit Cauuet.

Ha ! compaire Agoustin, despacho
De faire venir de papie :
Autrament quitaray la tracho,
D'anar plus à l'imprimarie.

Antoine Arnoux était imprimeur à Marseille, en 1600 -1602.

Henri Carret, imprimeur à Aix, et dont je n'ai point fait mention, parce que je n'ai rien connu de lui, propose, en 1617, à la ville de Marseille, d'y établir son imprimerie, attendu qu'elle n'en possède aucune (1).

J'ignore la suite que les Consuls donnèrent à cette proposition.

Les imprimeries de Mascaron et d'Arnoux n'auraient donc existé que durant quelques années. On peut même croire que Marseille fut dépourvue d'imprimeurs, avant et après 1617, sans toutefois que je puisse citer sur cela des époques certaines.

Jean Tholosan imprima en 1611, un petit écrit, intitulé : l'*effroyable tempeste de mer*, par Daniel Brone, chirurgien à Marseille.

---

(1) « Sur la requête présentée au conseil par
» *Henry Carret*, imprimeur résidant en la ville d'Aix,
» aux fins qu'attendu qu'*en cette ville n'y a aucun*
» *imprimeur*, desireroit se retirer et faire son habi-
» tation en cette ville pour faire la fonction de son
» metier d'imprimeur, pourvu que la ville lui donne
» vne maison pour habiter et y faire quelque honnete
» condition, être remis par le conseil à M.rs les consuls
» pour y ordonner ainsi qu'ils verront bon gré. »
Registres de l'hôtel-de-ville, 28 décembre 1617.

Cet ouvrage est dédié aux Consuls de cette ville, et se trouve décoré de ses armoiries.

L'usage de cette *marque* eût appartenu, comme privilége, à l'imprimeur en titre de la ville de Marseille, si, en 1611, il en eût existé aucun.

Philippe Coignat imprima, en 1614, un livre d'église pour une association religieuse de la même ville (1).

Jean Courraud et Philippe Coignat se

---

(1) *Offices de Notre-Dame, office de Passion, des morts et de la semaine sainte*, pour la fraternité de Notre-Dame d'Ajude, dite la Trinité vieille de la ville de Marseille. *Acte du 29 juin* 1614. Bernard Mitre, *notaire à Marseille.*

Cet acte se rapporte à la note 2, pag. 8.

Je cite, à cause de leur particularité, quelques-unes des conditions imposées à Coignat, dans cet acte: « Coignat faira lesdits livres de la longueur
» chacung d'ung pan et demi car de long et ung pan
» moings demi car de large.

» En cas qu'il fasse quelque faulte en imprimant
» lesdits livres et que ne fussent conforme à la mémoire
» susmentionnée, ledit Coignat sera tenu iceux
» refaire a ses propres cousts et despens sans redit,
» et en cas qu'il n'aye fait tous lesdits livres au terme
» susdit ou qu'il en vandist advant le temps susdit,
» sera tenu comme se condamne payer la somme de
» cent livres applicables aux pauvres. »

Autre acte du 17 juillet 1614. Gilles, *notaire à Aix.*

qualifiaient, en 1616 et 1620, imprimeurs d'Aix et de *Marseille* (1).

Je rapporte encore un ouvrage, dont l'impression peut donner lieu à des recherches bibliographiques qui sont étrangères à cette notice.

Hector de Solier publie *les Antiquitez de la ville de Marseille, par N. Jules Raymond de Solier* (son père), *translatées de latin en françois par Charles Annibal Fabrot*. A Cologny, par Alexandre Pernet. 1615.

Le conseil de ville de Marseille avait voté des fonds pour l'impression de cet ouvrage, par sa délibération du 11 novembre 1612. Hector de Solier le dédie aux Consuls de Marseille (2).

Si, en 1615, il eût existé une imprimerie dans cette ville, son administration eût-elle

---

(1) *Traité de la paix faite avec les Marseillois et le Grand Turc en Barbarie*, par Courraud et Coignat, imprimeurs d'Aix et de *Marseille*. 1616.

Francisci Braqueti Brignoniensis medici, ... Medicina universalis.... Aquis-Sextiis, apud Philippum Coignatum, typographum ejusdem civitatis et *Massiliæ* ordinarium. 1620.

(2) Le même conseil, par sa délibération du 28 décembre 1608, avait destiné des fonds pour l'impression d'un autre ouvrage du même écrivain.

souffert qu'un livre sur l'histoire du pays, dont elle avait agréé la dédicace, et dont surtout elle favorisait la publication par un don de 1000 liv., fût imprimé ailleurs qu'à Marseille, ou qu'il le fût sous des noms supposés d'imprimeur et de ville, et dans une forme clandestine prohibée par les lois?

Car, il n'est point vraisemblable que ce livre ait été imprimé à *Cologny*, ou *Coligny*, ainsi que l'ont répété le P. le Long, Lenglet Dufresnoy et de Haitze. Je n'ai pu connaître jusqu'à présent qu'il ait jamais existé d'imprimerie dans aucun de ces petits bourgs ou villages. J'ai lieu de croire que cet ouvrage a été imprimé à Aix, comme ceux que je viens de citer. Car Hector de Solier écrit sa dédicace : *à Aix, le 7 de juin* 1613. Le savant jurisconsulte et professeur Fabrot, fixé dans cette ville, n'aurait pu suivre ailleurs l'impression de sa traduction.

On voit *Pierre Penot*, en 1630. Mais Étienne David, imprima à Aix, en 1638, avec les armoiries de la ville de Marseille, les *priviléges des marchands, juges consuls de cette ville*.

Claude Garcin vint en 1641, *rétablir* l'imprimerie, en recevant 100 liv. de gages. Ce fait conste par la délibération du conseil du 18 mars 1666, relative à Charles Brebion, qui le remplaça (1).

Il publia en 1642, l'Histoire de la ville de Marseille, par *Ruffi* (2).

L'établissement de *Charles Brebion* date de 1666, suivant la délibération précitée. Il subsiste encore dans la même famille.

Henri Martel donna, en 1696, la seconde édition de l'Histoire de Marseille, par *Ruffi*.

Je n'ai pu faire des recherches plus étendues sur les anciennes imprimeries de cette ville. Les hommes de lettres qu'elle possède en produiront de plus intéressantes, dont s'enrichira son histoire littéraire.

Cependant je ne dois point passer sous silence l'établissement d'une imprimerie arménienne, qui fut formé à Marseille en 1670, et qui exista jusqu'en 1684.

Imprimerie

---

(1) « A le sieur Pierre de Solle, premier Echevin, » représenté, que depuis l'année 1641, auquel temps » il n'y avoit aucune imprimerie dans la ville, fut » passé contrat à Claude Garcin imprimeur, pour » venir exercer l'imprimerie. Il lui fut promis 100. liv. « de gages toutes les années ; et parce qu'à présent » Charles Brebion a dressé imprimerie.....»

(2) Il fut délibéré par le conseil de ville, du 10 novembre 1641, de faire imprimer cette histoire aux frais de la Communauté.

Imprimerie Arménienne.

Le Patriarche des Arméniens envoya en Europe, en 1662, d'après la décision d'un concile, l'évêque Uscan, pour faire imprimer en langue de la nation, la bible et d'autres livres à l'usage de son culte. La cherté des bibles manuscrites, qui se vendaient au delà de 500 écus, et les variantes qui se trouvaient dans leurs diverses copies, donnèrent lieu à cette entreprise littéraire.

Uscan vint à Amsterdam, où, aidé de son diacre Salomon de Léon, il fit imprimer en 1666, une bible arménienne (1).

Il se rendit ensuite à Paris, et il obtint du Roi, en 1669, par la médiation du chevalier d'Arvieux, savant distingué dans les langues orientales, un privilége pour

---

(1) Uscan en donna un exemplaire à la bibliothèque du Roi, accompagné de la lettre suivante, adressée à Louis XIV, laquelle désigne cette édition comme la première d'une bible en langue arménienne :

« Sistunt sese, serenissime Rex, aspectui tuæ
» majestatis splendidissimo sacra hæc biblia armenica,
» à natione nostrâ diù multùmque desiderata ac expe-
» tita, nunc verò primùm in orbe christianissimo
» novis elegantibus typis excusa, magnisque sumptibus
» et summo labore et industriâ publicata, etc. »
Amstelod. 21 maii 1669. *Jacobi le Long Bibliotheca sacra.* Paris, 1723, tom. I. pag. 138.

imprimer à Marseille, en langue arménienne, les livres nécessaires à la religion de son pays.

Uscan établit, en 1670, son imprimerie dans cette ville, où il avait apporté une grande quantité de caractères gravés et fondus à Amsterdam.

Il avait amené avec lui Thadée, prêtre arménien, avec qui il forma, en 1673, une société pour l'impression d'un bréviaire, sous l'engagement de fournir chacun d'eux 1000 piastres pour les frais de cette édition, qui devait être faite au nombre de 3000 exemplaires.

Le soin de l'impression et de la correction fut réservé à Uscan, qui reçut 350 exemplaires du bréviaire, en dédommagement de ce travail.

Matthieu Joannis en était le *compositeur*, et il avait trois piastres par feuille et son entretien.

L'Évêque de Marseille exerça sa surveillance sur cette imprimerie, et on appela de Rome un prêtre arménien, du rit latin, nommé Agolp, pour suivre la correction des livres qui sortiraient de ces presses.

Des différens survenus entre les associés, ayant donné lieu à des procès, le travail fut suspendu et repris ensuite.

Uscan étant mort à Marseille en 1674, Salomon de Léon, et Matthieu de Vanante, l'un de ses disciples, continuèrent de diriger cette imprimerie, et Salomon fit avec Thadée une autre société, pour la suite du bréviaire.

Agolp retourné à Rome, après le décès de l'évêque Uscan, fut remplacé à Marseille par Thomas Hérabied, autre prêtre de la même communion, que la congrégation de la Propagande envoya avec le caractère de missionnaire apostolique.

Hérabied mit des entraves à la publication des livres arméniens, prétendant qu'ils étaient remplis d'hérésies, et les déféra à l'évêque de Marseille et à son vicaire général.

Thadée présenta requête au Lieutenant de cette ville, en demande de la correction et réimpression de huit feuilles du bréviaire, que l'on supposait renfermer des dogmes contraires à la foi orthodoxe.

Le Lieutenant renvoya, par sentence du 22 août 1675, au vicaire général, la correction du livre.

Le Parlement d'Aix confirma cette sentence, par arrêt du 28 septembre suivant, et permit à Thadée d'assurer la représentation de l'ouvrage, par saisie sur les facultés de Nascip de Grégoire, procureur de Salomon de Léon, que son procès avait attiré à Paris.

Thadée fit saisie des meubles de Grégoire, et le fit traduire en prison.

La Cour confirma la saisie, cassa l'emprisonnement, et ordonna encore que le bréviaire serait examiné par le vicaire général (1).

Ce vicaire décida qu'il en serait réimprimé seize feuilles, et l'évêque prescrivit aux arméniens de lui donner deux épreuves de toutes les feuilles, afin de corriger les erreurs qui s'y seraient glissées (2).

L'affaire ayant été portée au conseil d'état, l'Intendant de Provence reçut ordre du Roi, par des lettres des 3 janvier et 15 février 1683, de maintenir les arméniens dans le privilége qu'il leur avait accordé.

L'Intendant à qui Thomas Hérabied avait présenté le tableau des hérésies qu'il disait avoir réformées, fit défense à cet inspecteur étranger, dont la mission n'était point reconnue par le gouvernement, de prendre part à l'impression des livres arméniens.

Les discussions qui s'étaient élevées sur leur doctrine, la censure ecclésiastique qui

---

(1) Arrêts des 9 juin 1676, et 1.er avril 1678.

(2) Ordonnance du 7 juin 1678, dans laquelle l'évêque prend la qualité de *prélat domestique et assistant du Pape*.

les soumit à son examen, durent mettre des obstacles à leur croyance en Arménie, où ils étaient envoyés pour le service de sa religion, et nuire aux intérêts de l'entreprise. Le P. le Long ajoute à la citation qu'il fait de la bible arménienne publiée à Amsterdam, en 1666, par l'évêque Uscan : *hæc editio Armenis non fuit accepta* (1).

Mais la typographie arménienne de Marseille cessa ses travaux en 1684. Salomon de Léon et Matthieu de Vanante, transportèrent de nouveau leur imprimerie à Amsterdam (2).

---

(1) La supplique adressée, le 6 décembre 1675, par le pasteur des arméniens, les prêtres et le peuple de cette nation, résidant à Smyrne, rapporte les dénonciations de Thadée contre l'imprimerie arménienne, et fait connaître une des causes de sa chute : .....*Quapropter nos omnes petimus*..... est-il dit dans cette supplique, *illo sacerdoti arriano non fidem dare, quia si illi creditis nostram typographiam destruetis et scientiæ nostræ lumen extinguetis*..... Arrêts de Boniface. Lyon, 1689, tom. 3 pag. 410—412.

(2) Le livre suivant fut sans doute imprimé à Amsterdam par les arméniens de Marseille, et en entier dans leur langue, comme ceux qu'ils avaient publiés dans cette dernière ville.

✝
Livre des Hymnes de l'Église.
✝

La musique des chants spirituels, composée par les saints docteurs de l'église d'Arménie, imprimée à

Ainsi, Marseille perdit un établissement avantageux à son commerce, utile en même temps à la connaissance des diverses langues orientales qui, tous les jours, viennent rappeler à cette cité les premiers accens de son berceau, avec les glorieux souvenirs de ses illustres aïeux.

La rareté des livres imprimés en langue arménienne à Marseille, et dont je n'ai vu aucun catalogue, m'engage à publier celui que je dois à M. Cirbied, arménien, professeur royal de cette langue, à Paris.

Les Psaumes de David et l'Eucologe arménien, avec l'ordre ou le régulateur de l'office divin, selon le rit de l'église d'Arménie. *Marseille*. 1673, in-4.º

Les Psaumes de David avec un abrégé du calendrier arménien, et la liste des noms de tous les patriarches d'Arménie, par ordre chronologique. *Marseille*. 1673, in-12.

Entretiens avec Dieu, ou livre de prières, composé par S.t Grégoire de Nareg, savant docteur de l'église d'Arménie dans le 10.me siècle. *Marseille*. 1674, in-12.

Calendrier arménien en tablettes pour l'usage du peuple de ce pays. *Marseille*. 1675, in-12.

Abécédaire arménien, avec un abrégé de grammaire de la langue italienne, expliqué en arménien. *Marseille*. 1675, in-8.º

Amsterdam, dans l'année du Seigneur 1702, *in*-8.º

La bibliothèque Méjanes possède ce livre, ainsi que la bible imprimée à Amsterdam, en 1666, par les soins de l'évêque Uscan.

Des Préservatifs de la santé. *Marseille.* 1675, in-12.

L'Abrégé géographique de Moïse de Khoren, avec un recueil de fables, connu chez les arméniens sous le titre de *livre du renard. Marseille.* 1676, in-12.

Le Rituel de l'église d'Arménie. *Marseille.* 1678, in-8.°

Le Jardin spirituel, ou livre de prières pour tous les jours de l'année. *Marseille.* 1683, in-18.

On lit au frontispisce de tous ces livres : *publié sous le patriarcat d'Arménie du Seigneur Jacques IV, et sous le règne du pieux et du très-chrétien Louis XIV Roi de France.*

M. J. Saint-Martin, membre de l'Institut, a bien voulu aussi me donner connaissance de l'ouvrage suivant, cité dans ses *mémoires historiques et géographiques sur l'Arménie.*

La Géographie de Moyse de Khoren, etc. *Marseille.* 1683, in-18.

J'ajoute à ce catalogue le Bréviaire qui, en 1675, donna lieu au procès.

Le P. le Long ne cite que le *Psalterium armenum.* Massiliæ. 1673.

Les écrits de Richard Simon et les arrêts de Boniface, sont les principales sources où j'ai puisé les renseignemens que je donne sur l'imprimerie arménienne de Marseille.

ARLES.

L'Imprimerie a été établie à Arles en 1647.

L'impression exécutée auparavant à Lyon et à Aix, d'ouvrages intéressans pour cette ville et son église, paraît fournir la preuve qu'il n'y avait point encore d'imprimerie avant 1647 (1).

Robert Reinaud, libraire d'Arles, fait imprimer sous son nom, en 1617, à Lyon:

Deux conventions entre Charles I *et Loys* II, *et les citoyens de la ville d'Arles.*

Réglemens de la police de la ville d'Arles.

Le *Pontificium Arelatense* est imprimé à Aix en 1629, par Jean Roize.

Contrat des Consuls de la ville d'Arles, etc. avec *Jean Vanens,* en 1642. A Aix, par Estienne David. 1647.

Ces divers ouvrages portent les armoiries de la ville ou de l'archevêque d'Arles.

François Mesnier, imprimeur à Marseille, vint le premier exercer son art à Arles. La ville lui accorda, par délibération du 25 juillet 1647, un traitement annuel de 150 l.

Les descendans de Mesnier continuent de diriger la même imprimerie.

---

(1) Voyez ci-devant, pag. 3.

TOULON.

Il fut établi, par arrêt du conseil d'état, du 21 juillet 1704, une seule imprimerie dans la ville de Toulon.

Je ne connais aucun acte de son administration qui ait concouru à y fixer l'art typographique, ainsi que l'avaient fait les villes d'Aix, de Marseille et d'Arles.

Pierre Louis Mallard a été le premier imprimeur à Toulon. Ses descendans y ont joui de son établissement jusques vers la fin du siècle dernier.

Les recherches que j'ai faites sur l'origine de l'imprimerie dans notre ancienne Province, présenteront-elles quelque intérêt sur cette partie de son histoire littéraire ?

Ses annales ne m'ont fourni aucuns documens. Je les ai trouvés dans les Archives publiques, dans les écritures des Notaires, dont la communication m'a été donnée avec beaucoup d'obligeance.

La fidèle représentation des actes que j'ai extraits de ces dépôts, pouvait seule établir, mais par des détails arides et minutieux, la vérité de faits épars, éloignés de nos jours, et qu'aucun mémoire du temps n'avait recueillis.

J'ai suivi dans cet examen, quoique sur un sujet bien moins important, et avec des moyens bien inférieurs, l'exemple des hommes de lettres occupés à découvrir l'époque de l'invention de l'imprimerie, le lieu qui la vit naître, le nom de celui à qui nous la devons, et ses premiers travaux.

Si chaque département publiait des documens positifs sur l'origine et la suite des établissemens d'imprimerie qu'il a formés, l'histoire de la typographie pourrait acquérir la connaissance de faits intéressans et ignorés jusqu'aujourd'hui, dont profiterait l'histoire des lettres inséparable de celle de la typographie.

Les imprimeurs seraient animés d'une louable émulation à la vue de ces hommes qui illustrèrent, par leur savoir, par leurs travaux, un art si précieux; qui l'élevèrent presque à sa perfection, dès les premiers temps de sa découverte, et dont la vie conservée jusqu'à nous, attira sur leurs personnes, sur l'exercice de leurs presses, cette considération attachée à la science, aux soins d'en propager les lumières et les bienfaits, considération manifestée par le Souverain, à qui fut donné le glorieux titre de *Père des Lettres* (1).

---

(1) François I se plaisait beaucoup à voir travailler à l'imprimerie. Étant venu à celle de Robert Étienne, qu'il affectionnait particulièrement, et ayant trouvé cet imprimeur occupé à corriger une épreuve, il ne voulut pas l'interrompre, et attendit que cette correction fut achevée.

Henri Étienne, fils de Robert, a écrit: *Franciscus* I *peculiari quodam amore patrem meum complectebatur.* Stephanorum Historia, etc. (par *Maittaire*) Londini. 1709.

NOTICE

Sur l'église de Notre-Dame de la Seds, ancienne Métropole d'Aix.

Par M. Castellan, Chanoine, Professeur d'Histoire ecclésiastique à l'Académie royale d'Aix.

Plusieurs Églises, et surtout ces Basiliques antiques, où s'assemblaient les premiers chrétiens, ont leurs histoires particulières, fruits du zèle et de l'amour de la patrie des auteurs qui les ont publiées.

Que de monumens en effet dignes de mémoire, tant dans le sacré que dans le profane, qui s'y trouvaient déposés, seraient tombés pour toujours dans l'oubli, à la suite des révolutions, sans la sollicitude de quelques curieux et laborieux écrivains, qui ont cru devoir les recueillir, avec des peines inouies !

C'est là, comme dans une source abondante, que le chronologiste, l'amateur des beaux arts, l'antiquaire et le critique, viennent encore bien souvent puiser des connaissances qu'ils ne trouveraient pas ailleurs.

Que de lumières, par exemple, n'ont pas répandu sur les annales agiologiques romaines, les travaux de Bosius et d'Aringhi, en décrivant les catacombes ou cimetières, ainsi que les chapelles de cette capitale de l'empire, qui servaient de temples aux fidèles primitifs.

Le savant M. d'Agincourt a fait plus encore. En étudiant avec un soin scrupuleux les murs, les pavés, les voûtes de tous les monumens sacrés de Rome en général, il a éclairé depuis peu le peintre, le sculpteur et l'architecte, sur la décadence et les nouveaux progrès de leur art.

Mais, sans recourir à des régions lointaines, le laborieux M. Bonnement, et le Père Dumont, ont découvert des richesses immenses, en ce genre, dans l'élysée où se trouvait la plus ancienne église d'Arles.

Le président Fauris de S.t Vincens, que cette Société s'honorera toujours d'avoir compté parmi ses membres, a mis au jour tout ce que notre nouvelle basilique métropolitaine renferme d'important; il n'y a qu'à lire les mémoires qu'il en a publiés, sur ses portes, sur la tapisserie du chœur, les inscriptions, tant antiques que modernes, et en général, sur les monumens propres à figurer dans l'histoire.

Quoique le champ sur lequel nous allons nous-même travailler paraisse bien stérile, eu égard à tant d'autres, il nous offrira cependant quelques objets dignes de remarque.

Notre-Dame de la Seds tire l'étymologie de son nom, du mot *sedes*, siége, c'est-à-dire, lieu où l'évêque siégeait. Il est encore employé dans plusieurs diocèses, pour désigner, comme chez nous, l'ancienne cathédrale, *cathedralis*, terme dérivé de *cathedra*, synonyme de *sedes*.

Nous pouvons citer en preuve ceux de Glandèves, de Riez et de Toulon, en Provence, ainsi que de Bagnorea en Italie. Quelques chartes de Marseille qualifient aussi l'église majeure, du titre de *Sanctæ Mariæ Sedis*.

Ce mot se prend quelquefois pour le trône matériel du prélat, originairement portatif, couvert d'une simple toile blanche, de la forme des antiques chaises curules, assez semblables aux stalles de nos chœurs.

On voit encore à Rome, la chaire de S.t Pierre, au fond de l'abside de la basilique vaticane. Le célèbre historien Eusèbe Pamphile, qui florissait au commencement du quatrième siècle, assure que celle de l'Apôtre S.t Jacques-le-Mineur se conservait, de son temps, avec respect, dans l'église de Jérusalem. *Euseb. hist.*, *lib.* 7, *cap.* 19.

Pour revenir à Notre-Dame de la Seds, dont nous avons à traiter, les tronçons de grosses colonnes de granit gris, qu'on a tirés de ses ruines, celles en entier qui y sont encore enfouies et qu'on a aperçues en creusant le terrain, comme aussi des bases et des morceaux d'entablement, annoncent qu'elle était bâtie en galerie et dans le goût des basiliques romaines.

Leur diamètre de vingt-un pouces, donnerait, selon l'ordre corinthien, dix-huit pieds six pouces d'élévation au fust.

En y ajoutant la base, le chapiteau, la frise, la corniche, l'attique, etc., on pourrait se former, d'après les règles de l'architecture, une idée assez exacte de la hauteur de l'édifice.

Elle se trouvait autrefois renfermée dans l'enceinte de la ville (*Aquæ-Sextiæ*). On en juge par les fragmens de marbre de toute couleur, les mosaïques, les vieilles bâtisses, les gros quartiers de pierre, les colonnes et les bas-reliefs.

La position des antiques remparts, dont on aperçoit quelques vestiges en faisant des fouilles, et des tombeaux découverts non loin de là, dénotent clairement que l'église était située vers l'extrémité occidentale de la cité.

Tel fut l'usage des premiers chrétiens, même depuis la paix de l'église. Ils plaçaient leurs cathédrales ou temples principaux, dans les lieux écartés et les moins populeux. S.t-Jean-de-Latran à Rome, S.t-Pierre à Antioche, S.te-Marie-du-Mont-Sion à Jérusalem, et une infinité d'autres ailleurs, occupaient un site pareil.

Nous ne savons pas à quelle époque on y déposa le corps de S.t Mitre. Ce ne pût être immédiatement après son martyre, quand même on le reculerait jusques sous la préfecture d'Arvandus, du temps de l'empereur Anthémius. Les lois des douze tables d'Athènes adoptées par les Romains, s'opposaient formellement à la sépulture dans les villes. On peut lire *Eutropius*, *lib.* 8, et *Julius Capitolinus in Antonino Pio*. On sait d'ailleurs que les chrétiens s'y étaient toujours conformés.

Grand nombre de monumens historiques prouvent que les dépouilles mortelles, même des saints, étaient déposées hors des murs, dans les cryptes ou autres édifices sacrés, qui devenaient lieux d'assemblée, et où l'on célébrait les divins mystères, mais non dans les cathédrales.

Telle

Telle fut l'origine de tant de temples vénérables, par exemple, de St-Pierre, de St-Paul, de St-Laurent, de St-Sébastien, de Ste-Agnès, etc., à Rome ; de St-Jean l'évangéliste à Ephèse ; de St-Cyprien à Carthage, sur le chemin de Mapalla ; de St-Ignace d'Antioche, hors la porte de Daphné ; de St-Victor à Marseille ; de St-Trophime aux champs élysées à Arles ; de St-Martin à Tours ; de St-Denis à Paris, et d'une infinité d'autres.

Quoique nous ne connaissions pas l'époque de la translation de St. Mitre dans la basilique de la Seds, il n'est pas moins certain qu'il y reposa durant plusieurs siècles. On le tira probablement du cimetière ou chapelle de St-Laurent *extrà muros*, sépulture de nos anciens prélats, tels que les bienheureux Basile, Armentaire et Menéphale, dont il nous reste des inscriptions qui répandent un grand jour sur l'histoire. Le tombeau de St. Mitre, en marbre blanc statuaire, orné de bas-reliefs chrétiens, du goût du cinquième siècle, se trouvait placé dans l'abside, sur deux colonnes antiques.

Grégoire de Tours parle, au chap. 71 *de Gloriâ Confessorum*, de ce précieux dépôt, et du culte qu'on lui rendait dans l'ancienne cathédrale, sous l'évêque Franco,

D

vers l'an 566. Les détails qu'il en donne sont très-curieux, et nous font connaître les usages ainsi que les mœurs simples de ce temps.

Ce temple fut dévasté, au plutard, dans le huitième siècle, par les Sarrasins, fléaux d'une partie du globe, et particulièrement de la Provence. Pitton rapporte, dans son histoire d'Aix, liv. 1.er, pag. 74, d'après un ancien manuscrit, qu'ils ravagèrent la ville, y mirent le feu, écorchèrent vifs plusieurs de ses habitans, pour cause de religion, et en réduisirent grand nombre en esclavage.

La chronique de Sigebert, moine de Gemblour, parle aussi de la dévastation de cette ville par les mêmes barbares, sous l'année 745. *Aquensi urbe à Saracenis desolatá.*

Le local resta ainsi abandonné au milieu d'un monceau de décombres.

L'Archevêque Pierre II, dit Gaufridi, fait encore mention, dans une charte de l'an 1092, de la destruction de l'église de Notre-Dame de la Seds, ainsi que de la cité, par les musulmans. Les laborieux auteurs du *Gallia christiana*, l'ont donnée au public, *inter instrumenta*, tom. 1.

Cette église suivit le sort de la ville, et à son rétablissement, elle continua d'en être la cathédrale. Ce dut être avant l'an 794, puisque l'évêque qui y siégeait, demanda à cette même époque au concile de Francfort, d'être rétabli dans ses droits de métropolitain, sur la seconde narbonnaise.

Sous Pierre I.er, vers le onzième siècle, un nommé Elbo lui donna, pour l'entretien de ses chanoines, des possessions considérables dans le territoire de Moissac. *Ecclesiœ Sanctœ Mariœ Sedis Aquensis, ad stipendium canonicorum*, etc.

Mais ce quartier de la cité se trouva peu à peu éloigné du centre de la population, bien qu'il fût défendu par plusieurs tours, qui lui valurent le surnom de *Villa turrium*.

Deux autres quartiers distincts se formèrent aux environs, et à son préjudice. Le premier, dit Ville comtale, auprès du mausolée et du palais antique romain, depuis que les Comtes de Provence de la maison d'Aragon y eurent établi leur domicile.

Le second, nommé Bourg-St-André, au voisinage de l'église de St-Sauveur, qui l'emporta enfin sur l'ancienne, et devint la cathédrale avant l'année 1069.

Benoit, prévôt du chapitre, contribua plus que tout autre à sa construction, comme il paraît par les chartes. Elle n'était pas bien grande, mais de style grec en décadence, et assez belle pour ce temps-là. C'est ce qui forme aujourd'hui la majeure partie de la nef de *Corpus Domini*.

Un document de la même époque, inséré *inter instrumenta galliæ christianæ*, tom. 1, fait mention d'un acte qui y fut signé dans l'enceinte de son cloître, sous l'archevêque Rostagnus I.

Il conste cependant que l'église de la Seds continua à être desservie par une partie du chapitre, au moins jusqu'en 1103, ce que donne à entendre une charte de l'archevêque Pierre III, où on lit ce qui suit : *Ecclesias et honores canonicis beatæ Mariæ et gloriosi Salvatoris*, etc.

Le même prélat y assembla un concile provincial en 1112 ; nous en avons les canons, tous de discipline.

Quand les chanoines eurent cessé d'y faire journellement l'office, elle resta simple paroisse, sous un vicaire perpétuel, à charge d'âmes ; et les archevêques ne quittèrent leur palais qui y était contigu, que plusieurs siècles après. On en découvrit, en 1816, quelques fondemens bâtis avec solidité, et un grand quartier de pierre sculpté de chaque côté, où l'on voit des trophées d'armes en partie frustes, ce qui annoncerait la frise de quelque arc de triomphe.

L'église exigeant de grandes réparations,

l'archevêque Robert II accorda, par une bulle du 28 août 1317, des indulgences à ceux qui contribueraient à la rétablir. Il y dit, qu'elle est dédiée sous les vocables de Ste-Marie *de Sede*, et de St. Mitre, dont le corps, source de grand nombre de miracles, repose dans le sanctuaire. Il paraît que les fidèles secondèrent les vues du prélat.

Cependant les choses changèrent de face. La ville des Tours restant presque déserte, à la suite des désordres qu'occasionnèrent en provence les troupes indisciplinées de Raymond de Turenne, sous le malheureux règne de Louis II, héritier de la reine Jeanne, les chanoines voulurent retirer de l'église de la Seds tout ce qu'il y avait de précieux.

Le 23 octobre 1383, ils en transportèrent solennellement chez eux l'antique sarcophage où reposait encore le corps de St. Mitre, et les autres reliques. Le curé Pons Amalfredi, prévoyant que cette démarche ne pouvait être que nuisible à son titre, protesta tant pour lui que pour ses successeurs. L'acte en fut signifié au chapitre, en cours de procession, devant la porte des Cordeliers, dits alors Frères Menors (*mineurs*); mais on n'y eut aucun égard, et la translation s'effectua sans troubles jusqu'à St-Sauveur.

Le tombeau de St. Mitre s'y voit encore,

soutenu par ses colonnes, et selon sa forme primitive, dans la chapelle derrière le maître-autel, que Ammo Nicolaï, archevêque d'Aix, éleva en son honneur, vers l'an 1440.

L'église de la Seds peu à peu abandonnée, depuis surtout que la métropolitaine lui eut encore enlevé l'antique statue de la Vierge, tomba en ruines, faute de réparations, et il s'écoula plus d'un siècle avant qu'on pensât à la rétablir.

Enfin, la ville d'Aix affligée de la peste, au commencement du seizième, se mit sous la protection de la Mère de Dieu, fit vœu de rebâtir son temple, et l'exécuta par le secours des aumônes des fidèles.

Son architecture, tant de la nef que du sanctuaire qui seul reste aujourd'hui de la construction d'alors, était de style gothique, avec des arcs croisés de forme ogive, selon le goût du temps, ce qui se répétait dans les trois autres chapelles latérales des deux côtés, jusqu'au portail.

La façade surmontée d'un fronton, ornée de statues et de pilastres corinthiens, maintenant ruinée par les révolutionnaires, datait du siècle dernier.

l'église étant finie, le chapitre lui rendit l'image vénérée, la transféra avec pompe, le 21 octobre 1521, et en confia le service à des prêtres amovibles.

Il la céda, quelques années après, avec ses dépendances, aux religieux Minimes, en la personne de leur général, Simon Guichard, qui venait de prêcher l'Avent à St-Sauveur.

C'était un homme apostolique, très-versé dans les langues grecque, hébraïque, caldéenne et arabe. Il avait même brillé comme théologien, au concile de Trente.

Ils en prirent possession le jour de la Pentecôte, 1.er mai 1556, et bâtirent le couvent qu'on voit encore sur les débris de la maison capitulaire ; et il fut chef-lieu de leur province de Provence.

Guichard y décéda martyr de son zèle, ayant été blessé à mort par les protestans. Ses confrères avaient orné sa tombe d'une épitaphe, qui a disparu.

On y voyait aussi celle d'un autre général, Jérôme Duranti, surnommé le Chrysostome de son temps. Il appartenait à la famille de Guillaume Duranti, si connu dans le treizième siècle par le *Speculum juris*, et le *Rationale divinorum officiorum*. Jérôme devint confesseur d'Henri III, et mérita les éloges de Clément VIII, en plein consistoire.

Les écrivains de cet Ordre savant, en parlent avec distinction. Il mourut en 1626.

En citant les personnes illustres de ce corps, dont les cendres reposent dans l'église de la Seds, nous ne devons pas oublier Jean-François Niceron, le prodige de son siècle, et l'ami intime de Descartes. Né à Paris, il termina sa carrière à Aix, le 22 septembre 1646, âgé seulement de trente-trois ans.

Génie sublime, autant que vertueux cénobite, ses Traités de l'Optique curieuse, celui des Chiffres, et l'*Opticus thaumaturgus* qui nous restent de lui, sont autant de trophées toujours subsistans élevés à sa mémoire.

On voyait autrefois dans cette église, les tombeaux d'un fils du poëte Malherbe, du président Gauffridi, et de Louis du Chaine, évêque de Senez.

Le premier, demeurait à Aix avec son père, attaché à la cour du duc d'Angoulême, gouverneur de Provence.

Le second, dévoué à sa patrie, y avait joué un grand rôle, sous les ministères orageux des cardinaux Richelieu et Mazarin.

Le dernier, né à Brignoles d'une famille ancienne, décéda à Aix, le 1.er mars 1671, âgé de quatre-vingt-trois ans. Peu d'hommes ont mieux mérité que lui les éloges de la postérité. Aussi, croyons-nous devoir jeter quelques fleurs sur sa tombe. Il était savant jurisconsulte, prédicateur éloquent, bon mathématicien, et très-versé dans la musique.

Ces différens talens, qui pour l'ordinaire ne marchent pas ensemble, se trouvaient encore rehaussés par une charité héroïque. Le diocèse de Senez dut à sa généreuse munificence grand nombre de fondations aussi importantes qu'utiles.

La ville d'Aix ne fut pas étrangère à ses bienfaits. Il conste par son testament, qu'il laissa des legs à tous les hôpitaux, aux maisons religieuses et aux pieuses associations.

Nous terminerons enfin la série des monumens de l'église de Notre-Dame de la Seds, détruite durant la révolution, par le somptueux cénotaphe en marbre, que Frédéric II, roi de Prusse, fit élever au marquis d'Argens, son chambellan.

Il se trouvait dans la première chapelle à gauche, près du portail. Un cype soutenait une grande statue ailée avec l'épitaphe et le buste du défunt, en médaillon. Le tout était appuyé à une pyramide qui s'élevait jusqu'à la voûte.

Quatre inscriptions sépulcrales, dont deux romaines, et deux gothiques, déterrées aux environs, se trouvaient plaquées extérieurement sur les murs de l'église; les dernières étant de peu de valeur, nous les passons sous silence. On peut les voir cependant derrière la nef du midi. La première, à l'angle, entre le couvent et la façade de l'église, désigne un champ sacré ou cimetière payen. On y lit ce qui suit:

IN FRONTE

P. XII.

c'est-à-dire, qu'il y avait, en avant, douze pas destinés à la sépulture, et qu'il n'était pas permis de cultiver. La plus grande, en beaux caractères, appartenait au tombeau de Veratius, fils d'un Chevalier romain, flamine augustal, ou chef des prêtres desservans le temple d'Auguste, probablement à Aix; car, nous savons par Gruter (Recueil d'inscriptions antiques), que nos pères s'étaient ravalés dans cette ville, comme tant d'autres ailleurs, jusqu'à élever des autels et prodiguer des victimes à une divinité si bizarre, enfantée par la servitude et pour la dégradation de l'espèce humaine (1).

Son culte se trouvait réuni à celui de la

(1) On peut voir l'épitaphe de Veratius, à Aix, à l'hôtel-de-ville, sur le grand escalier qui conduit à la bibliothèque Méjanes, où elle a été transportée depuis peu.

capitale de l'empire, à laquelle par une suite du même délire on offrait des sacrifices.

Les restes magnifiques du temple de Rome et d'Auguste, qu'on voit à la maison basse, au-dessous du village du Vernègues, près de Lambesc, nous donnent une idée de ce genre d'édifices.

Tels sont les détails directs ou indirects que nous fournit l'antique église de la Seds. Elle a été reconstruite dans un nouveau goût, par les Dames du St-Sacrement, sous la règle de St-Augustin, qui s'y sont établies depuis quelques années, et l'ont divisée en trois nefs séparées par des colonnes.

On pourrait, par le moyen des fouilles, déterrer ces grosses colonnes de granit gris, qu'on y a aperçues en creusant des tombeaux, et autres dans l'antique aqueduc romain, qui, traversant la place, vient aboutir au grand chemin public.

Ce local étant une terre classique, on y mettrait probablement à jour d'autres monumens échappés à la barbarie des siècles d'ignorance.

RECHERCHES

Sur une Inscription romaine, mutilée, qui se trouve dans le cabinet de M. Sallier, à Aix, rétablie par M. Marcellin DE FONSCOLOMBE.

A une époque où de brillantes découvertes occupent tous les esprits, où les hiéroglyphes même ne sont plus une énigme; lorsqu'une foule de monumens découverts en Egypte, ont donné des résultats importans et inattendus, oserons-nous appeler l'attention des lecteurs de ce recueil, sur une inscription dont les caractères et le style appartiennent à un siècle où les ténèbres de la barbarie commençaient à tout obscurcir. Ce monument avait cependant excité la curiosité du savant Marini, qui en donna le premier une leçon ; M. de St-Vincens, dont la mémoire nous sera toujours chère, si zélé pour entretenir dans la patrie de Peiresc, le goût des études archéologiques, y attachait beaucoup d'importance: depuis près de vingt ans, les voyageurs et les curieux qui visitent le riche cabinet où

Pl. I.

1.	2.		3.	
TITUL	AESH=INIIHOCERO		UNÉET	ACÉN
EONUSÉHUNI·OSSUNT		TRIVERUNT		COMÉERATUR
RAENESÉRNROSPECTUI		UERUM		EXPÉRCITOS
SENPENPÉRDEREAXIMAETIAM			SIÁHOMNI	
EXNICAREHUMANAELINCUAE			UNTUSAE	AONATIUO
UNTUSAEI	TUTIUS	ANTATIAM	DEMQUE	

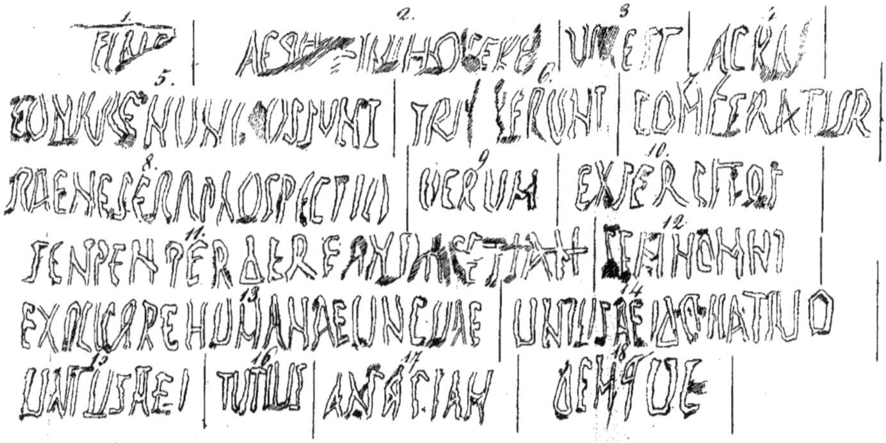

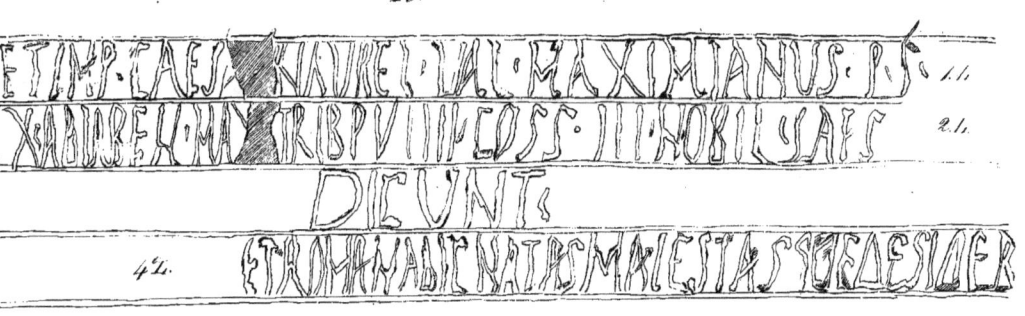

il est placé, en demandent vainement l'explication; d'ailleurs, un monument échappé aux ravages du temps, à quelque époque qu'il appartienne, excite toujours l'intérêt des antiquaires. Tous ces motifs nous décident à faire connaître le résultat de nos recherches.

Cette inscription, apportée d'Egypte en 1807, est gravée sur un marbre (1) de quatre pieds sur dix-sept pouces, elle est en dix-sept lignes, et contient à peu près trois mille lettres. Les deux extrémités sont brisées, et le sens se trouve ainsi interrompu au commencement et à la fin de chaque ligne. Voici le texte tel qu'on le lit sur la pierre:

1.re *ligne*.....nt. max. Germ. max. VI. Sarm. max. IV. Persic. max. II. Britt. max. Carpic. max. Armen. max. Medic. max. Adiabenic. max. Trib. P. XVIII. Coss. VII. Imp. XVIII. P. P. Proco̊ss. (*Espace vide*) Et Imp. Cæsar. M. Aurel. Val. Maximianus p. f. inv. Aug. Pont. max. Germ. max. V. Sarm...............

---

(1) Ou pierre calcaire d'un grain très-fin, et d'un blanc grisâtre: cette pierre parait être de la même qualité que celle des bas-reliefs égyptiens que possède M. Sallier.

2.ᵉ *ligne*...b. P. xvii. Coss. vi. Imp. xvii.
P. P. Procoss.
Et Fla. Val. Constantius Germ. max. ii.
Sarm. max. ii. Persic. max. ii. Britt.
max. Sarm. max. Armenic. max. Medic.
max. Adiaben. max. Trib. P. viiii.
Coss. iii. Nobil. Cæs.
Et F. Val. Maximianus. Germ. max. ii.
Sarm........

3.ᵉ *ligne*....b. max. Trib. P. viiii. Coss. iii.
Nobil. Cæs. (1) Dicunt.
Fortunam Reipublicæ nostræ cui juxta
immortales deo bellorum memori quæ
feliciter gessimus gratulari lice........

4.ᵉ *ligne*....Obterquam sudore largo lavaratum est (2) disponi fideliter adque
ornari decenter honestum publicum et
Romana dignatas (3) majestas quæ desiderant ut nos qui benigno favore numinum æstuantes de præterito rapinas
gentium barbararum ipsarum nationum
clade (4)......

---

(1) Grand espace vide, dans lequel le mot *Dicunt* est placé. — (2) *Lavaratum*, pour *laboratum*, voyez la note A — (3) *Dignatas*, pour *dignitas*. — (4) Voyez pl. 1, n.° 1.

5.ᵉ *ligne*....am si ea quibus nullo sivi (1) fine proposito ardet avaritia desæviens quæ sine respectu generis humani non annis modo vel mensibus aut diebus sed pæne horis ipsisque momentis ad incrementa sui et augmenta festinat aliquæ continentiæ ratio frenaret vel si fortunæ communis æqu'::: (2) nimo ::·· ere...

6.ᵉ *ligne*.....antur dissimulamdi (3) forsitam adque reticendi relitus locus videretur cum detestandam immanitatem condicionemque miserandam communis animorum patientia temperaret (4).

2.ᵉ *paragraphe*. Sed quia vera est (5) cupido furoris indomiti nullum communis necessitudinis habere dilectum et gliscentis abaritiæ (6) acra (7).......

7.ᵉ *ligne*....stimatur in lacerandis fortunis omnium necesitate potius quam voluntate destitui adque ultra:::·re (8) non possunt quos ad sensum miserrimæ con-

---

(1) *Sivi*, pour, *sibi*. — (2) Voyez pl. 1, n.° 2. — (3) *Dissimulamdi forsitam*, pour, *dissimulandi forsitan*. (4) Espace vide qui sépare chaque paragraphe. — (5) Voyez pl. 1, n.° 3. — (6) *Abaritiæ*, pour, *avaritiæ*. — (7) Voyez pl. 1, n.° 4. — (8) Voyez pl. 1, n.° 5.

dicionis aegestatis extrema tri::. :erunt (1)
convenit prospicientibus nobis qui parentes summus (2) generis humani arvitram (3) rebus int......

8.ᵉ *ligne*.... ad commune omnium temperamentum remediis provisionis nostrae comferatur (4).

3.ᵉ *paragraphe*. Et hujus quidem causae quantum communis omnium consciencia (5) recognoscit ipsarum rerum fides clamat poene (6) sera prospectio est dum hac spe concilia molimur aut.......

9.ᵉ *ligne*.... issimis deipraehensa (7) delictis ipsa se emendaret humanitas longe melius exhistimantes (8) non ferende (9) direptioni notas a communibus judiciis ipsorum sensu adque arvitrio (10) summoveri quos cottidie (11) in pejora praecipites et in publicum nefas quaedam...

1.ᵉ *ligne*.

---

(1) Voyez pl. 1, n.° 6.— (2) *Summus*, pour, *sumus*.—(3) *Arvitram*, pour, *arbitram*.—(4) Voyez pl. 1, n. 7.—(5) *Consciencia*, pour, *conscientia*.—(6) Voyez pl. 1, n.° 8.— (7) *Deipraehensa*, pour, *deprehensa*.—(8) *Exhistimantes*, pour, *existimantes*.—(9) *Ferende*, pour, *ferendœ*.—(10) *Arvitrio*, pour, *arbitrio*.—(11) *Cottidie*, pour, *quotidie*.

10.ᵉ *ligne*....cissimæ inhumanitatis gravis noxa dediderat.

4.ᵉ *paragraphe*. Ad remedia igitur jamdiu verum (1) necessitate desiderata prorumprimus (2) et securi quidem querellarum ne ut intespettivo (3) aut superfluo medellæ nostræ interventus vel apud inprobos (4) levior auto......

11.ᵉ *ligne*....estiæ sentientes sequi tamen noluerunt.

5.ᵉ *paragraphe*. Quis enim adeo obtu nisi pectore sit à sensu humanitatis excorris est qui ignorare possit immo non senserit in venalibus rebus quæ vel in mercimoniis aguntnr vel diurna urvium (5) conversatione tractantur int...

12.ᵉ *ligne*....rum copia nec annorum ubertatibus mitigaretur ut plane ejusmodi homines quos hæc officia exsercitos (6) habent dubium non sit sempen per-

---

(1) Voyez pl. 1, n.° 9. — (2) *Prorumprimus*, pour, *prorumpimus*. — (3) *Intespettivo*, pour, *intempestivo*. — (4) *Inprobos*, pour, *improbos*. — (5) *Urvium*, pour, *urbium*. — (6) Voyez pl. 1, n.° 10.

dere:.:.:. (1) nimis etiam de siderum motibus auras ipsas tempestatesque captare neque iniquitate......

13.ᵉ *ligne*.....ros arva felicia ut qui detrimentum sui existiment cœli ipsius temperamentis abundantiam rebus provenire et quibus semper studium est in questum trahere etiam veneficia (2) divina ac publicæ felicitatis affluentiam stringere rursusque.......

14.ᵉ *ligne*....dinari qui singuli maximis divitiis diffluentes quæ etiam populos ad saciam (3) explere potuissent consectentur peculia et laceratrices centesimas persequantur eorum avaritiæ modum statui provinciales nostri communis humanitatis patie.......

15.ᵉ *ligne*....diu prolatam patientiam compulit explicare debemus ut quamvis difficiale (4) sit toto orbe avaritiam sævientem speciali argumento vel facto potius revelari justior tamen intellegatur (5) remediis constitutio cum intemperatis ....

---

(1) Voyez pl. 1, n.º 11. — (2) *Veneficia*, pour, *beneficia*. — (3) *Saciam*, pour, *satiam*, ou *satietatem*. — (4) *Difficiale*, pour, *difficile*. — (5) *Intellegatur*, pour, *intelligatur*.

16.e *ligne :*....entur agnoscere.

6.e *paragraphe.* Quis ergo nesciat utilitatibus publicis incidiatricem audaciam quacunque exercitos (1) nostros dirigi communis omnium salus postulat non per vicos modo aut oppida sed in (2) omni itinere animo sectionis occurrere......

17.e *ligne* ....onis et facti explicare humanæ linguæ (3) ratio non possit demque (4) interdum distractione vitiosa (5) donativo militem stipendioque privari et omnem tutius (6) orbis ad sustinendos exercitus conlatio:.:.:. (7) gestantis quæstibus diripientium cedere vi..........

La multiplicité des titres, l'épithète *maximus*, répétée avec le nombre des victoires remportées sur les peuples dont les Empereurs et les Césars prennent les surnoms, n'avaient encore été vues sur aucune inscription; ce luxe de titres précédait au siècle de Dioclétien, les édits que publiaient les Empereurs; on les a retranchés dans les

---

(1) *Exercitos*, pour, *exercitus.* —(2) Voyez pl. 1, n.° 12.— (3) Voyez pl. 1, n.° 13.—(4) *Demque*, pour, *denique*, ou, *idemque.*—(5) Voyez pl. 1, n.° 14.—(6) Voyez pl. 1, n.° 15.—(7) *Conlatio*, pour, *conlationem.*

recueils de lois où l'on n'en trouve plus que quelques traces : Eusèbe, dans son histoire ecclésiastique, rapporte deux édits avec un préambule absolument pareil (1).

Les surnoms des Empereurs et des Césars, qui remplissaient les deux premières lignes, sont interrompus par la fracture de la pierre, mais il est facile de suppléer ce qui manque à ces titres, en les restituant d'après le marbre même, et d'après d'autres inscriptions et des médailles des mêmes princes ; cette restitution, e n nous faisant connaître quelle était la longueur de la pierre avant qu'elle fût brisée, et le nombre de lettres qui remplissaient à-peu-près chaque lacune, nous servira en même temps de base pour rétablir les autres lignes. Le principal motif qui nous porte à tenter cette restitution, est de rendre moins hasardé le sens que nous avons donné à chaque période, en continuant dans la partie brisée, et en complétant la construction grammaticale des phrases interrompues dans les lacunes : ces phrases ainsi restituées, présentent un sens plus précis et plus régulier. (2). L'inscription étant divisée en

---

(1) *Euseb., histor. eccles.* lib. 4, *cap.* 13, édit. de Valois.— Id., *lib.* 8, *cap.* 17. — (2) Le nombre de lettres qui remplissent les lacunes des lignes où sont

grandes périodes ou paragraphes, séparés par un espace vide, on peut, en étudiant quel devait être le sens général de chaque paragraphe, le continuer dans les lacunes qui l'interrompent plusieurs fois, sans cependant en faire perdre entièrement la suite; et, comme ce décret est surchargé d'épithètes et de longues déclamations, il a été plus facile de rétablir les phrases tronquées, que s'il avait été rédigé avec plus de concision. Sans prétendre retrouver les termes qui existaient sur le marbre, nous essayerons d'imiter le plus possible, le style de l'ins-

---

renfermés les titres, est de 53 à 63 : en comparant la longueur de l'espace qu'occupe une quantité pareille de lettres dans les lignes du texte, nous avons trouvé que cet espace est de 17 pouces, et qu'il est rempli par 52 à 70 lettres ; les lettres plus ou moins resserrées donnent cette différence : d'après cette remarque, nous n'avons jamais employé plus de 70 lettres, ni moins de 52 dans les restitutions de chaque ligne, et ordinairement nous avons pris un terme moyen entre ces deux nombres. Ce calcul nous donne aussi d'une manière sûre, la longueur de la totalité de l'inscription lorsqu'elle était entière ; elle a actuellement 4 pieds, elle avait alors 5 pieds 6 ou 7 pouces. Le *fac-simile* de quelques mots pris dans les premières et dans les dernières lignes, fera connaître la forme des lettres et la manière dont les mots sont placés. Pl. 2.

cription, et de n'employer que des mots ou des phrases empruntées aux auteurs de cette époque.

Texte de l'Inscription restituée.

(1). *Imp. Cæs. C. Val. Aurel. Diocletianus, p. f. inv. aug.* Pont. max. Germ. max. vi. Sarm. max. iv. Persic. max. ii. Britt. max. Carpic. max. Armen. max. Medic. max. Adiabenic max. Trib. P. xviii. Coss. vii. imp. xviii. P. P. Procoss.

Et imp. Cæsar. M. Aurel. Val. Maximianus. p. f. inv. Aug. Pont. max. Germ. max. v. Sarm. *max. III. Persic. max. II. Britt. max. Carpic. max. Armen. max. medic. max. Adiabenic. max.* Trib. P. xvii. Coss. vi. Imp. xvii. P. P. Procoss.

Et F. Val. Constantius Germ. max. ii. Sarm. max. ii. Persic. max. ii. Britt. max. Sarm. max. Armenic. max. Medic. max. Adiaben. max. Trib. P. viiii. Coss. iii. Nobil. Cæs.

Et F. Val. Maximianus. Germ. max. ii. Sarm. *max. II. Persic. max. II. Britt. max.* Sarm. *max. Armenic. max. Medic. max. Adiab.* max. Trib. P. viiii. Cos. iii. Nobil. Cæs.

Dicunt

---

(1) Tout ce qui est suppléé est souligné.

1.er *Paragraphe.* Fortunam Reipublicæ nos‑ træ, cui, juxta immortales, Deo bellorum (1) memori, quæ feliciter gessimus gratulari lice*t, quòd tantis calamitatibus liberata, ad hanc pervenerit securitatem* propterquam sudore largo laboratum est, disponi fideliter atque ornari decenter honestum publicum et Ro‑ mana dignitas majestasque desiderant; ut nos qui benigno favore numinum æstuantes de præterito rapinas gentium barbararum ip‑ sarum nationum clade *repressimus, de fu‑ turo execrandæ avaritiæ furores cohibea‑ mus et vindicemus* (2) *n*am si ea quibus

―――――――――――――――――

(1) Tacite emploie les mêmes expressions pour dé‑ signer les divinités, dont les images étaient placées avec les enseignes militaires dans le *Principium*, lieu dans le camp où l'on rendait la justice, et où les chefs s'assemblaient pour délibérer et pour haranguer les soldats. « Mox conversus ad signa et *bellorum Deos*, hostium potiùs exercitibus illum furorem, illam dis‑ cordiam injicerent orabat, donec fatisceret seditio et extremo jam die sua quisque in tentoria dilaberentur. » *Tacit. histor. lib.* 3, *cap.* 10. Sans doute que les em‑ pereurs auront voulu exprimer par les mots *Deos Bel‑ lorum*, les divinités et les génies auxquels les romains rendaient un culte plus particulier dans les camps, et qu'ils regardaient comme les divinités tutélaires de leurs armes.—(2) *Execrandæ*, est pris d'une loi de Dioclétien. *Execrandæ consuetudines*. Cod. gregor. lib. 18. tit. 4.

nullo sibi fine proposito ardet avaritia desæviens (1), quæ sine respectu generis humani, non annis modò vel mensibus, aut diebus, sed pænè horis ipsisque momentis ad incrementa sui et augmenta festinat, aliquæ continentiæ ratio frenaret vel si fortunæ communis æquanimo *ferentes detrimentum in questibus non erumperent qui tantis cruciatibus lacer*antur, dissimulandi forsitan atque reticendi relictus locus videretur cùm detestandam immanitatem conditionemque miserandam communis animorum patientia temperaret.

2.ᵉ *Paragraphe*. Sed quia vera est cupido furoris indomiti nullum communis necessitudinis habere dilectum et glicentis avaritiæ acra (2) *flagitia meditari ac per fas atque*

---

l. 1.; in, jurisprud. vet. ant. Justinian. ex recens. et cum not. Ant. Schultingii. Lipsiæ 1737.—*Cohibeamus* et *vindicemus*, d'une autre loi de Dioclétien et de Maximien. « Cum vel cohibendæ sunt vel etiam vindicandæ... » *Id. lib.* 1. *tit.* 1. *loi* 1.—(1) Il faut nécessairement, pour la construction de la phrase, que le pronom *ea* se rapporte à un mot *sous-entendu*, tel que *negotia*, ou, *lucra*. « Nam si ea *lucra*, quibus ardet avaritia aliquæ continentiæ ratio frenaret ». — (2) Le mot *acra* a été employé au pluriel neutre, comme adjectif de *mala*, dans ce vers de Plaute :

« Perii, multa mala mihi nunc in pectore,
Acra atque acerba eveniunt. »

nefas semper grassari, *proprium est*, œstimatur in lacerandis fortunis omnium necessitate potiùs quàm voluntate destitui, atque ultra conjici re non possunt quos ad sensum miserrimæ conditionis ægestatis extrema triverunt. Convenit prospicientibus nobis, qui parentes sumus generis humani, arbitram rebus in*terponere auctoritatem nostram* (1) *præceptaque specialia majestatis augustæ ut* ad commune omnium temperamentum remediis provisionis nostræ conferatur.

3.e *Paragraphe*. Et hujus quidem causæ quantùm communis omnium conscientia re-

---

Mais cette manière inusitée d'employer ce mot ne se retrouve dans aucun autre auteur. Voyez *Thes. Rob. Steph. ad h. verb.* M. Fuchs, qui s'était occupé de cette inscription, et qui a été depuis professeur à Hambourg, proposait de prendre ce mot dans le sens de *culmen*, *culmen honoris*, pour, *summus honor* : ainsi, *acra malorum*, pour, *summa*, ou, *extrema mala*, ce mot serait emprunté du grec *acros*, *a*, *on*. On le trouve employé à-peu-près dans le même sens dans une vie d'Alcuin, citée par du Cange, *Glossaire.*—
(1) *Interponere autoritatem*. On trouve dans une loi d'Alexandre Sévère : « Præses provinciæ autoritatem suam interponet. » *Cod. Just. liv.* 4. *tit.* 44. *l.* 1. et dans une loi de Dioclétien, « nisi aliud speciali præcepto augusta majestas decreverit. » *Cod. Just. liv.* 10. *tit.* 1. *l.* 1.

cognoscit ipsarum rerum fides clamat pænè sera prospectio est, dum hac spe concilia molimur aut *frenata cupidine*, *conscientia communis miseriœ*, *aut fortunâ* (1) *imperii consideratâ*, *ut gravissimis* deprehensa delictis ipsa se emendaret humanitas, longè melius existimantes non ferendæ direptionis notas à communibus judiciis ipsorum sensu atque arbitrio submoveri quos quotidie in pejora præcipites et in publicum nefas, quædam *nimis obstinata obdurataque avaritia et semper in quœstibus œstuantis atrocissimœ inhumanitatis gravis noxa* dediderat.

4.e *Paragraphe*. Ad remedia igitur jam diu verum necessitate desiderata prorumpimus et securi quidem querellarum (2), ne

---

(1) *Fortuna*, est pris ici pour le sort ou la destinée de l'empire; Mamertin l'a employé dans le même sens. « Neque enim specie ac nomine fortuna imperii consideranda est. » *Cl. Mam. Maximiano. Aug. dict Paneg. ch. 3.*—(2) Nous avons adopté l'interprétation de M. Fuchs ; *nous ne craignons point les plaintes*. Voyez l'analyse du 4.e paragr., supra, pag. 83, elle nous paraît conforme au sens général de la période. *Securi querellarum*, pourrait aussi signifier, *assurés de la réalité des maux*, en le prenant dans le même sens que dans les actes du martyre de St. Cyprien, « *medelas adhibemus querelis quæ hodie forsitan non erunt*, » c'est ce que S.t Cyprien répond à un

ut intempestivo aut superfluo (1) medellæ nostræ interventus vel apud improbos levior *autoritas nostra existimetur*, *homines*, *qui rationem temperantiæ et modestiæ* sentientes sequi tamen noluerunt.

5.e *Paragraphe*. Quis enim adeo obtu nisi pectore sit a sensu humanitatis excorris est (2), qui ignorare possit immo non senserit in venalibus rebus quæ vel in mercimoniis aguntur vel diurna urbium conversatione tractantur, *introductum fuisse ut immensâ caritate factâ* (3), *enorme pretium* (4), *etiam in exiguis*, nec rerum copiâ

---

soldat qui lui offrait de changer de vêtement pour se reposer, lorsqu'il était conduit à Carthage pour être martyrisé. *Querela*, signifie dans ce passage, souffrance et malheur, et non pas plainte. *Acta mart. Ruynart.*—(1) *De superfluo tempore*, pour, *superfluè aut intempestivè*, adv.—(2), pour, *excors*. (*Forsan*). Lactance, *de falsâ religione*, lib. 1. ch. 11, *in init.* « qui est igitur tam *excors* qui hunc in cœlo regnare putet, qui ne in terra quidem debuit. »—(3) *Immensâ caritate factâ....etiam in exiguis*, ces expressions sont prises dans Lactance, *de Mort. Persecutor*. ch. 7. « Idem cum variis iniquitatibus immensam faceret caritatem..... tunc ob exigua et vilia multus sanguis effusus, nec venale quicquam apparebat...... » — (4) *Enorme pretium*, ces mots sont employés par Mamertin, *Grat. Act. Juliano*, *ch*. 9. » Ipso enim tempore levati equorum *pretiis enormibus* Dalmatæ, Epirotæ, ad incitas intolerandi tribuii mole depressi. »

nec annorum ubertatibus, mitigaretur : ut planè hujusmodi homines quos hæc officia exercitos habent (1), dubium non sit semper pendere (2) nimis etiam (3) de siderum motibus auras ipsas, tempestatesque captare neque iniquitate *cœli solliciti sunt ipsi, sed œgrè tolerare videntur lœtos ubere frugum*

---

(1) Le mot *officia*, signifie, suivant notre interprétation, état, profession, et cet état est le commerce; ce mot est employé dans le même sens, dans les actes proconsulaires du martyre de S.t Maxime.... » Proconsul, dixit, *quod officium geris?* Maximus respondit : *homo plebeius sum meo negotio vivens*. (Act. mart. Ruynart. S.t Maxim. mart. an. Christ. 250). Cette signification paraît plus conforme au sens général du paragraphe, que celle d'*employés dans l'administration*, que le mot *officium* a plus ordinairement.—(2) M. Fuchs avait pensé qu'on devait lire *semper pendere de siderum motibus*. En effet, cette conjecture est confirmée par la manière dont ces mots sont écrits sur la pierre. Voyez pl. 1, n.° 11, *sempen perdere*, on voit évidemment que l'ouvrier a transposé l'N et l'R, et a mis à la fin du mot *semper* l'N qui devait être à la place de l'R, dans le mot *pendere*.—(3) Ces deux mots sont altérés de telle manière, Voyez pl. 1, n.° 11, que l'on peut lire *Animis etiam*.—*Semper pendere animis etiam de siderum motibus*; ou bien, *Nimis etiam*, en supposant que ce qui paraît être les restes d'un **A**, sont des traits formés sur la pierre par le ciseau, conduit par une main maladroite, comme on en voit plusieurs exemples sur

*a*gros (1) arva felicia ut qui detrimentum sui existiment cœli ipsius temperamentis abundantiam rebus provenire et quibus sem-, per studium est in questum trahere etiam beneficia divina ac publicæ felicitatis affluentiam stringere , rursusque (2) *quandò cupiditas eorum frequentat forum rebus venalibus cum immensis questibus nun*dinari. Qui singuli maximis divitiis diffluentes , quæ etiam populos ad satiam (3) explere potuissent , consectentur peculia et laceratrices centesimas persequantur. Eorum avaritiæ modum statui provinciales nostri communis humanitatis patien*tissimè permoti malis postulant , nosque quid nostrum ad providendum* diu prolatam patientiam compulit, explicare debemus , ut quamvis difficile sit toto orbe avaritiam sævientem speciali argumento vel

---

cette inscription. —(1) *Lœtos ubere frugum agros.*— Eumen. Paneg. Constantino Cæs. dict. ch. 11. » et sanè non sicut Britanniæ nomen unum , ita mediocris jacturæ erat Reipublicæ terra *tanto frugum ubere tanto læta* numero pastionum. »—(2) *Rursusque*, etc, cette phrase est prise dans le panégyrique d'Eumène, adressé à Constance Clore. — » Arat nunc mihi Chamavus et Frisius ; et ille vagus , ille prædator exercitio squallido operatur, et *frequentat mundinas meas* pecore venali , » ch. 7.—(3) *Satiam* , ou *Caciam* , pour, *Satietatem*. Voyez pl. 1 , n.° 17.

facto potius revelari, justior tamen intelligatur remediis constitutio, cùm intemperatiss*imi homines nullum continentiæ et moderationis rationem vide*ntur agnoscere.

6.ᵉ *Paragraphe.* Quis ergo nesciat utilitatibus publicis insidiatricem audaciam quacunque exercitus nostros dirigi communis (1) omnium salus postulat, non per vicos modò aut oppida sed in omni itinere animo sectionis (2) occurrere *eaque malitiâ atque rapinæ perseverantiâ ut tam horrendum facinus inten-tio*nis et facti explicare humanæ linguæ ratio non possit, denique (3) interdum distractione vitiosa, donativo militem stipendioque privari : et omnem totius orbis ad sustinendos exercitus conlationem gestantis quæstibus diripientium cedere vi*lissimis.*

Cette inscription est vague et obscure, on a de la peine à suivre la liaison des idées, et a deviner quel en est le but et l'objet. Pour tâcher d'en saisir l'ensemble, nous

_____

(1) On lit dans une loi de Constantin : « ad solvenda ea quæ *ad nostri usus exercitûs pro communi salute* poscuntur. » Cod. Théodos. liv. 11. tit. 7. loi 3. —
(2) M. Fuchs donnait au mot *sectio* la signification de vente juridique de biens confisqués, qui est la plus usitée. — (3) Ou *demque,* pour, *idemque.* Voyez pl. 1, n.° 18.

analiserons chaque paragraphe en particulier, et nous en donnerons ensuite un résumé général, pour remplacer une traduction littérale que nous avons jugée inutile.

Analise et commentaire du 1.er paragraphe.

Les empereurs commencent par féliciter la république (1) de ce que leurs efforts, secondés du secours des dieux, l'ont délivrée des ravages et des incursions des peuples barbares. Ils ajoutent, que le bien public et la dignité du nom romain, demandent d'eux, qu'après avoir délivré l'empire de ces ennemis extérieurs, ils mettent un frein à l'amour immodéré de l'or qui le déchire intérieurement.

Dans les phrases suppléées, nous cherchons à lier les différentes parties de ce paragraphe, et à donner une suite au sens général interrompu par trois lacunes ; notre première restitution exprime la prétention qu'avait tou-

―――――――――――

(1) Voici la manière dont nous entendons cette phrase, une des plus obscures de l'inscription. « Honestum publicum, et romana dignitas..... desiderant fortunam reipublicæ, disponi fideliter atque ornari decenter... »

jours eue Dioclétien de rétablir la république dans son ancienne splendeur, titre de gloire que les auteurs de ce temps rappellent avec affectation dans leurs discours (1). A la fin de ce paragraphe, les empereurs reconnaissent que si la cupidité avait agi avec quelque retenue, et que leurs sujets eussent souffert en silence, peut-être eût-il été possible de dissimuler et de se taire; ces maux étant en quelque sorte adoucis par la patience avec laquelle le peuple les aurait supportés.

Analise et commentaire du 2.ᵉ paragraphe.

Dans le second, ils déclarent que la prudence, et leur sollicitude paternelle, exigent qu'ils employent leur autorité au soulagement des provinces, puisque cette avidité insatiable
n'est

---

(1) *Cl. Mamert. Panegyr. Maximiano. Aug. dict.* ch. 3. *Id. ch.* 4.—Les mêmes orateurs nous font connaître que cet empereur prétendait aussi avoir exterminé et fait disparaître plusieurs de ces nations barbares. Quelques passages de ces panégyriques rappellent ces mots de la 4.ᵉ ligne de l'inscription, *ipsarum nationum clade.*—Eumen. panegyr. Constantino. Aug. ch. 9. « Adoratæ sunt mihi Sarmaticæ expeditiones, quibus illa gens propè omnis extincta est et pænè cum solo nomine relicta........ Voyez aussi Cl. Mamert., Genethliac. Maximiani. Aug., ch. 7. et incert. panegyr. Constantino, Aug., ch. 28.

n'est retenue par aucune considération, et qu'elle tend sans cesse à détruire toutes les fortunes.

Le sens général de ce paragraphe est clair, quoique plusieurs phrases soient très-obscures et que l'on y trouve des mots employés dans une acception extraordinaire, comme dans les suivantes.

« Destitui necessitate potius quàm voluntate in lacerandis fortunis omnium. »—Ultrà conjici re non possunt quos *ad sensum miserrimæ conditionis*, ægestatis extrema tribuerunt, ou, triverunt. » La forme altérée de quelques lettres augmente les difficultés dans cette dernière phrase; le mot *con:·..re*, a été lu *conjicere* par M. Fuchs; cette restitution éclaircit beaucoup le texte; il l'est encore plus, et la construction est plus régulière, en lisant *conjici*, au passif, être jeté (1), *re* par l'effet, par le résultat de la chose. Le mot qui se trouve sur une cassure au milieu de la pierre, peut se lire, *tribuerunt*, ou, *triverunt*, prétérit de *tero*, tri-

---

(1) M. Topin, Chanoine honoraire, Professeur à l'Université, proposa de lire de cette manière les mots *con:.:.re*, et, *triverunt*, ou, *tribuerunt*. Il a eu la complaisance de revoir avec soin l'interprétation et les restitutions du texte.

F.

verunt ad sensum, pour, *usque ad sensum miserrimæ conditionis*, ils les ont brisés, écrasés, jusques au point de leur faire sentir l'extrémité de leur misère.

Analise et commentaire du 3.ᵉ paragraphe.

Le troisième paragraphe renferme l'aveu que font les empereurs d'avoir trop tardé à porter leur attention sur cet objet : ils s'excusent en disant qu'ils ne se pressaient point de prendre un parti, dans l'espoir que les coupables, effrayés de leurs excés, y mettraient eux-mêmes des bornes. Le sens de la phrase suivante est assez difficile à saisir. « Gravissimis deprehensa delictis ipsa se emendaret humanitas. » Un reste d'humanité réveillé par la vue des suites de ces crimes, porterait les coupables à réformer leur conduite.

Analise et commentaire du 4.ᵉ paragraphe.

Les mots *ad remedia...prorumpimus*, qui commencent le quatrième paragraphe, nous font connaître que les empereurs sont décidés à prendre des mesures efficaces ; ils pensent depuis long-temps qu'elles sont nécessaires, *jam diu desiderata, necessitate rerum*. Elles sont la conséquence de ce qui a été dit dans les paragraphes précédens : ils ajoutent que malgré ces retards, les mesures qu'ils prendront ne seront point inutiles, et que le moment est encore favorable, *ne ut intempestivo aut superfluo*, ils regardent leur autorité comme suffisante auprès de ces hommes corrompus, *improbos*, étrangers à tout principe de modération, et ils ne redoutent point leur mécontentement, *securi querellarum*. Cette manière de s'exprimer de la part de souverains aussi absolus, et quelques autres phrases de cette inscription, nous ont fait croire que ceux qu'elle accuse étaient des personnes puissantes qui devaient tenir au gouvernement par leurs emplois.

Analise et commentaire du 5.ᵉ paragraphe.

Le paragraphe suivant est un des plus longs ; il commence par une apostrophe remarquable que l'on retrouve souvent dans les lois et dans les auteurs de cette époque (1). Les mots *obtu nisi pectore*, et *excorris*,

---

(1) « Quis enim tam demens, tamque omnis sensus expers reperiri potest qui non intelligit. » Exempl. interpret. epist. quâ Maximian. respondit decret. civit. advers. christian. ex tab. æn. Tyr. descript. *Hist. eccles. d'Euseb. liv.* 9. *ch.* 7. Voyez *cod. Théod. liv.* 2. *tit.* 7. *loi* 3. *de Constantin.*

sont évidemment altérés, ou au moins des fautes grossières; *obtu* a été mis pour *obtuso*, en retranchant la dernière syllabe. Le mot *excorris*, est, suivant la remarque de M. Fuchs, pour *extorris*, séparé, exilé, *à sensu humanitatis extorris* : et si l'on ne veut pas corriger le texte, on peut supposer que ce mot est *excors*, tronqué comme *obtu*, pour *obtuso*. On peut au reste adopter indifféremment l'une ou l'autre de ces interprétations, le sens n'en est pas moins clair et évident. Ce paragraphe renferme de nouveaux détails sur les effets que produit la cupidité particulièrement dans le commerce. Les empereurs pensent que c'est la principale cause de l'augmentation du prix des denrées : ils se plaignent que l'abondance des récoltes ne peut faire diminuer cette cherté, *mitigare*, parce que ceux qui en profitent pour leurs intérêts, observent l'état de l'atmosphère et le cours des astres, et en conséquence des résultats qu'ils prévoyent, ils prennent des mesures pour détruire l'abondance et le concours des denrées; *stringere affluentiam*. Les empereurs paraissent vouloir désigner une compagnie nombreuse qui s'était emparée du commerce des denrées de première nécessité, pour en retirer de grands profits aux dépens du peuple, et s'enrichir encore par l'usure, et en exigeant des impositions illégales et arbitraires. *Laceratrices centesimas persequantur* (1). Les maux que cette avidité faisait souffrir aux provinces (2), exigeaient que l'on mît un frein à l'avarice (3) ; les empereurs annoncent qu'ils vont prendre ce parti, mais qu'ils veulent faire connaître autant qu'il sera possible, les excès qui les ont obligés à renoncer à une patience excessive (4), afin que chacun reconnaisse la justice des mesures qu'ils vont prendre (5).

M. Fuchs a rétabli le mot *nundinari* dont les dernières lettres commencent la 14.ᵉ ligne; cette restitution s'accorde avec le sens du reste de la période. Il a aussi interprété le mot *satiam.* « Populus ad *satiam* ex-

―――――

(1) *Centesima* est ordinairement un droit levé sur les héritages et sur les marchandises. *Centesima auctionum—hereditatum* ; il signifie aussi l'intérêt qu'on retire de l'argent placé à un certain taux.—Epit. 28. Plin. liv. 9.—et cod. Justin. liv. 4. tit. 2. l. 3.—(2) « *Provinciales nostri.... communis humanitatis patientia* » text. de l'inscript. 14. l.—(3) « *Avaritiæ modum statui.* id. 14. ligne.— (4) Les empereurs répètent deux fois cet aveu. « *Diu prolatam patientiam.* » Dans la l. 15. et dans le 3.ᵉ paragr. 8.ᵉ l. » *sera prospectio est.* — (5) « *Justior tamen intelligatur constitutio remediis.* » Text. de l'inscript. l. 15.

plere potuissent », par ce vers d'Aquilinus Juvencus, poëte du commencement du 4.ᵉ siècle.

Proveniet tamen his satias potûsque cibique. *Liv.* 1. *vers* 638 (1).

Analise et commentaire du 6.ᵉ paragraphe.

Dans le sixième et dernier paragraphe, les empereurs, comme ils l'ont annoncé à la fin du précédent, font connaître les motifs principaux qui les ont déterminés à renoncer à leur système de tolérance ; ce n'est plus seulement l'intérêt de leurs sujets et celui du commerce, ce sont des excès encore plus graves qui attaquent directement l'armée et les finances, bases de la prospérité publique et de la sûreté de l'état. Le détail de ces excès que le langage ordinaire ne peut exprimer (2), est ce qu'ils peuvent reprocher de plus odieux à ceux qu'ils accusent. Aussi l'inscription se termine avec ce paragraphe (3).

---

(1) Veocii Aquilini Juvenci, hist. evang. lib. 4. cum not. integ. franc. et Leipsik. 1710. in-12. (2)—« *Explicare humanæ linguæ ratio non possit.* » Texte de l'inscript. l. 17.—(3) Ce paragraphe étant celui qui peut le mieux faire connaître l'objet et le but de l'inscription, nous en donnons ici un résumé dégagé de toute discussion du texte.—Ceux dont la cupidité dirige toutes

Conlatio, et *utilitates publicæ*, signifient toujours dans les lois des empereurs, les différentes espèces de tributs dont la réunion formait les ressources de l'état; l'emploi de ces deux mots prouve évidemment que les profits de ces employés tarissaient les sources de la prospérité publique, et que ce fut la principale raison qui obligea les empereurs à les réprimer.

Résumé général de l'inscription.

Cette inscription renferme donc la déclaration du dessein que les empereurs ont pris de réprimer les excès d'une cupidité sans borne: s'ils ont toléré ces maux, c'est dans l'espoir que ces abus pourraient être corrigés sans l'intervention de leur autorité. Enfin, ils voient les fortunes particulières détruites, le commerce entravé, les soldats souvent privés de ce qui leur est dû, les tributs ne

---

les démarches, unissant la ruse à l'audace, se placent sur le passage des armées, et saisissent toutes les occasions de se procurer quelques gains sur les fournitures faites aux troupes : souvent même ils ont détourné les fonds destinés à la paye et aux gratifications des soldats ; enfin, les tributs acquittés avec tant d'efforts dans tout l'univers (*totius orbis gestantis conlationem*), ne servent qu'à enrichir ces employés avides de la substance des peuples.

servant plus qu'à augmenter les trésors de l'avarice.

Tous ces motifs déterminent les empereurs à mettre un terme à ces abus ; mais l'inscription se termine sans nous apprendre comment ils exécutèrent la résolution qu'ils font connaître, ni quelles furent les peines décernées contre les coupables : ce fut sans doute le sujet d'un autre édit qui a dû suivre ou précéder celui-ci, et sans lequel cette inscription serait inutile et incomplète : avant de déterminer à quelle classe d'édits elle peut appartenir, nous fixerons aux derniers mois de l'an 301 de notre ère, la date de sa publication (1). Les consulats des empereurs

---

(1) Voyez Tillemont, hist. des emp. tom. 4. in-4.° notes sur Dioclétien, ch. 5.—Gruter, *thes. inscript*: p. 166. n. 7. et 8, et le cardinal Noris *de duob. num. Dioclet*. D'après notre opinion et les dates de l'inscription, Maximien-Hercule fut d'abord créé César et investi de la puissance tribunitienne vers le milieu de l'an 285. Il n'eut le titre d'Auguste qu'après avoir été simple César. Cette opinion, fondée sur l'histoire d'Eutrope et d'Aurelius-Victor, est aussi celle de Tillemont, d'Eckel, et de presque tous les auteurs modernes.

La manière dont les années du tribunat des deux Césars sont calculées sur notre inscription, se trouve d'accord avec Lactance et la chronique d'Alexandrie, mais elle est en contradiction avec la chronique d'Iet des Césars, et les années du renouvellement de la puissance tribunitienne de Dioclétien, rendent cette époque certaine.

Nous ne chercherons point dans le corps de droit de Justinien, des édits de Dioclétien et de ses collègues, qui puissent nous offrir quelque ressemblance avec cette inscription. Les rédacteurs de ce code n'ont conservé

---

dace et l'opinion de plusieurs modernes ; elle ne peut non plus se concilier en aucune manière avec les dates de la puissance tribunitienne rapportées au commencement d'un édit que Maximien Galere publia en 311, cité par Eusèbe, *hist. eccl. liv.* 8. *ch.* 17. Il paraît que les années du règne imp. 17.-18. etc. de chacun des deux empereurs, ont été comptées sur notre inscription, en commençant l'année depuis le mois de leur avénement à l'empire. Cette manière de les calculer est aussi en contradiction avec les édits de Dioclétien, dans lesquels ces années paraissent avoir été comptées d'une manière différente. Ne pouvant résoudre ces difficultés, nous nous sommes bornés à exposer les rapports et les différences que les dates de notre inscription présentent avec les chroniques anciennes et les auteurs modernes. Ceux-ci ne donnent sur la chronologie de cette époque, que des conjectures et des résultats incertains. Cependant, comme la date de l'avénement de Dioclétien est fixée à l'an 284, par tous les auteurs anciens et modernes, celle que nous donnons à notre inscription est certaine, et les incertitudes ne portent que sur ce qui concerne Maximien et les deux Césars.

que ce qui avait un rapport direct au point de droit traité dans chaque division de ce recueil. Mais on trouve dans Eusèbe, Lactance et les fragmens du code grégorien (1), des édits entiers qui nous donnent des exemples du style de cette époque, et de la manière dont ils étaient rédigés. Ces lois sont diffuses, remplies de longues et vagues déclamations, mais l'on n'y trouve point de mots barbares ou défigurés. Il existe encore une différence remarquable entre elles et notre inscription: on trouve après le préambule plusieurs règlemens positifs et l'énoncé des peines décernées contre ceux qui ne s'y conformaient pas, tandis que sur notre inscription les déclamations générales contre une insatiable avidité, ne sont suivies d'aucun règlement ni d'aucunes dispositions expresses, et qu'elle ne présente qu'une peinture générale des maux que cette passion a causés à l'empire. Ce n'est donc point un édit conforme à ceux dont nous avons des exemples, ou qui réponde à l'idée que présente ce mot; c'est plutôt le préambule d'une loi, dont cette inscription aurait précédé la

---

(1) Cod. Grégor. liv. 5. tit. 1.—*Id.* liv. 19. tit. 4. *in jurispr. vet.* etc.—Hist. eccl. d'Eusèb. liv. 9. ch. 7.— Lactance, *de mort. persecutor.* ch. 34.

publication, et dont elle aurait été le commentaire.

Nous pensons que c'est la seule manière de l'expliquer, et qu'elle nous a conservé le modèle d'une des formes que suivaient les empereurs, quand ils voulaient faire connaître leurs volontés à leurs sujets.

Lorsque l'empereur avait arrêté les dispositions d'une loi, elle était envoyée aux magistrats qui gouvernaient les provinces, pour qu'ils la fissent connaître aux peuples soumis à leur administration. Les épilogues, ou conclusions des Novelles de Théodose, Valentinien et Justinien, nous font connaître les instructions que l'empereur envoyait dans cette occasion aux magistrats à qui il adressait la loi (1); dans presque toutes il leur est expressément recommandé de la rendre publique, en y joignant un édit explicatif auquel on donnait plusieurs noms, parmi lesquels celui de *Programma* paraît avoir été le plus en usage. Cette notification était faite par le gouverneur de la province,

---

(1) Voyez les épilogues de la Novelle 4. de Justinien à Jean, Préf. du Prétoire. *Aut. Collat.* 1. tit. 4.— *Auth. Collat.* 7. tit. 1. Novel. constitut. 89. de Justinien. *Johan per Orient.* P. P.—Novel. 19. de Theodos. liv. 1. tit. 19. *De invasor.* A Auxent. præf. urb.

en lisant lui-même (1) ou faisant lire par les crieurs publics (2), l'édit de l'empereur, et celui qu'il y avait joint, ou bien en les faisant exposer dans un lieu apparent, à la vue du peuple, sur un *album*, un tissu en fil ou des rouleaux de *papirus* (3); Quelquefois le décret était gravé sur le marbre ou le bronze (4), suivant l'importance que l'on y attachait. L'édit rendu par le gouverneur, ou, d'après ses ordres, par les autorités inférieures de la province, précédait ou suivait immédiatement celui de l'empereur (5), et, dans quelques occasions, il étoit promulgué avant le décrét impérial; il lui donnait une espèce de sanction publique, c'était une formalité essentielle après laquelle une loi était regardée comme générale, et pouvait

---

(1) Jul. Capitolin. Gordiani tres. cap. 5. in fin. hist. aug.—(2) *Præcones Keruchés.*—(3) Cod. Théodos. liv. 11. tit. 27. loi 1.—*Id.* liv. 7. tit. 2. loi 1.—(4) Gruter, *Thes. inscript.* pag. 570, n.º 1.—Hist. eccl. d'Eusèb. liv. 9. ch. 7.—(5) Jac. Godefroy, Comment. sur le Cod. Théodos. *Paratitl. ad tit.* 1. *lib.* 1.—Barnab. Brisson, *de formul. quæ ad jus pertinent*, liv. 3, pag. 367, édition in-folio, Paris, 1583. Voyez la souscript. de la Novel. *Div. Valentin. Aug.* liv. 1. tit. 5. *de sepulchris*, Cod. Théodos. édit. de Godefroy, tom. 6. in-folio.

être exécutée (1). Jusques à l'époque où Constantin changea entièrement l'administration de l'empire, c'était aux proconsuls, aux *præsides* (2) et autres magistrats chargés du gouvernement des provinces, que les lois et les édits des empereurs étaient adressés ; ces gouverneurs les publiaient eux-mêmes dans les lieux où ils résidaient, et les envoyaient aux magistrats inférieurs et aux autorités municipales, dans les villes, pour être notifiées au peuple. Les gouverneurs publiaient souvent alors de leur propre autorité, des édits dont nous avons quelques exemples que les auteurs anciens, les inscriptions et les monumens récemment découverts en Égypte, nous ont conservés ; la plupart sont en grec, langue sans doute plus répandue dans la province où ils étaient publiés. Le gouverneur parle en son nom, et rapporte seulement les années du règne, et les titres de l'empereur sous lequel le décret est rendu. Mais ces édits ne sont relatifs qu'à l'administration particulière de

---

(1) Cod. Just. liv. 1. tit. 4. loi 3. d'Honorius.— (2) *Proconsul, Legati, Præsides, Judices, Rectores, Præfectus - Augustalis*, en Egypte. Voyez sur le *Præses*. digest. liv. 1. tit. 18. loi 1. *Macer de Officio Præsidis.*

la contrée, ou à quelques événemens qui s'y étaient passés. Si l'on peut juger, d'après le petit nombre d'exemples que nous en avons, il paraît qu'avant et après Dioclétien ils étaient rendus au nom du gouverneur de la province ou de l'autorité inférieure qui les publiaient. Cependant, la manière de notifier les édits aux provinces, a dû nécessairement subir plusieurs modifications pendant un si long espace de temps. Sans doute, dans certaines circonstances importantes, l'empereur se réservait la faculté de les faire connaître par lui-même plus directement aux habitans des provinces (1), et dans ce cas, le *programma* était publié au nom de l'empereur, et dans la langue de la cour; son objet était de préparer les esprits à une mesure importante, de faire connaître au peuple et de lui expliquer les intentions de l'empereur, l'utilité et la justice des mesures qui allaient être prises, les motifs qui les avaient déterminées, et la sollicitude du souverain, pour assurer par de sages règlemens le bon-

---

(1) Ainsi, nous voyons Justinien se réserver de faire notifier lui-même une loi au peuple, sans l'intermédiaire d'une autorité inférieure. Voyez l'épilogue de la Novelle 120. *de invasoribus et amphiteusi* de Justinien à Petrus, Préfet du Prétoire.

heur de ses sujets (**B**). Tout ce que nous venons de dire sur le *programma* convient à notre inscription, et c'est le seul nom que l'on peut lui donner ; le sujet qui y est traité nous fait croire qu'elle avait été placée sur une route militaire ou dans un marché public (1), pour être exposée à la vue du peuple, et notifier un édit de Dioclétien et de Maximien qu'elle devait accompagner. Nous trouvons des preuves certaines, que l'usage du *programma* a été en vigueur sous le règne de Dioclétien, dans les actes du martyre de St. Felix, évêque d'Afrique, et dans une lettre en faveur des chrétiens, adressée par Licinius et Constantin, aux gouverneurs de province (2). Les *programma* étant rédigés dans les provinces, d'après l'ordre et les instructions de l'empereur,

---

(1) *Forum rerum venalium.*—(2) « *In diebus illis, Diocletianus octies et Maximianus septies consulibus aug.* (*an. J.-C.* 304.) *exivit edictum eorundum Cæs. vel imp. super omnem faciem terræ, et propositum est per colonias et civitates, principibus et magistratibus, suo cuique loco..... tunc programma positum est in civitate Tubyzacense die nonarum januarium, tunc Magnilianus curator ipsius civitatis jussit ad se perduci presbyteros, etc.* Miscell. Baluzii, tom. 2. pag. 77. in-8.° Paris, 1679. Voyez la fin de la lettre de Licinius et Constantin, rapportée par Lactance. *De mort. persecut. cap.* 48.

devaient nécessairement recevoir une forme différente adaptée aux mœurs, aux usages, et même à la manière de penser du peuple pour lequel il était publié. Lorsqu'ils étaient écrits en latin, on devait souvent y retrouver les locutions vicieuses, les expressions, et les mots barbares que l'éloignement de la capitale, et l'habitude de parler leur idiome naturel, avait introduits parmi les différentes nations de l'empire. Ces défauts ont dû se retrouver en plus grand nombre chez les égyptiens, peuple que les historiens représentent comme entièrement livré aux spéculations du commerce, et par conséquent s'occupant peu à conserver la pureté du langage. (1).

Les

---

(1) Am. Marcellin, liv. 22. ch. 6. dépeint les égyptiens de son temps comme ayant la réputation d'être avides, intéressés et chicaneurs ; ils avaient été, sous la domination romaine, occupés du commerce et de ses spéculations ; mais les guerres civiles, et la manière barbare dont Dioclétien traita Alexandrie après la révolte de Saturninus, détruisirent sans doute les capitaux et les ressources des égyptiens. Si nous en croyons Suidas (*Lexic. ad. verb. Dioclet.*), les calculs imaginaires de l'alchymie, avaient, sous le règne de Dioclétien, remplacé parmi eux l'industrie et l'activité qui les distinguaient lorsque Adrien parcourait cette contrée qui, à toutes les époques, a été visitée par les voyageurs curieux. On peut ajouter à ces observa-

Les observations que nous venons de faire expliquent pourquoi l'on trouve dans cette inscription un grand nombre de fautes et d'incorrections, tandis que dans les édits des empereurs du même temps, le latin est correct, et souvent aussi élégant que dans les ouvrages des bons auteurs de cette époque. Cherchons actuellement, en comparant le texte de cette inscription aux événemens racontés par les historiens contemporains, la cause qui a fait rendre l'édit que ce *programma* a dû annoncer, et quelles sont les personnes qu'elle accuse.

Plusieurs phrases de cette inscription semblent désigner une compagnie ou une société qui abusait des emplois qui lui étaient confiés, pour amasser des richesses en ruinant les provinces par des vexations, par un commerce frauduleux, et en détournant à son profit les revenus de l'état: nous pensons que ces reproches s'adressent à un des corps employés dans l'administration publique, qui avaient acquis beaucoup de force

---

tions, que le latin devait être écrit et parlé moins correctement, dans un pays où le copte et le grec étaient la langue du peuple. Voyez une lettre très-curieuse d'Hadrien, sur l'Égypte. *Saturninus. Flav. Vopiscus., hist. aug.*

G

et de puissance sous les empereurs, lorsque les guerres civiles et étrangères affaiblirent le gouvernement, et lui ôtèrent les moyens de réprimer les abus introduits dans ces compagnies, par le temps, l'esprit de corps, et les richesses que quelques-unes avaient acquises (C).

Aurelius-Victor, qui écrivait peu de temps après le règne de Dioclétien, nous a transmis le souvenir d'un fait qui répand de grandes lumières sur ce *programma*, et sur les causes qui donnèrent lieu à sa publication. Après avoir raconté avec assez de détail les guerres que Dioclétien et ses collègues soutinrent contre les barbares qui envahissaient l'empire, il ajoute que ce prince publia plusieurs sages lois, et chercha à soulager les peuples des maux dont ils étaient accablés. Un des plus grands bienfaits de son gouvernement fut de délivrer les provinces des vexations et des rapines des *frumentarii*, corporation dont le pouvoir et le crédit s'était peu à peu augmenté, et avait pris, surtout depuis les guerres civiles, un accroissement prodigieux. Ce n'était d'abord que des soldats qui amassaient des grains (1), pour approvisionner les légions ; chargés ensuite sous les empe-

---

(1) *Frumentatores* frumentarii, *à frumento*.

reurs, d'instruire le prince de tout ce qui pouvait se tramer contre son autorité, ils avaient, sous ce prétexte, multiplié les proscriptions, acquis de grandes richesses, et étaient devenus odieux et redoutables aux provinces. Dioclétien détruisit entièrement ce corps (1), il fut remplacé par un autre qu'on appela *agentes in rebus*, parce qu'ils furent employés comme l'avaient été les *frumentarii*, dans les affaires secrètes du prince, et à une foule de détails dans l'administration. Le principal reproche que leur fait l'histoire, est de s'être enrichis aux dépens de ceux qu'ils accusaient de crimes supposés; et l'inscription que nous expliquons étant une longue déclamation contre la cupidité et ses funestes effets, nous avons pensé qu'elle pouvait bien être le *programma* de l'édit impérial publié en Égypte pour détruire les *frumentarii*. Essayons de découvrir par l'his-

---

(1) « *Neque minori studio pacis officia vincta legibus æquissimis*, ac remoto pestilenti frumentariorum genere, *quorum nunc agentes in rebus simillimi sunt, qui cum ad explorandum annunciandumque, qui fortè in provinciis motus existerent, instituti viderentur*, compositis nefariè criminibus, injecto passim metu, præcipuè remotissimo cuique, cuncta fœdè diripiebant. » Sext. Aurel-Victor. *De Cæsaribus*, cap. 39.

toire et les monumens, quelle a été leur origine, dans quelles parties de l'administration ils étaient employés, les moyens qu'ils avaient de vexer le peuple, et leur accroissement jusques au moment où Dioclétien les détruisit.

L'histoire nous apprend peu de choses sur ce qui les concerne, mais les lois des empereurs sur l'organisation des *agentes in rebus* qui les remplacèrent, et qui n'en différaient que de nom (1), nous font connaître avec plus de détails, quels étaient les emplois qu'ils ont exercés, et suppléent au silence des historiens. Parmi les modernes, plusieurs auteurs les ont confondus avec d'autres corps, et leur ont donné différentes attributions, sans citer cependant aucune autorité à l'appui de ce qu'ils avancent. Les *frumentarii* remplissaient différens emplois auprès du prince et des grandes dignités de l'état, et leur histoire se trouve liée à celle des corps destinés au service du palais, que l'on nomma vers le siècle de Dioclétien *militia-palatina*. Ils partageaient aussi les fonctions de ceux qui formaient l'*officium* du proconsul et des *præsides*, composé d'employés subal-

---

(1) Comment. de St. Jérôme, sur le ch. 1. d'Abdias, et Aurel-Victor, *suprà*.

ternes qui aidaient le gouverneur dans l'administration de la province, fesaient exécuter ses ordres et respecter son autorité.

Les empereurs, dans les premiers temps de leur puissance, n'étaient point entourés comme au temps de Constantin, de nombreux corps militaires composés de soldats romains et étrangers, distingués entre eux par les armures et les costumes, qui formaient leur garde, fesaient le service du palais, et dont quelques-uns n'avaient plus de militaire que l'extérieur, et ne servaient que dans l'administration civile (1). C'est depuis Alexandre Sévère, que les historiens commencent à parler de ces corps qui formaient la maison militaire de l'empereur ; mais ce ne fut que lorsque les prétoriens

---

(1) « *Erant verò neque bellicosi reverà, sed ne mediocriter quidem in rebus bellicis exercitati. Sed ex illis legionibus quæ ad hoc sunt destinatæ ut interdiu et noctu in aula versentur, quos scholarios appellant. Hi verò, milites quidem vocantur, et in catalogo stipendiatorum censentur ; sunt autem plerique eorum urbani et splendidè vestiti, sed tantum augendæ dignitatis regiæ causâ et magnificentiæ quoties prodiret in publicum.* » Traduct. lat. de Agathias, scholastici, *de imper. et rebus gestis Justiniani imp.*, lib. 5. interpret. Bonav. Vulcanio, cum notis ejusd., Paris 1660., liv. 5. §. p. 159. C. recto, de l'histoire Bysantine.

n'existèrent plus, qu'ils devinrent plus puissans et plus nombreux (D).

Les empereurs suivirent d'abord l'exemple des généraux, et des *imperatores* qui commandaient les armées sous la république ; ils n'eurent auprès de leur personne que quelques cohortes composées de soldats d'élite (1), accoutumés à faire à pied des courses extraordinaires, et à exécuter avec activité, fidélité et dévouement, les missions souvent périlleuses dont ils étaient chargés ; on les nommait *speculatores*, mot qui peut se rendre par celui d'observateurs, éclaireurs. Il y avait une cohorte de *speculatores* par légion (2), elle était employée à observer les mouvemens de l'ennemi (3). Ces cohortes et celles qui gardaient le *prætorium*, lieu dans

---

(1) « *Ipse, 6. kal. febr. circiter vigiliâ primâ imperat speculatores, apparitoresque omnes, ut sibi præsto essent : itaque omnibus insciis, neque suspicantibus, etc.* ». Cæs. de bell. afric. cap. 5. « *Petreius verò non deserit sese ; armat familiam, cum hac et prætoria cohorte citratorum, barbarisque equitibus, paucis beneficiariis suis, quos custodiæ suæ caussa habere consueverat, etc.* » Cæs. de bell. civil. lib. 1. cap. 15.—(2) *Jos. Eckel. doct. num. veter. Vindob.* 1796. t. 6. in-4.° p. 53.— *Reines. inscript. clas.* 8. *militar. n.° 64.— Gruter. thes. inscript. p. 17. n.° 7. Id. p. 519. n.° 10.—p. 520. n.° 5.*—(3) *Tit. Liv. lib.* 27. cap. 15.—Id. lib. 31. cap. 24.

le camp où se rendait la justice, et où les enseignes militaires recevaient un culte religieux, furent choisis par Auguste pour veiller à la sûreté de Rome et du palais impérial. Les *speculatores* étaient particulièrement chargés de la garde de la personne du prince, et fesaient en même temps divers services dans le palais et auprès de l'empereur; ils portaient les dépêches; ils exécutaient avec promptitude et résolution les ordres qu'ils recevaient; ils étaient envoyés pour donner la mort à ceux que la volonté du prince avait condamnés arbitrairement et sans suivre les formes ordinaires (1); des centurions et des tribuns partageaient avec eux ce ministère (2); c'étaient des officiers des cohortes de la garde, ou des officiers vétérans ou réformés (3), et des *beneficiarii*, c'est-à-dire, des militaires que l'empereur ou les généraux favorisaient par un avancement rapide, et qu'ils dispensaient du service pénible

---

(1) Sueton, *in Galba*, cap. 18.—Id.*in Claud*, cap. 35.—*Tacit, hist.*, *lib.* 2., *cap.* 11.*et* 33.—Id., *lib.* 2., *cap.* 98.—*Sueton*, *in Caligula*, *cap.* 34.—*Seneq. lib.* 1. *cap.* 16. de irâ.—*Sueton. Caligula*, *cap.* 32. *et* 52., *cum notis Terentii*, édit. varior. *in*-4.°—*Tacit. histor.*, *lib.* 2., *cap.* 73.—(2) *Tacit.*, *annal.*, *lib.* 2., *cap.* 22.—*Tacit.*, *histor.*, *lib.* 2., *cap.* 98.—(3) *Dion*, *hist. rom.*, *lib.* 55., *cap.* 24.—Voyez aussi Cujas, *observat.* 10., *lib.* 7.

des camps, pour celui de la cour et des personnes en place, service bien plus facile et qui donnait plus d'espoir d'une fortune rapide (1). Les *frumentarii* formaient une compagnie ou centurie dans la cohorte des *speculatores*, et devaient remplir dans la légion à peu près les mêmes fonctions (E). Le nom qu'ils portaient n'avait plus aucun rapport avec les emplois dont ils furent chargés sous les empereurs. Auparavant presque inconnus, ils devinrent bientôt si nécessaires, qu'ils remplacèrent auprès de l'empereur les *speculatores* dans tout ce qui tenait au service particulier du prince et des personnes en place. Depuis le règne d'Hadrien, on ne retrouve les *speculatores* que dans les *officia* des gouverneurs de province; les *frumentarii* sont presque seuls chargés des missions de confiance et des emplois remplis auparavant auprès de l'empereur, par les *speculatores*. Nous ne savons rien de positif sur les causes de ce changement; sans doute que les rapports faits par les *frumentarii* sur l'état des provinces, la surveillance qu'ils y exerçaient, leurs délations vraies ou fausses, occasion-

---

(1) *Tacit., hist., lib.* 1. *cap.* 25.--*Sueton. Tiber., cap.* 12.

nèrent entre eux et le prince, des relations plus intimes, qui les firent employer de préférence ; Hadrien se servait d'eux pour connaître ce qui se passait même dans l'intérieur des familles (1). Ils furent bientôt envoyés comme l'avaient été les *speculatores*, pour exécuter les ordres arbitraires de leurs maîtres, porter dans l'empire les nouvelles importantes (2), répandre des bruits vrais ou faux, afin de diriger suivant les circonstances l'esprit des armées et du peuple. Outre ceux qui demeuraient à la cour pour être employés

---

(1) « *Et erat curiosus (Hadrianus), non-solùm domus suæ, sed etiam amicorum, ità ut per frumentarios occulta omnia exploraret : nec adverterent amici, sciri ab imperatore suam vitam, priusquam ipse hoc imperator ostenderet. Unde non injucundum est rem inserere, ex quo constet eum de amicis multa didicisse. Nam quum ad quendam scripsisset uxor sua, quod, voluptatibus detentus et lavacris, ad se redire nollet, atque hoc Hadrianus per frumentarios cognovisset, petente illo commeatum, Hadrianus et lavacra et voluptates exprobravit: cui ille, num et tibi uxor mea, quod et mihi scripsit. ?*» Æl. Spartianus, *in Hadr. vita, cap.* 11., *hist. aug.*—
(2) Plutarch., *paral. seu vitæ paral.*, Londin. J. Tonson et J. Warts. 1724., t. 5., p. 400. -- Dion., lib. 62, cap. 11.--Id. lib. 77., cap. 17. -- Jul. Capitol. *in Opel. Macrin. vitâ*, *hist. aug.*, cap. 12.-- Dion., lib. 78., cap. 39. -- Jul. Capitol. *in Maxim. et Balbin. vitâ*, cap. 10.

aux différens services dont nous venons de parler, d'autres étaient chargés de missions particulières dans les provinces : on les voit auprès des gouverneurs et des proconsuls, employés principalement à rechercher et à dénoncer les coupables (1). Enfin, ils remplissaient à la cour et dans les provinces, les emplois qui devinrent dans la suite, et surtout depuis Constantin, les attributions des différens corps de la *militia palatina* (2).

---

(1) *Cecil. Cyprian. opera, epist. ult.*—*Sti. Dionys. episc. epist*—*Euseb.*, *hist. eccles.*, lib. 6., cap. 40.—
(2) Parmi les corps qui composaient la *militia palatina*, les *agentes in rebus*, les *notarii*, les *protectores*, remplacèrent plus spécialement les *frumentarii*, sous Septime-Sévère ; des *frumentarii* se dévouent à une mort certaine pour servir la haine et l'ambition de leur maître (*Herodien*, *lib. 3.*, cap. 16. et 17.). Sous Constance, des *notarii* et des *agentes* crèvent des chevaux pour apporter plus rapidement la nouvelle de l'assassinat du César Gallus, que la défiance soupçonneuse de ce prince avait dévoué à la mort.— « *Exuto penitus Gallo, Apodemius Agens in rebus raptos ejus calceos vehens equorum permutatione veloci, ut nimietate cogendi quosdam extingueret, præcursorius index Mediolanum advenit : ingressusque regiam ante pedes projecit constantii, velut spolia regis occisi parthorum.* » Am. Mllin., liv. 15., ch. 1.— Voyez aussi le ch. 11., liv. 14.; où Ammien retrace sous les plus sombres couleurs, le gouvernement arbitraire de Constance, sa cruauté froide et réfléchie, l'espionnage et les délations des *Agentes in rebus*.

Depuis Auguste, jusques vers l'époque où les Antonins cessèrent de régner, les gouverneurs avaient sous leurs ordres les légions stationnées dans leur province. Ces troupes fournissaient aux proconsuls le nombre de *beneficiarii* et de *speculatores* qui leur était nécessaire, et ils en distribuaient suivant le besoin, un certain nombre aux autres autorités civiles et militaires de la province. Ces militaires et quelques licteurs formaient ce qu'on appela l'*officium* (1); bientôt les grades et les emplois s'y multiplièrent (F), et dès le règne d'Alexandre, on trouve dans l'*officia* des gouverneurs, les mêmes emplois qui existaient sous Constantin et ses successeurs. C'est donc vers l'époque du règne d'Alexandre-Sévère, ou même quelques temps auparavant, que les *frumentarii* s'y étaient introduits ; ils y remplissaient, ainsi que les *beneficiarii*, à peu près les mêmes fonctions qu'à la cour de l'empereur. Les *speculatores* n'étaient presque plus alors employés dans les *officia*,

---

(1) Dion., liv. 53., ch. 13.--14,--15.--27.--Voy. digeste, v. 1., t. 16., loi 4°, §. 6. du liv. d'Ulpien. *De officio proconsulis.*-- Pline, liv. 2., épître 11.-- Tacit., histoire, liv. 4., ch. 48, avec les notes de J. Lipse.--Pline, liv. 10, épître 32. et 36.

qu'à présider au supplice des criminels (1). D'autres *frumentarii* étaient envoyés sous le nom de *stationarii*, dans des lieux déterminés, *stationes*, pour y remplir pendant un certain temps, une mission pénible, mais dont ils savaient retirer de grands avantages pour leur fortune; ils étaient chargés de donner main-forte aux *publicani*, ou fermiers des tributs levés sur les marchandises (2), d'arrêter les gens suspects, les esclaves fugitifs (3); de dénoncer les coupables, de les saisir et de les envoyer au *præses* avec une note, *notoria*, qui expliquait la cause de leur arrestation, et les crimes qu'on leur imputait; ils recevaient aussi les plaintes de ceux qui avaient été lésés dans leur personne ou dans leurs biens (4). Ces emplois leur donnaient les moyens de vexer les provinces par l'autorité arbitraire qu'ils y exerçaient. Ils avaient des prisons particu-

---

(1) Digeste, liv. 48., tit. 20, loi 6., tirée des ouvrages d'Ulpien.—(2) Dion., liv. 48., ch. 43.—Digeste, liv. 4. tit. 6., loi 34., avec les notes de Denis Godefroy.— Code Justinien, liv. 4., tit. 61., note 30. sur la loi 5.—(3) *Passio Sti. Jacobi et Mariniani, mart. in Nicomediâ, sub Valeriano, imp.—Act. Sanct. Chioniæ, Agapes, etc., martyr. sub Dioclet., imp.*, in act. sincer. Ruynart.—*Muratori. Nov. Thes. inscript.*, p. 606., n.° 1.—(4) Code Justinien, liv. 9., tit. 2., loi 8.

lières, où ils retenaient ceux qu'ils jugeaient coupables, ils levaient même des tributs de leur propre autorité (1). Souvent ils toléraient à prix d'argent les personnes dont le genre de vie et la profession suspecte ou criminelle était sous leur surveillance (G).

Dès le règne de Caracalla, les *frumentarii* formaient une corporation ou *schola* qui avait un chef, *princeps*, Egemonos (2). L'organisation de cette *schola* devait être semblable à celle des cohortes dont elle tirait son origine, et qui servit de modèle à tous les corps employés dans l'administration. Ulpius-Julianus avait été Egemonos *princeps* des *frumentarii* ; il s'etait attiré la haine générale, en poursuivant par ses délations les premières familles de Rome. Caracalla le récompensa de son zèle en le fesant parvenir aux plus grandes dignités ; il fut chargé de faire le *census*, ou recensement, d'après lequel les tributs étaient repartis ; ces fonctions, attachées autrefois à la place de censeur, avaient été remplies par les empereurs eux-mêmes, et souvent par des per-

---

(1) Code Théodosien, liv. 6., tit. 29., loi 1 — Code Just., liv. 12., tit. 68., loi 3.

(2) Dion., liv. 78., ch. 14.-15.— *dux*, *princeps*, *præfectus*, celui qui conduit, qui est à la tête.

sonnes considérables (1) de leurs familles ou des principales maisons de Rome (H). A la même époque, Adventus qui n'était pas même parvenu aux premiers grades parmi les *frumentarii*, gagna cependant la confiance de Caracalla, en flattant les goûts infâmes et la cruauté de ce prince; il devint son *procurator* et son *cubicularius* (2). Macrin l'éleva ensuite à la dignité de préfet de la ville (3), malgré l'indignation des romains qui virent avec horreur une place si honorable remplie par un homme de basse extraction, d'une incapacité absolue, et qui s'était attiré le mépris et la haine générale, en remplissant les emplois les plus vils parmi les *speculatores* et les *frumentarii*. Mais cette dignité devint le terme de la fortune d'Adventus; incapable de parler en public, et de réciter les harangues qu'il devait prononcer dans le sénat comme préfet de Rome, et président de cette auguste assemblée, il feignit une maladie, et perdit cette place où il ne sembla avoir été élevé que pour souiller cette éminente dignité, et couvrir

―――――――――――

(1) Sueton. August., ch. 37. — (2) Chambellan, *camérier*, place qui mettait celui qui en était revêtu dans l'intimité du prince. — (3) *Præfectus urbis*, préfet de Rome.

d'opprobre le sénat que Macrin cherchait à humilier (1).

Le crédit et l'autorité des *frumentarii* devinrent encore plus considérables pendant les guerres civiles, et les invasions des barbares qui ravagèrent l'empire depuis le règne de Maximien. C'est alors qu'à la faveur des troubles ils ruinèrent les provinces par des vexations de tout genre : ils se rendirent même redoutables à leurs maîtres par les moyens qu'ils avaient d'influencer l'opinion des soldats (2), qui tenaient dans leurs

---

(1) Dion., liv. 78., ch. 14. et 15. — (2) la lettre suivante de Gallien à un *frumentarius*, nous fait connaître leur grande influence, et les moyens employés par Gallien pour soutenir son autorité chancelante. Item, *Epistola Gallieni quum nuntiatum esset per* frumentarios *Claudium* (depuis, Claude le gothique), *irasci quod ille mollius viveret.* « *Nihil me gravius accepit quàm quod* notoriâ *tuâ intimasti. Claudium parentem amicumque nostrum, insinuatis sibi falsis plerisque, graviter irasci. Quæso igitur,* mi venuste, *si fidem mihi exhibes, ut eum facias à Grato et Herenniano placari, nescientibus hoc militibus Dacisianis, qui jam sæviunt, ne graviter ferant. Ipse ad eum dona misi : quæ ut libenter accipiat tu facias. Curandum præterea est ne me hoc scire intelligat, ac sibi succensere judicet, et pro necessitate ultimum consilium capiat. Misi autem ad eum pateras gemmatas, etc.* » Hist. Aug. Trebel. Pollio. Claud. Goth., cap. 17.

mains les destinées des souverains. Ces empereurs dont le règne atteignait rarement le terme d'une année, occupés sans cesse à se soutenir et à se défendre contre des rivaux dangereux, pouvaient difficilement s'occuper du sort des provinces ; aussi étaient-elles en proie aux calamités de toute espèce, qu'occasionaient l'état d'anarchie où était tombé l'empire. Le gouvernement de Dioclétien ne remédia pas à tous ces abus. Lactance nous a fait une peinture énergique de la situation des provinces au moment où le règne de ce prince devait paraître le plus florissant par les victoires qu'il avait remportées. Il représente l'état dévoré par un grand nombre de magistrats qui ne cherchaient qu'à s'enrichir, Dioclétien occupé à construire de magnifiques palais, et à amasser des trésors, s'embarrassant peu des moyens employés pour fournir à ses dépenses, et les particuliers sans cesse exposés à des accusations calomnieuses, poursuivis comme ennemis de l'état, et privés de leur fortune et de la vie, si leurs riches domaines tentaient la cupidité des *frumentarii* (1).

Dioclétien

---

(1) Les *frumentarii* ayant été chargés, jusques à leur destruction, des délations et de l'exécution des

Dioclétien craignant peut-être de ne plus trouver dans les provinces qui devenaient désertes, les ressources nécessaires à l'entretien de ses nombreuses armées, chercha à réparer ces maux, en détruisant entièrement ce corps qu'il craignait peut-être, et dont les vexations étaient les plus apparentes. Voyons actuellement si toutes les parties de l'inscription peuvent se rapporter à ce que nous savons des *frumentarii*. Presque tous les paragraphes qui la composent sont le commentaire de cette phrase d'Aurelius-Victor. *Pestilenti frumentariorum... genere qui injecto passim metu cuncta fœdè diripiebant.* L'idée que ce peu de mots nous donne des *frumentarii*, est étendue et répétée de dif-

---

caprices despotiques des empereurs, nous pensons que c'est d'eux principalement que parle Lactance à la fin du chap. 7. *de Mort. Persecutor.* — « *Jam illud prætereo, quam multi perierint possessionum aut opúm gratiá. Hoc enim usitatum et ferè licitum consuetudine malorum. Sed in hoc illud fuit præcipuum, quod ubicunque cultiorem agrum viderat aut ornatius ædificium*, *jam* paratâ Domino calumniâ *et pœnâ capitali, quasi non posset rapere aliena sine sanguine.* » Ces mots du passage d'Aurel.-Victor (*suprà*). *compositis nefariè criminibus injecto passim metu, præcipue remotissimo cuique, cuncta fœdè diripiebant*, parfaitement d'accord avec Lactance, confirment notre conjecture.

H

férentes manières dans les quatre premiers paragraphes. (1). Dans le cinquième, ils sont accusés d'avoir causé par d'avides spéculations la cherté des marchandises, et de ne faire servir qu'à leur avantage particulier, la fertilité des champs et l'abondance des récoltes (2). Cette partie de l'inscription peut être éclaircie par Lactance. Il nous apprend qu'une disette générale avait désolé l'empire à la même époque, et qu'elle fut suivie d'émeutes sanglantes, causées principalement par un tarif du prix des denrées de première nécessité, que Dioclétien fit publier, espérant par-là faire cesser la cherté des marchandises;

---

(1) « *Nullo sibi fine proposito ardet avaritia desæviens, quæ sine respectu generis humani non annis modò vel mensibus aut diebus, sed pænè horis ipsisque momentis ad incrementa sui et augmenta festinat.* » Paragr. 1., 5. ligne de l'inscription. »—*Sed quia vera est cupido furoris indomiti, nullum communis necessitudinis habere dilectum* » Paragr. 2., ligne 6. « *In lacerandis fortunis omnium necessitate potius quam voluntate destitui, atque ultra conjicire non possunt quos ad sensum miserrimæ condicionis ægestatis extrema triverunt.* » Paragr. 2., ligne 7.—(2) « *Qui detrimentum sui existiment, cæli ipsius temperamentis abundantiam rebus provenire, è quibus semper studium est in questum trahere etiam beneficia divina ac publicæ felicitatis affluentiam stringere* ». Paragr. 5., ligne 13.

mais ce moyen toujours employé inutilement, ne fit qu'accroître la disette, et l'empereur ne put ramener l'abondance qu'en rendant au commerce une entière liberté (1). Idace fixe dans sa chronique la date de la publication de ce tarif à l'année 302, qui suivit celle où notre inscription a été gravée (2). La date de cet événement et les circonstances qui l'accompagnent, offrent des rapports frappans avec les accusations faites aux *frumentarii* dans le 5.e paragraphe, et nous font croire qu'ils furent les principaux auteurs de cette disette, par le monopole des denrées les plus nécessaires à la consommation, ou par d'autres opérations frauduleuses de commerce et d'agiotages. Les gouverneurs de province, et les employés qui formaient leur *officium*, s'étaient livrés de tout temps à des entreprises et à des spéculations de

---

(1) « *Cum variis iniquitatibus immensam fecerat caritatem, legem pretiis rerum venalium statuere conatus est. Tunc ob exigua et vilia multus sanguis effusus, nec venale quicquam apparebat, et caritas multò deteriùs exarsit, donec lex necessitate ipsa post multorum exitium solveretur.* » Lactance, de Mort. Persec., ch. 7.— « *Constantio* 4. *et Maximiano* 4., *his consulibus, imperatores jusserunt vilitatem esse.* » Vid. Fast. *Idatii*, in Sirmond, oper. var. tom. 2., pag. 33., édit. reg. in-fol., 1696.

ce genre, une des principales était d'obliger les particuliers ou les corps municipaux des villes et des provinces, à leur donner un intérêt énorme des sommes d'argent qu'ils leur prétaient; le remboursement qu'ils exigeaient ensuite subitement, et dans les momens les plus désavantageux pour les débiteurs, ruinait les particuliers et les provinces, et avait plusieurs fois causé des révoltes générales (1) : outre ces usures, nous voyons par un grand nombre de lois, que les gouverneurs et leur *officium* fesaient le commerce de différentes denrées, soit ouvertement, soit sous des noms supposés (2). Les *frumentarii* em-

---

(1) Tacite, annales, liv. 3., ch. 40.—Dion., liv. 62., ch. 2.—Pline, epist. 62.- 63., liv. 10.—*Id.* epist. 28.- 34.- 109., liv. 10.—*Id.* epist. 9., liv. 3.—epist. 11., liv. 2.—Mamert., pro consulatu grat. act. Juliano-Aug., cap. 4.—Eumen., paneg. *Constantino. flavens nomine, seu, grat. act.*, cap. 6.—Mamert., *pro consulat.* grat. act. Juliano-Aug., cap. 11. ; è paneg. veter.—(2) Corp. jur. civil. Cod. Just., lib. 4. tit. 2., loi 3. « *Imp. Gordianus Aug. Sempronio. Eos qui* officia *administrant neque per se neque per suppositas personas, tempore* officii *sui in provincia fœnus agitare posse, sæpè scriptum est.* »--Voyez Digest., liv. 12., tit. 1., loi 34; Paulus, liv. 2. *sententiarum.* -- Cod. Theodos. liv. 8., tit. 15., lex. *omnis*.--Cod. Justin., lib. 12., tit. 58., loi 12., §. 2.--*Id.* liv. 12. tit. 1., loi 6., et tit. 35., loi 1.--*Id.* liv. tit. 21., loi 1.

ployés dans les *officia*, et ceux qui étaient envoyés en mission, suivirent sans doute cet exemple, et les funestes effets qui en résultèrent forcèrent Dioclétien à détruire ce corps, sur lequel il pouvait rejeter les mesures odieuses que son avarice avait tolérées, et dont on le regardait comme l'auteur. Il paraît en effet, dans plusieurs endroits de l'inscription, chercher à s'excuser d'avoir tardé si long-temps à réprimer ces excès. La manière dont Lactance et Suidas parlent de son caractère, confirme cette conjecture; ils rapportent que Dioclétien voulait être considéré comme le seul auteur du bien qui s'opérait sous son gouvernement; et lorsqu'il méditait quelques mesures tyranniques, il appelait autour de lui un grand nombre de conseillers, pour rejeter ensuite sur eux ce qu'elles avaient d'odieux, et les rendre responsables de l'événement aux yeux du peuple (1).

La destruction des *frumentarii* ne fit point cesser la disette, puisque ce ne fut que l'année suivante que Dioclétien crut pouvoir ramener l'abondance en fixant le prix des denrées. Quoique la cause principale eut

---

(1) Lactance, *de Morte Pers.*, ch. 11. Suidas ad verb. Dioclet.

été détruite, il fallait que le temps, en ramenant la confiance, effaçât entièrement les impressions qu'avaient faites la conduite de ces employés: le bouleversement même que dut causer la destruction d'un corps dont les spéculations s'étendaient dans tout l'empire, dut retarder la liberté du commerce; cette liberté ne fut entièrement rétablie qu'au moment où Dioclétien révoqua le règlement qui, en y mettant de nouvelles entraves, avait fait disparaître le peu de marchandises que l'on voyait encore exposées en vente (1).

Ce qui avait été allégué contre les *frumentarii*, dans les premiers paragraphes de l'inscription, ne portait que sur le tort qu'ils fesaient aux particuliers. Dans le dernier, on les accuse de détourner les fonds destinés aux soldats, et de priver l'état des ressources que fournissent les tributs, dont les provinces portaient cependant tout le poids (2). Les

---

(1) « *Donec lex necessitate ipsâ post multorum exitium solveretur.* » Lactance, ch. 7. *suprà*. — (2) « *Quis ergo nesciat* utilitatibus *publicis insidiatricem audaciam quacunque exercitus nostros dirigi communis omnium salus postulat, non per vicos modò aut oppida, sed in omni itinere animo sectionis occurrere. . . . . . interdùm distractione vitiosâ,*

agentes-in-rebus, qui remplacèrent les *frumentarii* et succédèrent à tous leurs emplois, étaient chargés de présider au départ des différens corps de troupes (1), et de disposer sur les routes qu'ils devaient parcourir, tout ce qui pouvait être nécessaire, soit pour les rations de vivres qui leur étaient distribués dans les lieux de séjour ou *mansio*, soit afin de pourvoir au transport des bagages, des armes, des malades, des femmes et des enfans qui accompagnaient les soldats. Les relais destinés aux charrois de ces bagages, étaient fournis par les provinces (2);

---

donativo *militem* stipendioque *privari : et omnem totius orbis, ad sustinendos exercitus* conlationem *gestantis quæstibus* diripientium *cedere.* » Texte de l'inscription, 6.ᵉ paragr. — (1) « *Imp. Constantius Aug. Olybrio Procos. Afric.* Paraveredorum *exactio patrimonia multorum evertit, et pavit avaritiam multorum, ideoque prœlata jussione nostra, provinciarum rectores excellentia tua commoveat, ut exceptis* agentibus-in-rebus, *qui ad movendum militem, mitti consueverant, quisquis alius* Paravedum *exegerit, non ei cedat impunè, sed nec illi qui dederit.* » Cod. Théodos., liv. 8., tit. 5., loi 7. — (2) C'était une servitude qui grevait les domaines auprès desquels passaient les routes militaires. Digest., liv. 50., tit. 4. loi 18., §. 21. *E lib. singul. de Muner Arcad. Charisii.* — Les propriétaires étaient soumis à cette espèce de corvée, appelée *angaria, parangaria, paraveredorum exactio, claburalis* ou *clavuralis cursus*. Voyez J. Godefroy, Comment. sur le Code Théod., liv. 8., tit. 5., loi 4 et 23.

le droit d'exiger ces corvées donnait aux *agentes* et aux *frumentarii*, qui sans doute l'exerçaient avant eux avec les mêmes abus, les moyens de se procurer des profits toujours au détriment de l'état. C'était pendant ces missions qu'ils vexaient horriblement les provinces; les bœufs et les chevaux des particuliers qui devaient ce tribut, étaient enlevés aux travaux de l'agriculture (1), souvent même ces corvées exigées sous le prétexte de l'utilité publique, n'étaient employées qu'au service des gouverneurs ou de quelques personnes puissantes (2).

La *schola* des *notarii* était un des corps de la *militia palatina* qui remplissait, de même que les *agentes*, plusieurs des emplois exercés avant Dioclétien par les *frumentarii*.

Depuis Constantin, les *notarii* furent souvent choisis pour exécuter les actes arbitraires que la politique dictait quelquefois au prince;

---

(1) Code Théodos., liv. 8., tit. 5., loi 1. Les mots *animo sectionis occurrere*, texte de l'inscription, ligne 16. à la fin, peuvent avoir rapport à l'empressement qu'avaient les *frumentarii* d'augmenter par ces confiscations les profits qu'ils pouvaient faire dans ces occasions par des ventes juridiques. Voyez *suprà*, pag. 19.—
(2) Code Théodos., liv. 8., tit. 5., loi 15.

on les envoyait aussi pour remplir les missions qui demandaient de la confiance et du dévouement. Nous voyons sous le règne de Constance, un *notarius* accusé d'avoir détourné les fonds qui lui avaient été confiés, et qui étaient destinés à acquitter la paye des soldats et les gratifications que l'empereur accordait sous le nom de *donativum* (1). Les *frumentarii* ayant rempli les mêmes

---

(1) « *Idemque* Tribunus *et* Notarius *Palladius mittitur, ut et militi disperso per Africam præberet stipendium debitum, et gesta per Tripolim fide congrua scrutaretur....... ingresso..... Palladio in Africam Romanus (qui per Africam comes erat), quas ob res venerat antè præstructus, ut securitatem suam in tuto locaret,* numerorum principiis (principaux officiers), *per quosdam secretorum mandaverat conscios, ut ei tanquam potenti et palatii summatibus proximo, stipendii quod pertulerat prestarent maximam partem: et ita est factum. Confestimque ille ditatus perrexit ad Leptim ; luctuosis provinciæ cineribus visis revertit;* Romanusque (le Comes Romanus qui avait laissé ravager cette ville par les barbares), *ut desidem increpans, relaturum se cuncta verissimè quæ viderat minabatur ad principem, atque ille* (Romanus Comes) , *ira percitus et dolore, se quoque mox referre firmavit, quod missus ut notarius incorruptus donativum militis omne in questus averteret proprius. Quâ gratiâ flagitiorum arbitrâ conscientiâ, cum Romano deinde Palladius concordebat.* » Am. Mllin., liv. 28. ch. 6.

emplois, furent sans doute chargés en plusieurs occasions de donner aux troupes la paye *stipendium*, et le *donativum*, lorsque l'empereur ne pouvait pas le distribuer lui-même, et l'infidélité avec laquelle ils s'en acquittèrent leur attira le reproche qui leur est fait dans cette partie de l'inscription (1). Des conséquences désastreuses furent la suite de ces abus; une grande partie des tributs acquittés par les provinces, au lieu de parvenir dans les trésors et dans les greniers de l'état, ne servait qu'à augmenter la fortune de quelques employés avides (2). Pour que cette dernière accusation puisse s'appliquer aux *frumentarii*, il faut qu'ils aient été chargés du dépôt ou de la perception des différentes sortes de tribut. Les principaux consistaient en grains en nature, en or et en argent : ils étaient acquittés sous divers noms et de diverses manières, par toutes les classes de citoyens. Des sociétés composées de chevaliers (*equites*), ou de riches propriétaires des provinces, en étaient les

---

(1) « *Interdùm distractione vitiosâ militem* donativo stipendioque *privari*. » Texte de l'inscript. 6.ᵉ paragr., 17.ᵉ ligne.—(2) » *Et omnem totius orbis ad sustinendos exercitus* conlationem *gestantis quœstibus diripientium cedere*. » 6. paragr., 17. ligne.

fermiers, sous les premiers empereurs (1). Il paraît, d'après les lois de Dioclétien (2) et de ses prédécesseurs, que ces sociétés furent ensuite formées seulement par les citoyens chargés dans leur patrie de l'administration municipale; ils choisissaient parmi eux ceux qui devaient faire cette première perception; le corps qui les avait choisis, était garant des obligations qu'ils contractaient. Lorsque les termes fixés pour les payemens étaient passés, sans que les impôts fussent acquittés, des employés militaires, *milites*, étaient envoyés, pour obliger par les moyens les plus rigoureux, les *decuriones* (2) à remplir leurs obligations, et les particuliers à acquitter les arrérages des tributs (3). Depuis Constantin, ce fut parmi les *agentes*, et les autres corps de la *militia palatina*, que furent choisis ceux à qui l'on

---

(1) Tacit., annal. liv. 4., ch. 6. -- Texte restitué et traduct. de deux décrets rom. etc.; article de M. Letronne. Journal des savans, novemb. 1822. --Cod. Just., liv. 5., tit. 41., loi 1.--*Id*., liv. 7., tit. 73., loi 3.--
(2) Cod. Just., liv. 10., tit. 2., loi 3. -- Digest., liv. 50., tit. 4., loi 1. du livre d'Ermogianus, *epitomorum*.--*Id*., loi 3. du livre 2. d'Ulpinianus *opinionum*.-(3) *Curia*, ou corps des *decurions*, sénat, ou conseil composé des plus riches et des principaux citoyens chargés de l'administration municipale dans leur patrie.

donnait ces missions. C'est ce qui nous fait croire que les *frumentarii* étaient chargés de ces exécutions militaires, avant l'époque où ils furent remplacés par les *agentes*; ils s'en acquittèrent avec tant de sévérité, que les empereurs furent obligés de publier souvent des lois pour en adoucir la rigueur, et ne les faire porter que sur les corps qui ayant fourni les percepteurs, étaient obligés à répondre d'eux (1). Avant que l'on eût cherché à donner par ces lois quelques adoucissemens aux provinces, les *frumentarii* et les autres *officiales*, ou membres des *officia* chargés de ces exécutions, recherchaient aussi les particuliers qui n'avaient point acquitté ce qu'ils devaient pour les tributs. C'est alors que les biens étaient vendus (2), que tout, même les instrumens de labourage, était enlevé aux malheureux cultivateurs; que les terres étaient abandonnées et restaient incultes (3). Il est facile de

---

(1) Cod. Justin., liv. 10., tit. 19., loi 7. et 9., et les notes de Cujas sur ces lois, dans son comment. sur le livre 10. du Cod. Just., tom. 2., oper. in-fol.—
(2) *Animo sectionis occurrere*. Texte de l'inscription, ligne 16. à la fin. Voyez *suprà*, pag. 19. et 57.—
(3) « *Adeò major esse cœperat numerus accipientium quam dantium, ut enormitate indictionum, et consumptis viribus colonorum, desererentur agri et cul-*

concevoir que ces missions donnaient mille moyens de faire de grands profits qui diminuaient toujours plus le produit des impôts. Cette diminution progressive qui fesait craindre de voir cesser bientôt presqu'entièrement les ressources que l'état tirait des provinces, est présentée à la fin du dernier paragraphe, comme une des causes qui rendaient les *frumentarii* si dangereux (1), et c'est sans doute ce qui contribua le plus à leur destruction.

---

tura verteretur in silva. » Lactance, *id.* ch. 7. — « *Imp. Constantinus Aug. ad universos provinciales.* Intercessores *à rectoribus provinciarum dati, ad exigenda debita ea quæ civiliter poscuntur, non servos aratores, aut boves aratorias pignoris causâ de possessionibus abstrahant, ex quo tributorum inlatio retardatur. Si quis igitur* intercessor *aut* creditor, *aut* præfectus pacis, *aut* decurio *in hac re fuerit detectus, à rectoribus provinciarum capituli sententia subjugetur.* » Cod. Théodos., liv. 8., tit. 8., loi 9.--Le *Præfectus pacis*, est la même chose en latin que l'*Yrenarche* en grec, c'était une charge municipale; les *Hyrenarchœ* et *Limenarchœ*, remplissaient dans les villes de province, les mêmes fonctions que les *Stationarii*, et agissaient de concert avec eux.-- Digest. liv. 50., tit. 4., loi 18., §. 7. ; *è lib. singulari de muner. civil. d'Arcudius et Charisius.* — (1) *Et omnem totius orbis, ad sustinendos exercitus* conlationem *gestantis, quœstibus diripientium cedere.* » Texte de l'inscription, 6. paragr., ligne 17.

Voilà ce que nous apprennent sur les *frumentarii*, quelques passages d'auteurs anciens, expliqués et éclaircis par les inscriptions, les lois, et les décisions des jurisconsultes. Les phrases d'Aurelius-Victor que nous avons citées, les détails que donne Lactance des maux de l'empire sous le règne de Dioclétien, s'accordent avec les reproches adressés dans cette inscription, à un corps avide et dangereux. La destruction des *frumentarii*, est donc le seul événement connu de ce règne, auquel on puisse la rapporter. Si notre opinion n'est point adoptée, et si l'on rejette nos conjectures comme trop hasardées, on nous saura peut-être gré d'avoir fait connaître une inscription inédite, et donné quelques détails qui nous ont paru nouveaux et intéressans sur l'administration romaine sous les empereurs.

NOTES.

(A) Quoique les fautes que l'on trouve dans cette inscription puissent être, en partie, attribuées à l'ignorance et à la maladresse du graveur, un grand nombre appartiennent cependant à l'époque où ce décret a été rendu, et aux changemens que le latin commençait déjà à éprouver, surtout dans les provinces. Les manuscrits des siècles suivans fourmillent de fautes du même genre, qu'on ne peut non plus attribuer à l'inattention seule des copistes. On y trouve souvent, comme dans cette inscription, les B, les U, et d'autres lettres, employées indifféremment les unes pour les autres, plusieurs voyelles supprimées au commencement et à la fin des mots, plusieurs terminaisons retranchées. Ces fautes indiquent déjà les grands changemens qui formèrent dans les siècles suivans la langue *romane* ; changemens dont M. Raynouard a découvert les traces en remontant à l'origine de cette langue qui n'est qu'un latin corrompu, et simplifié pour être mis à la portée d'un peuple qui tendait à la barbarie. Voyez *Angel. Maï.-Q. Aurel. , Symmach. , Orat. inedit. Pat... Mediol.* 1815. , *et Laud. in Valent. sen.*

Aug. 2., § 19. *in fin.*, § 9. *in med.*, *Orat. pr. Patr.*, § 4. -7. *id.*

(B) On ne trouve avant Constantin, que quelques traces du *programma* joint à un décret impérial (1). Nous croyons en reconnaître une très-positive dans l'anecdote que nous citons d'après Jul. Capitolin (2). Les deux décrets expliqués par M. Letronne, celui rapporté par Joseph, (3) nous font seulement connaître comment les édits des autorités supérieures étaient notifiés aux peuples

---

(1) *Miscellanea Baluzii*, *suprà*. — Lactance, *de Mort. Persecutor.*, cap. 48. — (2) « *Nam quum quadam die* factum imperatorium *legeret, atque à* proconsulibus Scipionibus *cœpisset, acclamatum est,* novo Scipioni ! Vero Scipioni ! Gordiano proconsuli ! » *Jul. Capitolin.*, *Gordiani tres*, cap. 5. — Gordien, alors proconsul d'Afrique, lit lui-même en public un édit de l'empereur, et le peuple qui le chérissait, lui témoigne son attachement par de vives acclamations, en le comparant aux Scipions. Ce n'est que dans le préambule de l'édit, que l'on pouvait rappeler ces illustres romains des beaux temps de la république, et nous reconnaissons à ce trait le *programma* et ses vagues déclamations, à une époque assez rapprochée du règne de Dioclétien. — (3) Texte restitué, et traduction de deux décrets romains découverts dans la grande Oasis, par M. Cailliaud, art. de M. Letronne. *Journ. des Sav.*, novemb. 1822. — Flav. Joseph., *Antiq. Jud.*, liv. 12., ch. 6., §. 3.

peuples des provinces par les autorités inférieures, d'après l'ordre qu'ils recevaient de les faire connaître à leurs administrés. Ces édits, à cause de leur simplicité, nous paraissent être de la classe de ceux appelés *grammata, epistola*; il n'y est question que des affaires de la province dans laquelle ils sont publiés. Après Constantin, les Novelles font mention, outre les *programma* et les *grammata*, de plusieurs manières de notifier les édits. Les empereurs ordonnent aux préfets de mettre simplement à exécution la loi qu'ils leur adressent, *opere effectuique*. D'autres fois, c'est par les affiches ou les crieurs publics, *præcones*. Lorsque les empereurs veulent que l'on annonce la loi par une lettre, un édit, *diatagma*, un *programma*, ils ajoutent la formule *more solito, consueto*. On trouve dans le recueil des conciles (1), deux exemples de ces édits publiés par les préfets, et adressés aux autorités inférieures, pour qu'elles fissent connaître et exécuter la loi de l'empereur. On donnait aussi le nom de *programma*, à des édits de divers genres, mais d'une importance bien moindre que ceux dont nous avons parlé. Le *programma criminale* était une

---

(1) *Concil. Collect. Reg. Max. J. Harduin.* Paris 1715, in-fol., tom. I., pag. 1230.—*Id.* pag. 716.

I

dénonciation publique, et un ordre aux accusés de se rendre devant les magistrats (1). On nommait aussi *programma*, l'annonce des ventes publiques au profit du fisc (2). On en publiait pour prévenir le public d'une mesure qui allait être prise. Nous voyons dans Pline un préteur annoncer par un *programma*, qu'il va exécuter à la rigueur un ancien sénatus-consulte, qui était un règlement pour l'ordre des avocats. *Lib. 5., epist. ultim.*

(C) Nous ne parlerons point des anciennes corporations nommées *Decuriæ scribarum*, qui dépendaient des différentes magistratures, et des colléges de prêtres; mais seulement de celles qui se formèrent sous les empereurs, surtout pendant le règne d'Alexandre Sévère (3). A peu près à cette époque, les ouvriers et les artistes de toute sorte de profession se réunirent sous le nom de *corporati* (4), et formèrent des sociétés qui avaient leurs priviléges et leurs obligations particulières. Ceux qui composaient ces corps, parvenaient successivement à différens grades:

---

(1) *Code Justinien*, liv. 19., tit. 40., loi 1. et 5. *de Théodos.*—(2) *Code Just.*, liv. 8., tit. 26., loi 6.—(3) *Ael. Lamprid. Alexaud. Sev.*, ch. 33., *hist. Aug.*—(4) Voyez les paratitl. de Godefroy, cod. Théod., liv. 14., tit. 3., tom. 5., pag. 150., et son comment. sur la loi 7. *id.* L. et T.

les maîtrises qui ont subsisté jusques à la révolution peuvent en donner une idée. Les employés attachés aux magistrats supérieurs formaient aussi des colléges, ou des *scholœ* (1), toutes avaient une organisation pareille à celle des cohortes ; ces corporations existaient non-seulement à Rome, mais dans les provinces. Les principales paraissaient dans les marches solennelles et dans les cérémonies publiques, sous des enseignes ou bannières particulières (2), sur lesquelles on voyait des emblèmes et des signes distinctifs (3). Il n'est pas étonnant que plusieurs de ces corporations employées dans l'administration du gouvernement, aient acquis beaucoup de pouvoir, de richesses et de crédit, et soient même devenues redoutables au souverain, puisque

---

(1) Voyez la note E à la fin.—(2) La forme de l'enseigne romaine, le *labarum*, était la même que celle des *bannières* sous lesquelles marchaient autrefois dans les processions et les cérémonies, les confréries et les corporations d'ouvriers et d'artisans. Cet usage emprunté aux Romains, s'est conservé en Provence jusques à la révolution.— (3) Voyez dans l'hist. de Dion, liv. 74., ch. 5., le récit des funérailles de Pertinax;—dans l'hist. aug. *Galieni duo*, Treb. Pollion., ch. 8., le récit du triomphe de Gallien;—celui d'Aurélien, *Flav. Vopisc. Syr. Div. aurel.*, cap. 34;—Eumènes, *Grat. Act. Constantino Aug.*, cap. 8.

nous voyons, sous le règne d'Aurelien, une des moins considérées, celle des ouvriers de la monnaie (1), exciter une espèce de guerre civile qui donna de l'inquiétude à l'empereur, et causa la mort d'un grand nombre de personnes. Aurelien raconte lui-même cet événement dans une lettre que nous rapportons à cause de sa singularité. « Aurelianus Aug. Ulpio Patri. Quasi fatale » quiddam incessit, ut omnia quæcunque » gessero, omnes motus ingravescant. Ita » enim seditio intramurana bellum mihi » gravissimum peperit, monetarii auctore » Felicissimo, ultimo servorum, cui procura- » tionem fisci mandaveram, rebelles spiritus » extulerunt. Hi compressi sunt, septem mil- » libus Hyberorum, Ripariensium, et Cas- » trianorum, et Daciscorum interemptis. » Undè apparet nullam mihi à diis Immor- » talibus datam sine difficultate victoriam. » *Flav. Vopisc., Syracus. Div. Aurel., cap. 38, hist. Aug.*

(D) Auguste choisit différens corps de troupes pour former sa garde et celle de

---

(1) Les lois de Constantin parlent de cette corporation avec mépris. — *Cod. Just.*, lib. 12., tit. 1., l. 6. — Id. lib. 11., tit. 8., l. 1.

Rome (1). Il y admit des compagnies de soldats germains. Les cohortes de *speculatores* et les prétoriennes, tenaient le premier rang dans cette garde : sous le règne de Trajan, les *speculatores* avaient cessé d'en faire partie, les historiens ne parlent plus alors que des prétoriens et de quelques troupes étrangères (2); mais dès le règne d'Alexandre Sévère, les empereurs avaient déjà autour de leur personne, outre les prétoriens, des corps d'élite distingués par l'éclat de leur armure, la richesse des vêtemens, la hauteur de la stature (3). Il est parlé des *protectores* dès le règne de Caracalla. Les corps des *domestici* et des *candidati* avaient été formés par Gordien et par Philippe (4) : à peu près à cette époque, vers le règne de Dioclétien, on commençait à donner à ces différens corps, qui servaient dans le palais auprès de l'empereur, les noms généraux

---

(1) Dion., hist., lib. 53., cap. 11.—Sueton, *in Galba*, ch. 12.—(2) Lamprid. *in Alexand. sev.*, ch. 61., hist. Aug.—(3) Lamprid. *Alexand. Sev.*, ch. 33. Voyez aussi Jul. Capitolin, *Maximiani duo*, ch. 14., hist. Aug.—Herodien, liv. 7, ch. 14.—(4) Voyez Gui Pancirol, *Comment. in Notit. imper.*, ch. 89., pag. 57., in-fol.—Voyez la Chron. Paschal. *ad Olymp.* 255., recueil de la Byzantine.—*Id.* Olymp. 257., et les notes sur cette année et la précéd.

de *Militia palatina*, *Scholæ palatinæ*, *Palatini* (1). Ces noms désignaient, outre les corps qui n'étaient que militaires, la *militia* et les *scholæ*, ou compagnies chargées de tout ce qui avait rapport à l'administration civile, les *scriniæ*, qui dressaient les comptes et les registres, les autres, *scholæ*, employées indifféremment au service civil et militaire, telles que celles des *protectores* (2), des *agentes in rebus*, des *notarii*, des *exceptores* : ces corps remplacèrent le plus immédiatement les *frumentarii*. Ceux qui servaient dans ces *scholæ* ayant été militaires dans l'origine, avaient conservé le même vêtement et la même organisation que les soldats enrôlés dans les cohortes, ils portaient l'épée, *balteus* (3), la clamyde et les *braccæ*,

---

(1) Ael. Lamprid. *in Alexand. Sev.*, ch. 15., hist. Aug. — Lactanc. *de Mort. Persecutor.*, ch. 11. — (2) Cod. Théodos., liv. 8., tit. 8., loi 4., §. 2., — et Am. Marcellin, liv. 15., ch. 5. — (3) Gui Pancirol. *in Comment. Notit. Imper. Orient.*, ch. 92., in-fol. — et les notes de Valois, *ad Am. Marcellin*, édit. varior., pag. 91., in-fol. — « *Braccæ* et *Balteus eorum qui principis epistolis ministrant, quas ex palatio per orbem terrarum ferri necesse est.* » Libanis Sophist. *Orationes.* etc. — Fed. Morellus, recens. lat. vert. notis illustr., etc. — Lutet. 1647., Orat. 26. *invectiv. in eos qui doctrin. ipsius elud.*, pag. 593. B.

espèce de *pantalon* ou de *culotte* que l'on voit sur quelques statues antiques, vêtues du *paludamentum*, ou habit militaire romain. Depuis Constantin, les corps militaires de la garde de l'empereur devinrent très-nombreux ; les successeurs de ce prince les augmentèrent encore ; on les nommait *vexillationes*, ou, *comitatenses palatinœ, gentiles, scutarii, clibanarii, protectores domestici*. Parmi les *protectores*, plusieurs étaient chargés de différentes missions dans les provinces (1). Les *vexillationes* étaient des escadrons de cavalerie qui portaient autour de l'empereur, des étendards pourpre et or, suspendus à des lances en forme de *labarum* (2). La couleur de ces étendards, et le nom de *flammula* que leur donne Cédrenus, a fait conjecturer à Godefroy (comment. sur le code Théodos.), que l'usage de porter l'oriflamme, *auri flammula*, à la guerre devant les rois de France, pouvait avoir été emprunté aux empereurs romains,

---

(1) Am. Marcellin, liv. 15., ch. 5.—(2) Vegece, liv. 2., ch. 2.—« *Et vexilla, vela sunt quadrangulâ formâ, ex auro et purpurâ contexta, ea longis contis suspensa, circa regem gestant, eumque ita tegunt....*» Georg. Cedreni. Compend. histor. ex vers. Guil. Xilandri., etc. Paris, è. Typ. Reg. 1647,, pag. 169. D. Rec. de la Byzantine.

que nos rois de la première race cherchaient à imiter. Les *clibanarii*, couverts de fer, ainsi que leurs chevaux, formaient un autre corps de cavalerie : les romains, depuis les guerres des perses sous Alexandre Sévère, avaient adopté, à l'imitation de ce peuple, l'usage de cette armure complète dont l'éclat augmentait l'appareil des triomphes et des cérémonies publiques (1). Les *protecteres*, ou *domestici-protectores*, étaient revêtus d'habillemens et d'armures magnifiques (2). Tous ces différens corps qui formaient la *militia palatina*, avaient été remplacés avant leur création, d'abord par les *speculatores*, ensuite par les *frumentarii*, tribuns centu-

---

(1) Treb. Pollio. *vita D. Claudii*, ch. 16.—Lamprid. Alexand. Sév., ch. 56., hist. Aug. — « *Incedebant hinc inde ordo geminus armatorum..... sparsique Cataphracti equites, quos clibanarios dictant Persæ, thoracum munitis tegminibus, et limbis ferreis cincti ut praxitelis manu polita crederis simulacra, non viros : quos laminarum circuli tenues apti corporis flexibus ambiebant, per omnia membra deducti, ut quocunque artus necessitas commovisset, vestitus congrueret junctura cohærenter aptata.* » Am. Marcellin, liv. 16., ch. 10.—(2) Synesii, episc. Cyren... *Opera quæ extant omnia... interpret... Dsi. Petavii. S. J. Presb...* Lutet. 1612., in-fol., pag. 18., D. *De Regno*—Corippi. Afric. Gram. *De Laud. Justin. Minor.* Aug., liv. 4., Thom. Dempter. recens, etc., Paris. 1610.

rions, etc., et autres officiers des cohortes attachés au service de l'empereur, des dignités de l'état, et des gouverneurs de province.

(E) Les inscriptions sur lesquelles on trouve le nom de *frumentarii*, nous apprennent qu'ils avaient des rapports avec les *speculatores*, et qu'il y en avait un certain nombre attaché à chaque légion, sans nous donner aucune lumière sur les emplois qu'ils y remplissaient. (1) Tout ce que l'on peut conclure de ce nom de *frumentarii*, c'est que dans l'origine ils auront été employés avec les cohortes de *speculatores* dont ils formaient une centurie aux missions pénibles et périlleuses, et qu'ils furent spécialement chargés d'amasser des grains en temps de guerre pour leur cohorte ou la légion à laquelle elle appartenait : mais on n'en trouve aucune trace, ni dans les historiens, ni sur les inscriptions. Les historiens latins ne commencent à en parler que sous le règne d'Hadrien ; les auteurs grecs les confondent avec les *speculatores*, et désignent les *spéculatores*

---

(1) Reines. *Inscript.*, clas. 8. *Militar.*, n.° 73.— Gruter, *Thes. inscript.*, pag. 347., n.° 7. — *Id.* pag. 537, n.° 8.—*Id.* pag. 250., n.° 8.— *Id.* pag. 562., n.° 9.,—*Id.* pag. 169, n.° 7.

et les *frumentarii*, par les noms de *stratiotes milites*, *grammatophoroi*, *Diopteroi*, etc.; c'est-à-dire, qu'ils leur donnent le nom général de militaires employés à l'espionnage, et à porter des nouvelles et des dépêches. Ces emplois furent d'abord communs aux *speculatores* et aux *frumentarii*. M. *Lebeau*, membre de l'Académie, tom. 37, in-4.°, pag. 214, rapporte une inscription, d'après laquelle il pense que les *frumentarii* étaient une centurie, ou une division de centurie de la cohorte des *speculatores*. On donnait à ces divisions de centuries, formées de dix hommes, le nom de *contubernium*, chambrée (1); tout ce que nous avons recueilli sur les *speculatores* et les *frumentarii*, confirme cette opinion. Les *frumentarii* employés auprès des empereurs avec les cohortes de *speculatores*, gagnèrent à un tel point la confiance de leurs maîtres, que leurs emplois très-recherchés depuis lors, furent regardés comme supérieurs à ceux des *speculatores*. C'est ce que nous croyons pouvoir conclure d'un passage de Dion (2); et sans avoir recours à cette preuve, il est naturel de penser que la faveur, les richesses, ou les

---

(1) Voyez note de Valois, sur Am. Marcellin, liv. 25., ch. 10., sur les mots *capita scholarum*.—(2) Dion., liv. 78., ch. 15.

moyens d'y parvenir, accompagnant cet emploi, il fut très-recherché à une époque où les places qui procuraient de pareils moyens de parvenir à la fortune, étaient beaucoup plus estimés que celles qui offraient plus d'honneur et moins de profit. Les *frumentarii*, pendant la période de temps écoulée entre les règnes de Trajan et d'Alexandre Sévère, formèrent, ainsi que les autres classes d'employés, une *schola* organisée comme les cohortes dont ils tiraient leur origine; admis auprès des préfets du prétoire, des gouverneurs de provinces, etc., ils ne furent plus employés qu'aux missions qui demandaient de l'intrigue, de la hardiesse, et un aveugle dévouement. Les *frumentarii* continuèrent à être désignés par leur ancien nom, quoique ce nom n'eût plus aucun rapport avec les emplois qu'ils exerçaient. On retrouve de même dans les *officia* le *tesserarius*, autrefois employé dans la légion, à porter aux différens corps de troupes, l'ordre du général tracé sur une *tessaire*, et qui n'est plus qu'un *apparitor* de ces *officia*.

Le mot de *schola* dont nous avons fait déjà plusieurs fois usage, signifie dans les auteurs postérieurs à Dioclétien, une société, une corporation, ou une compagnie d'un corps militaire. Ce mot est formé du grec, ϛCHOLÉ *otium , vacatio , feriatio à negotiis.* Il fut emprunté par les romains , pour exprimer la réunion de plusieurs personnes exerçant la même profession : ce nom fut apparemment donné aux sociétés et aux corps militaires , parce qu'ils avaient une salle (1), ou bureau , pour s'occuper en commun des affaires de leur compagnie, ou jouir ensemble du repos dans les momens où ils étaient libres de tout service. On donna ensuite le même nom aux édifices où les corps de la garde impériale étaient logés, et par analogie on nomma ces corps *schola*, et ceux qui en fesaient partie, *scholares.* Dans les républiques italiennes du moyen âge, il y avait aussi des édifices où chaque faction et chaque classe de citoyens se réunissaient pour délibérer sur les intérêts communs , ou seulement pour jouir des plaisirs de la société : ces édifices , élevés et décorés aux frais de la corporation portaient différens noms, *loggia* à Florence , *sede* à Naples; à Venise, l'ancienne dénomination de *schola, scuola,* s'est conservée jusques à nos

---

(1) SCHOLA SPECVLATORVM LEGIONVM……etc……
REFECTA. PER EOSDEM. QUORVM. NOMINA. INFRA.
SCRIPTA SVNT. etc….. CVRANTE AVR. PERTINACE FRV-
MENTARIO. Grat. *Thes. inscript* , pag. 169., n.° 7.

jours; on y voit encore la *scuola di S. Theodoro-Trovaso*, etc., ornée de sculptures et de peintures. Plusieurs de ces édifices ont été destinés à des usages publics, et transformés en église, en bibliothèque publique, etc., en conservant cependant les noms de *loggia*, *sede*, *scuola*.

(F) On donnait à ceux qui remplissaient ces différens emplois les noms d'*apparitores*, *officiales*, *cohortales*; les auteurs les désignent souvent sous le nom de *milites* (1), la plupart ayant été pendant long-temps des officiers ou soldats des cohortes attachées au service du Gouverneur. On trouve parmi eux les *stratores*, les *commentarienses*, les *exceptores*, les *cornicularii*, etc. (2), la plupart de ces noms sont ceux des différens grades des cohortes. D'autres employés fesaient auprès du gouverneur les fonctions de secrétaires et de greffiers, ils rédigeaient et enregistraient les jugemens; ils devaient avoir été choisis originairement parmi les esclaves et affranchis, *servi publici*, qui

---

(1) *Apulei.*, Métamorph., liv. 9. *in fin.*—Lactance, *de Mort. Persec.*, ch. 31.—*Plin.*, epist. 16., liv. 10.--
(2) Voyez les *Acta sincer. Martyr.* Ruynart. Act. Mart. scillitanorum. -- Passio Sti. Pionii. Act. Proconsular. Sti. Cypriani.

remplissaient les mêmes fonctions à Rome auprès du sénat (1) et dans les provinces, auprès des *curiœ*, ou corps municipaux. Dès-lors l'*officium* du proconsul ne se composa plus de militaires pris dans les cohortes stationnées dans les provinces; mais dans la période de temps écoulé entre les règnes d'Hadrien et d'Alexandre Sévère, il se forma une nouvelle *militia* employée seulement au service des magistrats; on y conserva les mêmes grades, et la même organisation que dans les cohortes qu'elle remplaça entièrement : c'est alors que l'*officium* du *prœses* dut recevoir l'organisation que l'on voit établie sous Constantin : on ne pouvait parvenir aux emplois supérieurs qu'après avoir servi pendant un temps déterminé, dans tous les grades inférieurs. Celui qui les avait tous parcourus, devenait chef ou *princeps* de l'*officium*, grade qui donnait de grands priviléges et la liberté de quitter le service pour jouir du repos. Tous les *officia*, les *scholœ*, et corporations quelconques dont il est parlé depuis Constantin, étaient formées sur le même plan; ceux qui naissaient d'un père

---

(1) Voyez *Hist. Aug.* Jul. Capitol. in Macrin., cap. 7., cum notis Casaub.--Id. *Gordiani tres.*, cap. 12. cum notis Casaubon.

engagé à ce service étaient obligés de servir dans le même corps : il arrivait souvent qu'après avoir parcouru les différens grades on passait dans un autre *officium*, ou *schola*, et ce n'était qu'après en avoir rempli successivement tous les emplois, que l'on pouvait jouir des priviléges et des honneurs acquis par un service pénible qui consumait la plus grande partie de la vie. Des traces de la manière dont ces *scholæ* et ces *officia* étaient organisés, se retrouvent dans quelques-unes de nos anciennes corporations, et surtout dans les chapitres, les titres de *doyen*, de *primicier*, de *capiscol*, *decani*, *primicerii*, *caput-scholæ*, sont les mêmes que les noms des différens grades des *scholæ* et des *officia*; on ne parvenait de même aux grades supérieurs, qu'après avoir successivement parcouru les inférieurs.

(G) L'emploi de *stationarii*, n'était point un grade dans les *officia*, mais une mission donnée à un *officialis* ou *apparitor*, ou à un membre d'une *schola*, *scholaris*, pour la remplir pendant un temps déterminé. Les auteurs ne nous apprennent point dans quel corps on les prenait avant Constantin; le rapport frappant des emplois des *stationarii*, et de ceux que les *frumentarii* remplissaient auprès des gouverneurs de province, nous fait croire que c'était dans cette *schola* qu'ils étaient choisis le plus ordinairement, comme ils le furent ensuite parmi les *agentes in rebus*. On les appelait alors *stationarii*, *curiosi*, *curagendarii*, des mots, *cura*, *curare*, parce qu'ils étaient envoyés *ad curas agendas* (1). Le nom de *curiosus*, ou *missus ad curas agendas*, était connu dès le temps de Tertullien (2); dès-lors il paraît que l'on donnait aussi ce nom aux *stationarii*, mais il était bien moins en usage alors, qu'il ne le devint vers le règne de Constantin. Auguste avait placé des postes de soldats dans quelques parties de l'empire, pour saisir les voleurs et réprimer les brigandages (3). C'est là sans doute l'origine des *stationarii*. Dans plusieurs provinces, les villes avaient aussi des magistrats municipaux chargés des mêmes fonctions (4), et que l'on nommait

hyrenarchœ,

---

(1) Code Théodos., liv. 6., tit. 29., loi 1.--(2) « *Nescio dolendum an erubescendum sit cum in matriculis beneficiariorum et curiosiorum, inter tabernarios, et lanios, et fures balneorum, et aleones, et lenones, christiani quoque vectigales continentur.* » Tertul., *de Fugá in persecut.*, cap. 12.--(3) Suetone. Auguste, ch. 32.--Tertullien. Apologet., ch. 2.--(4) Digest., liv. 50., tit. 4., loi 18., §. 7., *è lib. singular. de*

hyrenarchœ, *limenarchœ*; les *stationarii* agissaient quelquefois de concert avec eux.

Il devait y avoir un *miles stationarius* dans chaque ville (1). Dans quelques occasions, les *stationarii* avaient avec eux un centurion, et même une centurie composée de *speculatores*, ou d'*apparitores* et *milites* au service du *prœses* (2). Les *stationarii* qui, sous les ordres du préfet de Rome (3), étaient chargés de la police des spectacles (4), avaient des rapports encore plus marqués avec les *frumentarii*, parce qu'ils exerçaient dans Rome une espèce d'espionnage. Depuis

---

Muner. civil. d'Arcadius et Charisius, in Jurisprud. vet. antè Justinian,, liv. 1., tit. 6. Jul. Paul. *sentent. recept.*--Lettre de l'église de Smyrne, où le Martyre de St. Polycarpe est raconté.--Act. Martyr. Sanct. Tryphonis et Respicii. -- Sanct. Saturnini et Dativi. -- *in act. Mart. Ruynart.*--Muratori., nov. thes. inscript., pag. 606, n.° 1. -- (1) Pline, epist. 16., liv. 10.-- Act. Martyr. Sanct. Saturnini, Dativi, etc.--Passio Sti. Philippi episc. Heracl. *in act. Ruynart.* -- (2) Epist. Plin., liv. 10., epist. 81., et la réponse de Trajan.--Act. Martyr. Sanct. Jacobi et Mariani., *idem Ruynart.* -- (3) Præfectus Urbis. -- (4) « Quies quoque popularium, et disciplina spectaculorum ad præfecti urbis curam pertinere videtur : et sanè debet etiam dispositos milites *stationarios* habere ad tuendam popularium quietem, et *ad referendum sibi quid in urbe agatur.* » Digest., liv. 1., tit. 11., loi 1. §. 1. Ulpianus, lib. singul. *de Officio Præf.-urbis.*

K

Constantin, les *stationarii* et les *curiosi*, ou *missi ad agendas curas*, furent choisis parmi les *agentes in rebus* (1), ce qui confirme notre opinion que les *frumentarii* remplirent ces emplois, au moins concurremment avec les autres *militaires*, placés auprès des gens en place, des gouverneurs de province, etc., pour leur service particulier.

(H) Les expressions dont se sert Dion (2), en parlant d'une des dignités dont Ulpius-Julianus avait été revêtu par Caracalla, *Cui tunc erant commissœ censiones*, ont été expliquées et commentées par *Philippe de la-Torre*, et *Spanheim*. D'après le sens que ces deux auteurs donnent à ce passage, Ulpius Julianus avait été chargé de faire le *census*; cet emploi consistait à épurer le sénat et l'ordre équestre (3), en en expulsant ceux que leur naissance et leur conduite en rendaient

---

(1) Code Théod., liv. 6., tit. 29., loi 4. de Constance, *ad agentes in rebus*; et la loi 2., liv. et tit. id.—Code Théodos., liv. 6., tit. 35., loi 2. de Constantin.—
(2) Voyez le texte grec. Dion, lib. 78., cap. 15.—
(2) Monum. veter.. Antii. H. E. inscript. M. Aquilei, etc. Pars-prima, cap. 3. Auct. Philip. à Torre. *Rom.*, in-fol.—Spanheim, *de Usu et Prestant. Numismat.* Dissert. 12., ch. 10.

indignes, et à y admettre ceux dont la fortune pouvait suffire aux dépenses et aux charges de l'ordre des sénateurs et des chevaliers, à répartir dans les provinces les tributs appelés *census* (1), d'après l'arpentage et la description de chaque domaine et de ses productions, qui avaient été faits par les *censitores* et les *perœquatores* (2), employés déjà connus avant Constantin. Ces *censitores* ou *censuales*, étaient, dans l'origine, des esclaves, ou des affranchis ; plus tard, ce furent des citoyens obligés de remplir ces fonctions dans leur patrie, avant de parvenir au rang de *décurions* (3). Ces emplois n'avaient aucun rapport avec ceux que les *frumentarii* ont exercés, comme plusieurs auteurs l'ont avancé, d'après ce même passage de Dion.

(I) On donnait à ces envoyés qui étaient pris dans l'*officium* des gouverneurs, ou

---

(1) Tacit. annal., liv. 14., ch. 46.—Phil. de la Torre, et Spanheim, *suprà*.—(2) Lactance, *de Morte Persecut.*, ch. 26.—Code Just., liv. 7., tit. 9.—Digest., liv. 50., tit. 15., loi 4.—Ulpianus, liv. 5., *de Censibus*, §. 1.—(3) Cujas, comment. sur le liv. 10. du Code Just., tit. 70. paratitl.—Comment. de Denis Godefroy, Code Justin., liv. 7., tit. 62., loi 4.

præsides (1), le nom d'*executores*; les *frumentarii* étant au nombre des *apparitores* de ces *officia*, auront été employés comme *executores*. Depuis Constantin ils furent choisis parmi les *palatins* (2), envoyés en mission (3), les *agentes in rebus*, et les *protectores* (4) : plus tard, ils le furent parmi les *officiales* ou membres des différens *officia*, d'après le choix du *princeps-officii* qui était ordinairement un ancien *agens* parvenu à ce grade par ses longs services (5). Les lois et un passage de St. Ambroise, prouvent que les *agentes in rebus* étaient envoyés comme *executores*, et qu'ils agissaient de concert avec les magistrats municipaux (6). Les différens noms qui leur sont donnés, *intercessores*, *executores*, *compulsores*, *opinatores*, ne se trouvent que dans les lois publiées par Constantin et ses successeurs, et ne sont point employés par les anciens jurisconsultes. Deux passages, l'un de St.

―――――――――

(1) Lactance, *de Morte Persecut.*, ch. 7. suprà.—(2) Code Théodos., liv. 6., tit. 28., loi 4.—(3) *Deputati ad obsequia.*—(4) Code Théodos., liv. 1., tit. 7., loi 17.—Voyez aussi loi 4., liv. 8., tit. 8.—(5) Cod. Théodos., liv. 2., tit. 30., loi 1. à la fin.—(6) Voyez le passage ci-après.

Ambroise (1), l'autre de Lactance, donneront une idée de ce qu'étaient ces exécutions.

« ... Recens exemplum Ecclesiæ Ticinensis proferam, quæ viduæ depositum quod susceperat, amittere periclitabatur. Interpellante enim eo qui sibi illud imperiali rescripto vindicare cupiebat, clerici non tenebant auctoritatem ; *honorati quoque* et *intercessores dati* non posse præceptis imperatoris obviari ferebant. Legebatur rescripti forma directior, *magistri officiorum* statuta, *agens in rebus* imminebat. Quid plura ? traditum erat. »

Il paraît que cette veuve était poursuivie comme débitrice envers le fisc, et que l'empereur attaquait le clergé qui avait reçu en dépôt, une partie des biens de la veuve, afin que ce dépôt acquittât ce qui était dû. Les mots, *præceptum imperator iteraverat, ut ipse persemetipsum nos conveniret...*, qui suivent dans le texte, nous montrent que l'empereur avait ordonné de poursuivre le clergé qui avait reçu le dépôt, comme devant répondre pour la veuve.

« Quâ vexatione generis humani exactio celebrata sit, maximè rei annonariæ, quis

---

(1) *Sancti Ambrosii*, *opera*, édit. des bénédictins de Saint-Maur. in-fol., Paris, 1690, liv. *de officio ministrorum*, ch. 29.

enarrare dignè potest ? *Officiorum* omnium *milites*, vel potius carnifices, singulis adhærebant, cui priùs satisfieret incertum. Venia non habentibus nulla ; sustinendi multiplices cruciatus, nisi exhiberetur statim quod non erat, multis custodiis circumsepto nulla respirandi facultas, nullo tempore anni vel exigua requies, frequens super hisdem hominibus vel ipsis *judicibus* vel *militibus judicum* pugna. Nulla area sine exactore, nulla vindemia sine custode, nihil ad victum laborantibus relictum. » Lact. *de Mort. Persec.*, ch. 31.

RÉFLEXIONS (1)

Sur l'idée et le sentiment de l'Infini.

Par M. DE MONTMEYAN, Secrétaire perpétuel-adjoint.

CE sujet est un des plus importans que la philosophie puisse traiter, un de ceux qui a le plus de liaisons avec les différens systèmes de métaphysique. C'est à des idées exactes sur la nature de l'infini qu'est attachée la résolution d'un grand nombre de questions difficiles, et la découverte de plusieurs vérités. Une foule d'erreurs accréditées par l'autorité de quelques philosophes célèbres, doivent disparaître du moment qu'on se fera de justes idées de l'infini. A l'importance du sujet se joint l'attrait qui porte l'esprit humain à s'occuper avec plaisir de ces questions dont l'imagination ne peut appercevoir les limites. J'ai donc cru l'infini propre à fournir le sujet d'un traité où l'on examinât en détail la nature de cette idée et de ce sentiment, et

---

(1) Communiquées à la Société, en 1812.

c'est ce que j'ai exécuté dans un essai sur la nature et le sentiment de l'infini, où je discute toutes les questions qui se rattachent à cette notion fondamentale. En traitant des mêmes objets dans ce court exposé, je le ferai d'une manière beaucoup plus concise, je les présenterai sous un nouveau jour, et peut-être la lumière jaillira-t-elle avec plus de force, resserrée ainsi dans un petit espace.

Avons-nous une idée de l'infini? Cette idée est-elle positive ou négative? Est-ce dans le fini que nous prenons une idée de l'infini, ou n'est-ce pas plutôt dans l'idée de l'infini, qu'est contenue celle du fini. Quelle est la nature de l'infini? Est-il simple ou composé, est-il spirituel ou matériel? Existe-t-il plusieurs espèces d'infinis? Comment peut-il exister autre chose que l'infini? Quelle est l'influence du sentiment de l'infini sur les affections du cœur humain? Telles sont les questions importantes que nous allons discuter dans cet article.

I.

Quoique plusieurs écrivains aient avancé que nous n'avons point d'idée de l'infini, il est clair cependant que c'est là une opinion insoutenable. Pour qu'elle fût vraie, il faudrait qu'en prononçant ce mot infini, nous n'y attachassions aucun sens, et que ce ne fût pour nous qu'une parole sans idée; or, je le demande à tout homme de bonne foi, n'est-il pas évident que ce mot réveille en nous une idée toutes les fois que nous le prononçons? Dira-t-on que ce n'est pas l'idée de l'infini qu'il réveille en nous? Qu'on nous dise donc de quelle idée il est le signe représentatif. L'homme peut-il jamais confondre l'idée du fini avec celle de l'infini, et n'est-il pas clair que ce dernier mot est le signe d'une idée toute particulière?

II.

Mais cette idée de l'infini n'est-elle pas au moins négative, comme le prétendent plusieurs philosophes? Avant d'examiner cette question, il est nécessaire de fixer le sens qu'on doit attacher au mot idée, ce qui suffira, je crois, pour faire voir de quelle manière elle doit être résolue.

J'appelle idée la représentation intellectuelle d'une chose quelconque. Cette représentation peut être plus ou moins exacte, plus ou moins complète; mais pour que l'idée que j'en ai soit véritable, il faut toujours que mon esprit ait la perception plus ou moins imparfaite de la chose que mon idée représente. Il s'ensuit de là, qu'à la rigueur, il n'y a d'idées négatives que les idées de privation. Ainsi, l'idée des ténèbres est une idée négative, puisque c'est la privation de l'idée de la lumière; mais l'idée de l'infini peut-elle être considérée comme une privation de l'idée du fini?

Les idées négatives participent toutes de l'idée du néant, qui est, si je puis m'exprimer ainsi, la plus négative de toutes les idées : or, l'idée de l'infini, qui est celle de l'être nécessaire et parfait, de l'être des êtres, est donc de toutes les idées, la plus diamétralement opposée à l'idée du néant, et par conséquent à toute idée négative. Vainement nous dit-on que c'est en amplifiant l'idée du fini que nous parvenons à nous former une idée imparfaite de l'infini; cette idée ne serait pas seulement imparfaite, elle serait fausse, ou plutôt nous n'aurions alors aucune idée de l'infini. En effet, qu'on ajoute tant qu'on voudra à l'idée du fini, qu'on l'augmente indéfiniment, elle ne nous représentera jamais qu'une perfection finie et l'immensité se trouvera toujours entre cette idée et celle de l'infini. C'est l'idée du fini qui dérive de celle de l'infini, loin d'en être la source, on doit s'étonner que des philosophes distingués aient confondu le pouvoir qu'a l'esprit d'ajouter à l'idée du fini avec celui qu'il a aussi de se faire une idée d'une perfection à laquelle on ne puisse rien ajouter. En ajoutant à une quantité finie une suite de quantités finies, cette suite fût-elle sans terme, on ne parviendrait jamais à en former l'idée de l'infini ; mais de plus, tous les bons mathématiciens reconnaissent et démontrent qu'une série infinie de nombres, implique contradiction. Les infiniment grands et les infiniment petits des mathématiques, ne sont que des grandeurs incommensurables, des grandeurs dont il est impossible d'assigner les rapports (1), mais qui ne sont point réellement

---

(1) Le calcul de l'infini est un calcul d'erreurs compensées, de suppositions inexactes qui se rectifient l'une par l'autre. En considérant une différentielle DX comme infiniment petite par rapport à X, on fait une supposition qui serait inexacte, à moins de considérer DX comme $= 0$: de même en envisageant la ligne comme la somme d'une infinité de points, il semble au premier aspect, que l'on s'écarte de la vérité, car ces points n'ayant aucune grandeur, étant des zéros d'étendue, ne formeront jamais

infinies, et ce qui le prouve, c'est que l'idée de nombre rappelle toujours celle d'une chose qui se mesure, tandis que l'idée de l'infini se refuse à toute mesure et à tout calcul. L'esprit humain a donc deux idées très-distinctes et très-opposées; l'idée du fini, idée qui n'a point de dernier terme, idée à laquelle on peut toujours ajouter, idée, en un mot, qui ne peut être limitée, puisqu'il est de l'essence même du fini de pouvoir toujours être augmenté; et l'idée de l'infini, idée qui n'est susceptible ni d'augmentation, ni de diminution, idée simple et absolue que l'esprit humain ne peut sans doute embrasser dans toute sa réalité, mais

---

une étendue quelconque. Mais d'un autre côté, en supposant ces points infinis en nombre, on a fait une supposition inexacte, puisqu'il n'y a point de nombre infini; or, s'il n'y a point de nombre infini, tout nombre est nécessairement fini, et même infiniment éloigné de l'infini. Pour qu'il n'y ait rien d'inexact dans la supposition d'un nombre infini, il faut donc retrancher autant d'un côté qu'on a ajouté de l'autre. Or, nous venons de voir qu'on a ajouté l'infini, il faut donc retrancher l'infini de l'autre côté. Mais, comment retrancher l'infini du fini, sinon en égalant ce dernier à zéro; car, entre zéro et une valeur quelconque il y a l'infini. Telle est la véritable métaphysique du calcul des indivisibles et des infiniment petits.

dont il a du moins une perception imparfaite; très-différente de cette simple augmentation sans bornes de l'idée du fini, augmentation dans laquelle plusieurs philosophes ont fait consister toute notre idée de l'infini : si ces philosophes avaient médité davantage sur cette idée, s'ils avaient bien compris que l'infini n'appartient qu'à une substance simple et spirituelle, ils ne seraient point tombés dans une erreur si manifeste.

III.

La grandeur et la quantité sont les deux mesures de la matière, cela suffit pour faire voir qu'il ne peut point exister d'infini matériel, puisqu'un infini matériel serait une chose sans mesure en tant qu'infini, et serait cependant en tant que matière essentiellement susceptible de mesure. Un infini matériel implique donc contradiction, et pour achever de s'en convaincre, ne suffit-il pas d'observer que tout ce qui est matériel étant susceptible de division, un infini matériel serait composé d'un nombre infini de parties que l'on ne pourrait supposer ni finies, ni infinies, sans tomber dans une contradiction inévitable. En effet, en supposant infinies en grandeur, les parties qui composeraient cet infini matériel, il en résulterait que deux de ces parties réunies ensemble ne vaudraient pas mieux qu'une, contradiction manifeste ; et en les supposant finies, il s'ensuivrait que cet infini matériel serait composé d'un nombre infini de parties finies ; or, nous avons déjà fait voir qu'un nombre infini implique contradiction : d'où résulterait donc cet infini matériel, puisqu'il ne peut être composé que de parties finies et d'un nombre fini de parties ? Mais quand bien même on admettrait la possibilité d'un nombre infini, ce ne serait jamais qu'à une substance spirituelle, que pourrait convenir cette grande idée de l'infini qui fait pour ainsi dire le fond de la raison humaine. En effet, en consultant cette idée, il est aisé de s'appercevoir qu'elle n'admet rien de composé, et qu'il n'y a qu'un infini parfaitement simple qui la réalise entièrement. Toute idée de composition entraîne avec elle une idée d'imperfection, et détruit par conséquent l'idée de l'infini qui est celle de la souveraine perfection ! Ceci me conduit à la quatrième question que je me suis proposé d'examiner.

IV.

Un seul infini remplit toute l'idée que j'ai de l'infini, je ne puis même l'égaler par ma pensée. En multipliant l'infini je n'ajoute rien à l'idée de l'infini, je la détruits au contraire, en transportant à l'infini la multiplication, propriété dont le fini seul est susceptible. Il s'ensuit que je ne dois admettre qu'un seul infini. La supposition de deux ou de plusieurs principes est donc une supposition absurde détruite par la métaphysique, comme elle l'est par l'unité de dessein qui règne dans la nature, et qui annonce un seul maître, un seul créateur; et il est un peu étonnant qu'un philosophe tel que Locke, ait prétendu qu'on n'avait point jusqu'à lui démontré l'unité de Dieu à la rigueur, et que c'était une vérité très-difficile à démontrer; on voit au contraire que rien n'est plus facile. Il suffit pour cela, de consulter l'idée de l'infini. Mais il me semble que ce philosophe anglais, malgré tout son mérite, avait bien peu médité sur cette question, puisqu'il veut que l'idée de l'infini ne soit que la faculté qu'a l'esprit d'étendre indéfiniment les idées du temps et de l'étendue.

Je viens de faire voir au contraire, et je crois d'une manière démonstrative, que c'est là confondre grossièrement, le fini et l'infini, la matière et l'esprit. Mais puisque notre sujet nous a conduit à parler de la manière dont l'idée de l'infini se forme dans l'esprit de l'homme, expliquons en peu de mots, et le plus clairement qu'il nous sera possible, la manière dont nous concevons l'origine et la formation de nos idées. Ce sera une preuve remarquable de l'importance dont il est de se former une juste idée de l'infini, puisqu'une foule de questions métaphysiques en dépendent.

On peut rapporter à trois sources différentes l'origine de nos idées. Les sens, la réflexion de l'esprit sur ses opérations, et la raison, ou cette lumière de l'esprit qui nous fait appercevoir le nécessaire, l'absolu, l'infini. Les idées sensibles, telles que celles des couleurs, du son, des odeurs, viennent des sens, et c'est à la réflexion à les développer. Les idées de sens intime, telles que le sentiment de sa propre existence et des modifications qu'elle éprouve, la conscience de son identité, ont été données à l'homme comme une suite naturelle de son existence. Enfin, les idées générales qu'il ne faut pas confondre avec les idées abstraites, l'idée de la vérité, de la vertu, de la beauté, l'idée de Dieu, de l'infini, etc., idées qui composent le fond de la raison humaine, lui ont été données par son Créateur lui-même, comme un apanage nécessaire de l'être raisonnable. L'exercice de ses sens et la réflexion sur ses modifications intérieures peuvent servir à les développer, mais il me semble impossible

impossible qu'ils puissent les faire naître. L'homme ne peut penser qu'à des esprits ou à des corps, à des idées générales ou abstraites, ou particulières. Il se connaît lui-même en tant qu'esprit par le sens intime; ses sens lui font connaître les corps ou le monde matériel, et c'est en réfléchissant sur les connaissances que ses sens lui fournissent qu'il en compose ces idées abstraites, de blancheur, de froideur, de dureté, etc., idées de composition, puisqu'elles expriment les qualités générales de la matière, et que Condillac a confondues avec ces idées générales dont la simplicité exclut toute composition, et qui ne conviennent qu'aux esprits, et même qu'à l'Être infini, qui seul en remplit toute la grandeur. Enfin, c'est par l'idée de l'infini qu'il s'élève jusqu'à la connaissance de Dieu et de ses attributs, et jusqu'aux idées générales de vérité, d'ordre, de vertu, de beauté; en sorte que l'on peut opposer à cette assertion de Condillac, *la sensation enveloppe toutes nos connaissances*, celle-ci qui me paraît à la fois plus vraie et plus conforme à la dignité de l'homme, l'infini enveloppe toutes nos connaissances générales et métaphysiques.

V.

Mais, si l'idée de l'infini renferme toutes

nos autres idées générales et métaphysiques, ne peut-on pas dire aussi que l'Être infini renferme tous les autres êtres ; et puisque l'infini comprend tout, comment peut-il exister autre chose qu'un Être infini ? C'est cette manière de raisonner qui a conduit Spinosa à son absurde système d'un être dont tous les autres ne sont que des modifications, et plusieurs métaphysiciens modernes ont prétendu que telle serait la conséquence inévitable de toute philosophie qui partirait des principes les plus généraux pour en déduire des vérités particulières ; mais il me semble qu'une telle assertion est tout-à-fait insoutenable. Quand bien même nous ne pourrions comprendre comment il existe d'autres êtres que l'Être infini, ce ne serait pas une raison suffisante pour nier l'existence, soit de l'Être infini, soit de ces autres êtres. Mais d'ailleurs, ne peut-on pas et ne doit-on pas concevoir dans l'Être infini, outre ses perfections incommunicables et absolues, le pouvoir de communiquer des degrés de perfection indéfinis, aux différens êtres en leur donnant l'existence. En un mot, l'existence des êtres créés n'a rien ajouté aux perfections de l'Être infini, pas plus que le temps n'a ajouté à l'éternité. Ils sont contenus dans l'Être infini (1) sans se confondre avec lui, comme

---

(1) In ipso vivimus movemur et sumus. Act. ap. 17-28.

le temps est contenu dans l'éternité sans se confondre avec elle. Mais comment l'idée d'une perfection finie peut-elle exister dans l'Être infini ? Toutes ses connaissances ne sont-elles pas également parfaites ? A cela je réponds que l'Être infini, en se contemplant lui-même, non-seulement voit tous ses attributs, mais encore tous les êtres plus ou moins parfaits, à qui il peut donner l'existence. Le priver de cette connaissance ce serait le borner sans raison, ce serait supposer que l'on ne peut pas voir l'imparfait dans le parfait, ou que le plus ne renferme pas le moins. Concluons qu'il n'existe qu'un seul Être infini, mais que cet Être infini a pu créer d'autres êtres qui n'ont sans doute rien ajouté à ses perfections, et dont sa substance renfermait déjà l'idée représentative, mais qui sont réellement distingués de lui.

VI.

J'ai dit plus haut, que l'idée de l'infini fesait pour ainsi dire, le fond de la raison humaine, on peut dire aussi que le sentiment de l'infini entre dans toutes les actions de l'homme, et forme le principe de tous ses penchans et de toutes ses passions. Ainsi, au lieu de cette triste et avilissante philosophie de quelques métaphysiciens modernes qui ne voient dans l'homme que des sensations et des besoins, et prétendent faire dériver de ces deux sources ses plus nobles idées, ses plus généreux sentimens, je crois qu'il est à la fois plus vrai et plus conforme à dignité de l'homme de chercher dans l'idée et le sentiment de l'infini, dans cette empreinte d'une main divine, dans ce trait de ressemblance avec l'Être éternel, le principe de ses pensées et de ses sentimens.

Dans le beau siècle de la philosophie, lorsque les Descartes, les Malebranche, les Bossuet, les Fénélon, les Leibnitz, soutenaient la dignité de l'esprit humain, c'était dans ses rapports avec Dieu qu'on étudiait les vrais caractères de l'homme, mais depuis que les esprits eurent adopté une autre direction, et que les études physiques eurent prévalu, une philosophie rampante, ne vit plus dans l'homme qu'une statue organisée; elle porta son triste scalpel sur son esprit comme sur son cœur, et, pour connaître l'homme elle le disséqua : si cette méthode pouvait être utile aux progrès de l'anatomie et de la médecine, transportée dans la métaphysique et dans la morale, elle n'était propre qu'à défigurer ces deux sciences. Pour bien connaître l'homme moral, il faut l'étudier dans son ensemble et dans sa force, et y chercher l'image de la Divinité, au lieu de ne voir en lui que l'esclave de la nature. On a suivi dans ces derniers temps une méthode bien opposée en traitant de l'influence du physique sur le moral de l'homme ; on en est venu jusqu'à soutenir sérieusement que l'influence physique fesait tout, et que l'influence morale n'était que l'influence physique, envisagée sous un autre rapport, ou, en d'autres termes, la réaction des organes du cerveau. Tel est en dernière analyse le résumé de la doctrine de Cabanis, dans son ouvrage sur le rapport du physique et du moral de l'homme.

Ainsi, suivant cette noble philosophie, les sentimens les plus sublimes, les vertus les plus admirables, la pitié, l'admiration, le courage, la grandeur d'âme, l'amour maternel, l'amour de la patrie, le zèle pour la Religion, l'amour des hommes et de la Divinité, tout ce qu'il y a de grand sur la terre et dans le ciel, tout cela n'est que la prépondérance du système nerveux sur le système musculaire, ou du système musculaire sur le système nerveux ; tout cela est la suite d'un tempérament sanguin, bilieux ou phelgmatique. C'est ainsi qu'on traite la morale dans le siècle des lumières. Nous avouons notre répugnance pour une pareille philosophie, et l'on nous permettra de voir autre chose dans le cœur de l'homme que l'action du cerveau sur les nerfs, ou des nerfs sur le cerveau.

Une observation dont la justesse est sensible pour tout le monde, et qui est propre à jeter un grand jour sur les affections de l'homme et sur le principe de ses passions, c'est qu'il n'est à la fois, rien qui ne puisse le séduire, et rien qui puisse le contenter entièrement. Il est si faible, que tout peut l'emporter loin du devoir ; il est si grand, que rien ne peut remplir son cœur. Comment écoute-t-il si aisément la voix des passions, et pourquoi est-il toujours si promptement détrompé ? C'est que l'homme a le sentiment de l'infini ; au sentiment de l'infini se joint le désir de le posséder ; mais, trompé par ses passions, il le cherche où il n'est pas. De là ses égaremens, ses vices et ses malheurs.

Telle est l'histoire du cœur humain. Examinez séparément toutes les passions de l'homme, et vous le verrez portant le sentiment de l'infini dans toutes ses affections. Qu'il aime ou qu'il haïsse, c'est toujours un bien infini qu'il cherche même dans les objets les plus méprisables. C'est toujours le plus grand des maux qu'il redoute en haïssant ce qui devrait le moins exciter sa haine. Il est clair que je ne parle ici que des penchans qui le dominent. L'amour des plaisirs et celui de la gloire, l'ambition, l'amour, ces passions qui ont tant d'empire sur le cœur humain, d'où tirent-elles surtout leur pouvoir, si ce n'est du sentiment de l'infini ? Ce sont des plaisirs sans fin, c'est une gloire immortelle, c'est une puissance sans borne, c'est un amour sans terme et sans mesure, qui peuvent seuls séduire le cœur de l'homme ; ce qui ne veut pas dire que dans tous les objets de ces penchans il y ait quelque chose d'infini, mais qu'il peut porter sur chacun de ces objets le sentiment qu'il a de l'infini. Dans l'homme même le moins passionné, dans celui qui semble placer le bonheur dans le repos et dans l'exemption de la peine, c'est toujours le sentiment de l'infini qui domine, il voit alors la peine comme un si grand mal, qu'en être préservé, c'est pour lui le souverain bien.

On peut, ce me semble, ramener à trois classes principales, toutes les variétés possibles de caractère, les caractères passionnés, les caractères faibles, et les caractères vertueux. On vient de voir que le sentiment de l'infini domine dans toutes les passions; c'est aussi lui qui est le principe de cet amour de l'inaction et du repos qui caractérise les hommes faibles. Enfin, dans l'amour de la vertu paraît le sentiment de l'infini dans toute sa force. Aimer la vertu, c'est aimer la souveraine perfection! le bien infini, seul digne d'être aimé pour lui-même.

Il y a donc dans les sentimens, comme dans les idées de l'homme, des marques frappantes de sa grandeur et de sa misère. Quelque borné et imparfait qu'il soit, il est marqué au sceau de l'infini. C'est cette empreinte ineffaçable qui fait le fond de sa raison et de son cœur. Mais, depuis sa chute, réduit à un état de dépendance, et même d'esclavage de ses sens, cette idée de l'infini, d'abord ensevelie sous des images grossières, ne se développe qu'avec le perfectionnement des sens et ce désir du souverain bien qu'il ne devrait chercher à satisfaire, que dans la possession de celui qui est le principe de tout bien, le porte à s'attacher à ce monde d'images qui passent. Mais ne trouvant nulle part de quoi remplir son cœur, plus grand, quoique déchu, que le monde entier, il erre d'objets en objets, et se fatigue à la vaine poursuite d'un bonheur qu'il cherche où il n'est pas, tandis qu'il oublie de le chercher là où seulement il se trouve.

Je pourrais, en analysant tous les penchans du cœur humain, faire une application détaillée de cette doctrine sur le sentiment de l'infini, mais cet article deviendrait alors un traité de morale. J'ai du me borner à poser les principes. Le lecteur a pu observer dans ce que nous venons de dire, la liaison naturelle qui existe entre la métaphysique et la morale, liaison qu'on a voulu souvent révoquer en doute, mais qui est démontrée pour tout esprit réfléchi. C'est cette liaison qui donne tant d'importance à la métaphysique, et qui attache si fort le vrai philosophe à l'objet chéri de ses méditations. Il sait que la vérité, la vertu et le bonheur sont liés entre eux par des nœuds étroits, et qu'un des moyens les plus sûrs de régler son cœur, c'est de cultiver sa raison ; habitué à méditer sur les seuls objets vraiment dignes de l'homme, il n'est point séduit par de vains plaisirs, ni ébloui par la pompe du monde, ni par l'éclat bien autrement séducteur de la gloire. Tranquille au milieu des révolutions dont la terre est le théâtre, s'il repousse avec indignation le dur égoïsme des Stoïciens (1), il

___

(1) Tous les moralistes de l'école de Zénon ne méritent pas ce reproche ; on trouve dans quelques-uns d'eux, entre autres dans Marc Aurèle, d'admirables leçons sur le devoir imposé à chaque homme, de se sacrifier pour la société dont il fait partie. Mais dans un travail aussi abrégé il était impossible d'entrer dans

n'en a pas moins placé son cœur au-dessus de tous les objets créés.

Le vrai philosophe n'est ni le flatteur des Rois, ni l'ennemi du pouvoir ; il sait que la Couronne est un pesant fardeau, et juge avec indulgence ceux que Dieu appelle à gouverner les peuples.

Dans ses rapports avec les hommes, il est l'ami de tous ceux dont les qualités et les vertus méritent son affection, et s'il n'oublie pas les méchans, c'est pour les plaindre et les servir s'il le peut ; content de son sort, il reconnaît dans tout ce qui lui arrive l'action d'une providence attentive à son bonheur. Il sait que, si la félicité de l'homme dans une autre vie doit consister dans la satisfaction de ses désirs, son bonheur dans celle-ci, dépend uniquement d'une soumission parfaite à la volonté divine. Cette idée ne ralentit point son activité, elle l'empêche seulement de se tourmenter en pure perte ; il voit tranquillement s'écouler sa vie, il vit et meurt content. Tel est le caractère du vrai philosophe, telle est l'influence d'une philosophie généreuse sur les sentimens de

---

ces détails, et d'aller au-devant de toutes les objections. C'est une remarque que je prie le lecteur de ne pas oublier.

l'homme ; c'est en considérant ainsi la métaphysique dans ses rapports avec la morale, qu'on en découvre toute l'importance et toute la dignité.

Si de la morale nous passons à la littérature, nous verrons le sentiment de l'infini servir de principe aux règles du beau idéal dans les arts, comme il sert de base à toutes les affections du cœur humain. N'est-ce pas du sentiment de l'infini que les chefs-d'œuvre de la littérature et des arts tirent surtout leur pouvoir sur l'esprit de l'homme. L'imagination se refroidit bientôt lorsqu'elle apperçoit des bornes ; pour la subjuguer entièrement il faut lui ouvrir une carrière sans limites ; c'est pour cela que les idées religieuses sont si nécessaires, même à la perfection des arts.

L'homme le plus éloquent qui ait paru sur la terre, en mettant à part les auteurs inspirés, Bossuet, ne doit-il pas à la Religion, et par conséquent au sentiment de l'infini, les traits les plus sublimes de son éloquence ? Que l'on compare son magnifique discours sur l'histoire universelle, chef-d'œuvre de ce grand homme et de l'esprit humain, avec l'essai sur l'esprit et les mœurs des nations de Voltaire. Bossuet, dans son vol d'aigle, plane sur tous les empires et en juge toutes les révolutions, en rapportant tout à l'action invisible d'une éternelle providence. Voltaire, au contraire, ne voit partout que de petites causes et de petits motifs; le hasard amène tous les événemens, et l'homme n'est qu'une girouette esclave de tout ce qui l'environne. Dans le discours sur l'histoire universelle, domine partout la grande idée de Dieu. Dans l'essai sur les mœurs, on apperçoit une raison étroite qui veut tout rabaisser à son niveau, et cela seul met une distance immense entre ces deux ouvrages.

La poësie comme l'éloquence, et encore plus qu'elle peut être, n'a toute sa grandeur et toute sa force, que lorsqu'elle est animée du sentiment de l'infini. Les poètes sacrés, Moïse, David, Isaïe, ne se sont élevés au-dessus de tous les génies profanes, qu'en se rapprochant davantage de l'infini dont le sentiment domine dans leurs sublimes écrits. Le beau idéal, ce type de la perfection en tout genre, qu'est-ce autre chose que le sentiment de l'infini ? C'est donc ce sentiment qui a produit les chefs-d'œuvre dans tous les genres, le discours sur l'histoire universelle, l'athalie de Racine, la transfiguration par Raphaël, St.-Pierre de Rome de Michel-Ange. Le sentiment de l'infini, principe de toutes les affections du cœur humain, est donc aussi celui de tous les chefs-d'œuvre de l'esprit.

On peut juger, d'après ces réflexions, combien l'idée et le sentiment de l'infini influent sur notre esprit et notre volonté, et de quelle importance il est pour la métaphysique et pour la morale, de bien fixer cette idée et ce sentiment. Tel a été l'objet de ce mémoire.

HISTOIRE

D'une Anasarque guérie par la diète sèche.

Par M. D'Astros, Docteur en Médecine.

> Une seule méthode de combattre l'hydropisie est une erreur grave. *Desessartz, recueil de discours, mémoires et observ. de médecine clinique.*

Si le médecin qui lit, fait souvent tourner au profit de l'humanité, et à la gloire de l'art, l'expérience de ceux qui l'ont précédé, et celle de ses contemporains, il est de son devoir de donner connaissance à son tour, de ce que sa pratique peut lui faire découvrir d'intéressant et d'utile. C'est cet échange mutuel d'observations, qui peut seul répandre quelque lumière sur une science remplie encore de tant d'obscurité..... Dans ce but on devrait, pour le dire en passant, s'attacher moins à publier des faits extraordinaires, des phénomènes étonnans, et tout ce qui sort des lois communes de la nature, que la découverte d'un médicament précieux ou des observations cliniques, propres, soit à mieux faire connaître ou la cause, ou le siége ou l'essence d'une maladie, soit à recommander quelque méthode de traitement plus efficace. L'histoire des cas rares, si laborieusement colligés, qui occupe une si grande place dans un volume du dictionnaire des sciences médicales, n'a pas fait, que je sache, arracher un seul homme à la mort; que l'on compte, si l'on peut, le nombre de ceux qui doivent la conservation de leurs jours aux mémoires de MM. Double et Chomel, qui les premiers ont fait connaître l'emploi et les succès du sulfate de Quinine ! Aussi, le nom de ces Médecins distingués sera-t-il nécessairement lié, dans les fastes de l'Art, à celui des Chimistes habiles, MM. Pelletier et Caventou, auxquels on doit la découverte de ce sel.

Loin de moi la prétention, dans le fait que je communique, de rien apprendre de nouveau; il y paraît seulement, qu'un succès certain a été obtenu d'une pratique depuis long-temps oubliée. Et, si quelques esprits essentiellement bons et indulgens veulent m'en attribuer l'honneur, j'en rends la bonne part aux anciens, si injustement méprisés de nos jours, à qui je le dois.

Édouard A.***, enfant très-intéressant, âgé de six ans, d'une constitution délicate, ayant été exposé pendant une soirée de printems, année 1822, au frais d'un lieu bas et humide, et, en ayant été ramené fort tard, perdit les jours suivans l'appétit, et devint languissant. Un praticien de cette ville fort expérimenté, l'avait, peu auparavant, mis à l'usage du sirop de Portal pour dissiper de légers engorgemens glanduleux, si communs à cet âge. Appelé pour lui donner mes soins, le même état, et de plus un peu d'empâtement sous le menton, me firent conseiller le même remède dont précédemment on paraissait s'être bien trouvé.

L'enfant revu au bout de quelques jours, avait le visage pâle et plein, les paupières surtout étaient très-boursouflées. On parla de jambes enflées, je voulus les voir; on tira les bas avec effort, les pieds, les jambes, aux chevilles surtout, avaient doublé de volume, et conservaient l'empreinte des mailles du tricot. Cette enflure, en peu de temps, gagna toute l'étendue des extrémités, tant inférieures que supérieures, et enfin tout le corps; le tronc pourtant était beaucoup moins infiltré.

L'espèce d'hydropisie appelée anasarque, était ici bien évidente; avec cela la soif était médiocre, il n'y avait pas de fièvre, et le ventre

ventre était souple. L'exploration de cette cavité ne me fit découvrir aucun empâtement des viscères.

La conviction de leur intégrité devait faire porter un pronostic heureux d'une maladie qui n'était point invétérée, et qui ne paraissait avoir d'autre cause que la suppression de la transpiration, opérée par l'humidité et le frais du soir, auxquels le jeune Édouard A.*** avait été exposé trop longtemps. Néanmoins c'eût été compromettre les jours de cet enfant, que de livrer aux seuls efforts de la nature une affection très-souvent au-dessus de ses ressources. L'axiôme *principiis obsta, serò medicina paratur*, était ici d'une juste et sévère application; il importait d'agir.

La langue étant saburrale, quelques grains d'ipécacuanha furent administrés, autant pour débarrasser l'estomac, que pour procurer une secousse générale, propre à faire dans toute l'économie une heureuse révolution. Le vomitif opéra, mais ne changea rien toutefois à l'état du malade. Il en fut de même d'un purgatif donné le surlendemain.

Les boissons appropriées, et la plûpart des remèdes préconisés par les auteurs dans les cas d'hydropisie, furent mis en usage pendant quelques jours, et ce fut sans succès. L'enflure allait toujours croissant; insister sur des moyens dont on reconnait l'insuffisance ou la nullité est une faute en médecine, dont le moindre inconvénient est de faire perdre un temps souvent précieux: je devais donc en chercher d'autres plus efficaces.

Le souvenir de la doctrine des anciens (1), relative à la nourriture que l'on doit donner aux malades, vint à mon secours. On sait que ces médecins, tels qu'Asclépiade, Héraclide de Tarente, et Celse, les soumettaient pendant quelques jours à une abstinence entière. Je m'arrêtai principalement à cette maxime du dernier, qui la suivait avec une sorte de prédilection, et sur laquelle, dit le savant Leclerc, il fondait la cure de toutes les fièvres : « *Que la matière qui cause la* » *fièvre se dissipe d'elle-même lorsqu'on ne* » *donne rien au malade qui en puisse pro-* » *duire de nouvelle;* » et cette autre qui, en d'autres termes, est à peu près la même, « *Que le devoir d'un bon médecin est, d'un* » *côté, de ne charger pas le malade d'une* » *nourriture superflue, ou qui augmente la* » *matière qui fait le mal; et de l'autre,*

---

(1) Daniel Leclerc. *Hist. de la Méd.*

» *de ne le laisser pas mourir de faim* (1). »

Avec un léger changement dans les expressions, il était facile d'adapter ces maximes au cas qui m'occupait, et je me dis pour la première : « *La sérosité* qui cause » *l'infiltration* se dissipera d'elle-même, si je » ne donne rien au malade qui puisse l'en- » tretenir ou l'augmenter. » Et pour l'autre : « mon devoir est : d'un côté, de ne pas » charger mon malade *de boisson*, puisque » avec elle j'augmente *la sérosité* qui fait le » mal, et de veiller à ce qu'il ne meure pas » *de soif.* »

Déterminé sur le parti à prendre, je défendis rigoureusement qu'on introduisît dans le corps de l'enfant aucun liquide, ni rien de ce qui pouvait en contenir ; et je supprimai en conséquence, les tisanes, les potions, les bouillons, les soupes et même le pain. Je prescrivis de ne lui donner pour nourriture que des navettes et des biscotins, et, comme il était sans fièvre et qu'il fallait soutenir les forces, je permis de plus, à midi, une petite côtelette d'agneau desséchée sur le gril, et un doigt de vin blanc avec autant d'eau, tout juste. Ce que je crus nécessaire pour aider à la digestion de ce frugal repas. Voilà

---

(1) Daniel Leclerc, *Hist. de la Méd.*

tout; et pour le reste de la journée, quelque désir de boire que témoignât l'enfant, quelques instances qu'il fît, je recommandai fortement d'y être sourd, ne demandât-il qu'une goutte d'eau, persuadé que la nature, pour satisfaire au besoin de la soif, saurait bien en prendre où il y en avait, et que, de même que les animaux dormeurs, tels que les loirs et les marmottes, se nourrissent de la graisse accumulée dans leur double épiploon, et vivent ainsi sans manger, pendant les six mois que dure leur sommeil; de même les organes de l'enfant sauraient bien, pour s'humecter, tirer des lames du tissu cellulaire, le fluide séreux qui s'y trouvait en surabondance. Au reste, notre soif ne s'étanche-t-elle pas quand nous sommes dans le bain ? L'absorption des pores rend raison de ce phénomène.

Je me souviendrai toujours, à ce sujet, que dans le temps que j'étudiais la médecine à Montpellier, étant allé avec quelques-uns de mes condisciples herboriser à l'île Maguelonne, qui en est distante de plus d'une lieue, fatigués par la chaleur, et ayant grande soif, nous quittâmes nos vêtemens, et nous nous plongeâmes dans la mer, où nous nageâmes et nous baignâmes à souhait. Au sortir de là, il ne fut plus question de soif; nous avions bu par tous nos pores.

Fondé sur cette expérience, qui est parfaitement d'accord avec la saine physiologie, j'étais tranquille sur les besoins de mon malade.

Néanmoins il pouvait bien se faire qu'avec tous ces beaux raisonnemens je fusse trompé dans mon calcul, si, me confiant trop à l'action des absorbans, je bornais mes moyens curatifs à la seule privation des liquides ; la nature a très-souvent besoin d'être aidée, le médecin alors n'en est que le ministre, ou plutôt le serviteur. Il doit la connaître, l'entendre quand elle parle, la seconder et la soutenir à propos et comme il faut. Toute la médecine est là.

En conséquence, des vésicatoires furent appliqués aux bras, dans la vue d'ouvrir une issue à la sérosité des parties supérieures, et exciter le tissu cutané. Les extrémités inférieures furent enveloppées en entier de feuilles de choux chauffées, pour y augmenter la transpiration insensible, et de plus, on fit prendre intérieurement, à des heures déterminées, de la poudre de Dower pour obtenir de la sueur.

Ces différens moyens tendant tous au même but, et agissant en même temps, réussirent, comme on va le voir, au delà de toute espérance : une sueur générale et abondante s'établit; mais, chose digne de remarque, de chaque région du corps, elle coula constamment dans une quantité proportionnelle au volume de l'enflure; de façon, que vers la fin de la maladie les extrémités encore œdémateuses en étaient toujours inondées, quand le ventre et la poitrine, rendus à leur état naturel, étaient à peu près secs. Cette sueur étant soutenue, l'infiltration se dissipait, à vue d'œil, d'un jour à l'autre; et, ce qui fut admirable, ce fut de voir les fonctions des reins jusque-là perverties, et en quelque sorte suspendues, se rétablir à fur et à mesure.

Il n'est pas besoin de dire que la plaie des vésicatoires fut entretenue, et l'usage de la poudre sudorifique et des feuilles de choux continué, ainsi que le régime sec, tant qu'il y eut de l'enflure; la sueur cessa, quand celle-ci fut entièrement dissipée. Ce fut l'ouvrage, on aura de la peine à le croire, ce fut l'ouvrage de huit jours. Alors les secrétions se faisant bien, et tout rentrant dans l'ordre, il convenait de se relâcher un peu de la grande sévérité dont on avait été jusque-là. Les alimens et les boissons furent permis, avec tous les ménagemens que commandait la prudence.

Voici quelle fut la marche décroissante de l'infiltration. La face désenfla la première;

ensuite, les bras et le haut des extrémités inférieures ; après, les avant bras et les jambes, et puis les mains, les chevilles et les pieds. L'enflure du tronc n'étant pas considérable, comme il a déjà été dit, le peu qu'il y en avait se dissipa insensiblement avec celle des extrémités, et sous peu de jours cet enfant qui, par la nature de sa maladie, avait donné de sérieuses inquiétudes, fut rendu à une santé qui depuis a toujours été bonne.

Cette observation, si je ne m'abuse, est remarquable par le succès du traitement qui a été suivi ; on ne saurait en effet révoquer en doute, que la guérison de cette hydropisie, et la promptitude avec laquelle elle s'est opérée, sont uniquement dues aux moyens mis en usage ; par cela même elle m'a paru digne d'être connue. Elle montre d'une manière frappante aux yeux de tout homme qui pense, qui n'est ni routinier, ni asservi par l'esprit de système, l'avantage immense qu'a sur l'aveugle empyrisme la médecine rationnelle ; et, en établissant la certitude de l'art d'une manière plus solide que ne sauraient le faire de longs discours, elle répond victorieusement à ses injustes détracteurs.

On se tromperait fort, si, du respect que je montre dans cet écrit pour la doctrine des anciens, on allait conclure que j'adopte aveuglément tout ce qu'elle renferme. Il ne faut pas être exclusif. Faisons la part du génie et celle de l'erreur. Celui qui jure, *in verba magistri*, ne reculera jamais les bornes de l'art. La vérité n'a pas été tout d'un coup, ni partout, ni en toute chose, aperçue et saisie : ce n'est que peu à peu que la lumière se répand. Elle n'a pas encore dissipé toutes les ténèbres, il s'en faut. Quand fera-t-il grand jour? Je l'ignore. Il est vraisemblable qu'il y en a pour long-temps. Cependant ce ne sera qu'en ramassant soigneusement les découvertes des premiers observateurs, et les réunissant à celles qui sont dues aux progrès des sciences, qu'on parviendra à y voir plus clair ; mais pour cela, il faut se défendre et de l'esprit de système qui égare, et de l'esprit d'orgueil qui fait négliger l'expérience des âges.

MÉMOIRE

Sur la connaissance des Terres en Agriculture.

Par M. Henri Pontier, Minéralogiste, ancien Inspecteur Principal de la 16.ᵉ Conservation des Eaux et Forêts.

Quelle est l'origine du sol agraire ; quelle est la nature des terres qui le composent, quelles sont les propriétés qui le caractérisent, et les qualités qu'il doit avoir pour être propre à la culture? tel est le sujet que nous nous proposons d'examiner.

On a considéré les terres de la surface du globe, comme étant formées par les débris ou détritus des rochers que l'air et l'eau décomposent, et qui sont ensuite dissous et entraînés par les eaux dans les plaines et les vallées.

Cette erreur s'est d'autant plus accréditée, que l'on est naturellement porté à regarder les cailloux que les rivières charrient, comme ayant été détachés par elles de la roche elle-même, tandis qu'il est reconnu qu'elles ne font que mettre à découvert les cailloux anciennement déposés par la mer, et qu'on trouve aussi isolés, ou en l'état de poudingue, sur les hauteurs voisines, où certainement les eaux des rivières n'ont jamais pénétré.

On n'a point fait attention que les terres se rencontrent sur les montagnes comme dans les vallées et les plaines, et que souvent leurs couches sont recouvertes ou séparées par des bancs de rochers qui portent l'empreinte non suspecte des eaux de la mer.

Ces grands dépôts de coquillages marins qui, comme le falun de la Touraine accompagnent et suivent les couches de terre, et s'y mêlent quelquefois, nous décèlent encore cette origine marine à laquelle nous rapportons la formation du sol agraire.

D'ailleurs, les eaux de sources, comme celles qui viennent de la fonte des neiges, et qui forment les ruisseaux, les rivières et les fleuves, ne peuvent dater que d'une époque postérieure à celle de la formation de nos continens, elles n'ont pu par conséquent transporter des terres, qui existaient auparavant, dans les lieux où on les trouve.

Les continens une fois formés, l'action de l'air, de l'eau, des divers fluides et météores de l'atmosphère, le froid et le chaud, le gel et le dégel, les vapeurs salines ou acides, etc., ont corrodé peu-à-peu la roche de nos montagnes, dont les débris ont été entraînés par les eaux qui y prennent leur source, comme par celles qui tombent du ciel ; et ces débris se mêlant avec ceux qui résultent de la collision des cailloux qu'elles rencontrent, et des terres qu'elles détachent, ont formé des sédimens limoneux dans les divers lieux qu'elles parcourent. On les distingue toujours des véritables terres sur lesquelles ils se déposent, et qui sont aussi reconnaissables que les courans de laves des volcans, autrefois en ignition, qui recouvrent les terres où elles avaient passé.

Les eaux pluviales et les torrens qui leur succèdent, détachent également des lieux penchans et ardus les terres et les pierres, qui vont grossir les atterrissemens dont il s'agit ; et c'est ainsi, qu'avec le temps, les montagnes s'abaissent, et les vallées s'exhaussent : mais ces causes secondaires ne font que modifier la surface des continens dans certains lieux circonscrits et bornés, et permettent toujours de distinguer les véritables couches terreuses par leur nature et leurs couleurs variées, et par le mélange des fossiles qu'on y rencontre souvent.

Ces atterrissemens ou alluvions se terminent à l'embouchure des fleuves où ils s'amoncèlent en grandes masses, pour y former des terrains très-fertiles, tels que ceux de la Camargue et autres. Ils font aussi reculer les eaux de la mer, et lui fournissent en même temps des matériaux, qui remaniés dans son sein, seront employés plus tard à la formation de nouveaux continens, comme le prouvent ceux que nous habitons, qui ont été submergés à différentes époques, à en juger par la nature variée des dépouilles végétales et animales que l'on y découvre, et qui, comme autant de médailles, deviennent la preuve incontestable des différens déplacemens de la mer dans les révolutions que notre planète a essuyées.

C'est à la faveur des débris de rochers dont on a parlé, que naissent ces mousses et ces lichens, premiers linéamens de l'organisation végétale, qu'on aperçoit au pied des monts élevés, couronnés de neiges éternelles. Ces débris, comme l'on voit, quoique privés d'humus, et bonifiés seulement par l'action des élémens qui les ont convertis en terre, n'ont pas moins été propices à la levée des graines de ces plantes : preuve évidente que les terres ne sont point passives ou inertes dans la végétation, comme on l'avait prétendu ; c'est ce que nous aurons occasion de développer et de prouver par la suite.

Les terres en général, contiennent les

mêmes principes que ceux de la roche des montagnes voisines, ou de la roche sous-jacente. Elles n'en diffèrent que par leur mode d'aggrégation. Dans les pierres, les molécules terreuses contractent une contexture solide et fixe dans leur combinaison, tandis que dans les terres elles sont mélangées et combinées différemment, de manière à être incohérentes et dans un état de division qui les rend très-poreuses et perméables aux influences de l'air et des divers fluides ou gaz de l'atmosphère ; comme le sont tous les corps poreux ; condition qui devenait nécessaire, pour qu'elles pussent concourir à la végétation.

Quelquefois, mais plus rarement, les terres sont d'une nature différente de celle de la roche du voisinage : ce qui est une nouvelle preuve de la cause que nous leur attribuons, puisque les courans des eaux de la mer ont pu varier selon les circonstances, et transporter de plus loin ces terres étrangères, tandis que les atterrissemens formés par les eaux du ciel et de la terre sont toujours homogènes, et bien remarquables par leur uniformité.

Enfin, les terres qui nous occupent ne se rencontrent pas seulement à la surface du globe, on les retrouve encore dans les fentes et dans les cavités des rochers : ce qui est une preuve certaine de l'identité de leur origine avec la roche elle-même. On trouve encore dans ces crevasses ou cavités, une terre végétale noirâtre, véritable *humus*, formé par la décomposition des végétaux et des animaux qui ont dû vivre à des époques antérieures à la formation des terres, avant de se décomposer ; ce qui confirme les différentes irruptions des eaux marines que nous avons déjà signalées, et les changemens qui ont dû s'opérer dans la contexture superficielle des continens actuels.

Quelles que soient les causes qui ont présidé à la formation de notre planète, et qui ont donné lieu aux révolutions dont elle a été le théâtre, les faits et les observations que nous venons d'exposer nous paraissent suffisans pour démontrer que les terres, comme les montagnes et les côteaux, ont eu une origine contemporaine, et que, si elles ont éprouvé des changemens extérieurs sur quelques points de leur surface, on doit les attribuer à des causes secondaires, survenues après leur formation.

Mais, quelles sont ces terres qui forment le sol agraire, et que la nature semble avoir choisies de préférence, pour servir de base à l'ensemble majestueux de la végétation qu'elle offre à nos regards, et qui établit entre le ciel et la terre cette correspondance si utile et si nécessaire pour le maintien de l'ordre et de l'harmonie dans tous les élémens ? Comment parvenir à les connaître, pour apprendre à les bien cultiver ?

L'Agriculture est une science et un art en même temps : comme science, elle exige une infinité de connaissances accessoires que l'on doit acquérir, si l'on veut l'approfondir et la perfectionner.

Elle tient à la Chimie, quant à la composition des terres, à la manière de les amender, à l'analyse de ses diverses productions ; à la nature des engrais, et au meilleur mode de les préparer, etc. Elle tient à l'Histoire naturelle, quant à l'origine et à la formation des terres et des pierres qui leur sont mélangées, à leur gissement le plus avantageux, à leur différentes couches, et à la nature de la roche qui les recouvre ou sur laquelle elles sont placées, etc. Elle tient à la Physique générale quant aux phénomènes de la végétation, et aux influences de l'air et des météores, etc. A la Botanique, pour la description des plantes et la connaissance de leurs propriétés. A la Méchanique, quant aux instrumens qu'elle emploie, etc. A l'Hydrostatique pour les irrigations, etc. Enfin, à la science de l'Économie rurale, qui a pour objet la bonne administration des terres, le choix des semences, la consommation des récoltes ; l'éducation des bestiaux, les moyens de les soigner dans leur maladie, de les multiplier et d'améliorer leurs races ; de construire les bergeries, etc.

Mais, considérée comme art, l'Agriculture n'exige que de simples notions de ces sciences. Il faut que l'agriculteur praticien soit en état de raisonner ses opérations et d'en saisir les motifs, de distinguer les meilleurs procédés pour le sol sur lequel il opère ; le temps le plus propice pour les exécuter, et qu'il soit capable de diriger les bras destinés à l'aider dans toutes ses opérations. La pratique agricole pourra devenir alors plus utile, même que la science, parce qu'elle aura constamment l'expérience pour guide, et que n'étant plus assujettie à une routine aveugle, elle saisira avec empressement les bons exemples à suivre, et les découvertes que le hasard procure le plus souvent dans les tentatives et les essais que l'on entreprend.

C'est précisément pour la connaissance des terres, qu'il importe le plus d'avoir ces notions ; sans elles l'art agricole est borné

à

à ne les connaître que d'après leurs caractères extérieurs, qui sont les seuls que la pratique puisse fournir ; caractères insuffisans, parce qu'ils sont trop vagues et trop incertains, variant toujours du plus au moins, sans qu'on puisse vérifier en quoi consistent ces différences. Dire, en effet, qu'une terre est forte ou légère, sèche ou humide, froide ou chaude, sabloneuse ou mélangée de gravier, tenace ou compacte, etc., c'est ne rien dire de positif sur ce qu'il y a de plus essentiel à constater, qui est de connaître la nature particulière de chaque espèce de terre, et quelles sont les proportions de leur mélange dans les différens terrains, pour être en état de les distinguer les unes des autres, et de les classer par leurs noms, suivant l'ordre de leur composition. C'est peut-être là une des causes qui ont le plus retardé les progrès de l'Agriculture, dans l'application des procédés utiles et des découvertes nouvelles, par la difficulté que l'on a eue à concevoir des définitions aussi insignifiantes.

La Chimie ayant pour but la décomposition des divers corps naturels, pour en isoler les principes constituans, et les obtenir dans leur état de pureté ou de simplicité, afin d'en examiner les différences, les propriétés et les proportions, il est évident que c'est à cette science que l'agriculteur doit avoir recours, pour en obtenir les premières notions nécessaires à l'analyse des terres, sans exiger de lui les connaissances d'un chimiste de profession.

Or, il résulte des différentes analyses chimiques, que le sol agraire, ou pour mieux dire, la terre végétale de ce sol qui en forme la première couche, celle où la végétation s'opère, est composé de quatre sortes de terres pures ou primitives, connues sous les noms d'ALUMINE, de SILICE, de CHAUX, et de MAGNÉSIE, cette dernière étant beaucoup plus rare, et ne se trouvant jamais qu'en petite quantité : qu'en outre ces terres sont presque toujours mélangées avec une autre substance, d'apparence terreuse, appelée HUMUS ou TERREAU, formée des débris ou dépouilles des êtres organisés, végétaux et animaux, qui périssent et se décomposent à leur surface ou dans leur intérieur : elle les rend d'autant plus fertiles qu'elle y abonde davantage.

Voyons donc quelle est la nature particulière de ces terres reconnue chimiquement ; quelles sont les propriétés des terrains où chacune d'elles domine, et l'influence respective de l'*humus* sur ces terrains, suivant la proportion dans laquelle il s'y trouve mêlé ; et nous exposerons ensuite une méthode simple et facile, à la portée de tous les cultivateurs, pour les analyser, c'est-à-dire, pour les distinguer les unes des autres.

L'Alumine est la terre pure qui forme la base des argiles ou glaises dont on fabrique les poteries : la Chimie la retire de l'alun, dans son état de pureté. C'est une terre blanche, incombustible, insoluble dans l'eau, soluble par les acides, et non par les alkalis ; et qui adhère fortement à la langue. En perdant son eau principe par la chaleur, elle diminue de volume. Calcinée, elle étincelle sous le briquet. Dans son état naturel, elle n'est jamais pure, elle est toujours combinée avec d'autres terres.

Les terrains où elle domine sont appelés argileux, glaiseux, alumineux ; ils sont gras au toucher, et forment avec l'eau, une pâte liante, qu'on peut paîtrir avec les doigts ; ils répandent une odeur particulière qui se fait aisément reconnaître ; ils ont une si grande affinité avec l'eau, qu'ils la retiennent fortement : ce qui est cause que les graines des plantes pourrissent quelquefois dans ces terrains, ou que leurs racines s'y noient.

Lorsqu'ils manquent d'eau, ils deviennent

compactes, ils compriment les racines, les empêchent de s'étendre et de jouir des bienfaits de l'air; ce qui arrête la végétation, et fait souvent périr les plantes.

Mais lorsque l'argile se trouve mêlée dans de justes proportions avec les autres terres qui diminuent sa ténacité, et sa trop grande affinité avec l'eau, il s'ensuit que ces terrains mélangés ainsi sont les meilleurs de tous, parce qu'ils n'absorbent et ne retiennent que l'humidité nécessaire, et qu'ils sont pour cette raison, préférables aux terrains siliceux ou calcaires, qui la laissent se dissiper trop facilement.

La SILICE est presque toujours mélangée avec l'alumine dans un degré plus ou moins grand de ténuité. On la retire pure du cristal de roche. C'est une terre blanche, insoluble et infusible sans addition. Elle raie le verre et le dépolit par le frottement. En masse, comme dans les quartz, les silex, certains grès, elle étincelle sous le briquet: c'est elle qui forme les verres, étant fondue dans un creuset avec des sels alkalins. La Chimie la range parmi les acides; elle forme dans la nature, avec la magnésie, le *silicate de magnésie*, que l'on trouve en couches assez épaisses dans l'intérieur de la terre, et toujours associé avec le calcaire marneux et les marnes argileuses des terrains secondaires.

Les terrains où la silice domine, sont rudes au toucher comme des grains de sable, n'adhèrent point à la langue, s'échauffent facilement au soleil, et se dessèchent promptement. Ils profitent peu du bienfait des pluies, qu'ils ne retiennent pas, et qui leur enlève l'humus soluble qu'ils contenaient ; ce qui oblige à leur fournir plus souvent de nouveaux engrais.

Ces terrains, par ces raisons, exigent peu de culture ; l'engrais végétal, produit par les plantes qu'on y a semé, et enfoui au moment de leur floraison, est celui qui leur convient le mieux, parce que se décomposant avec plus de lenteur, il dure plus long-temps, et fournit, par sa décomposition, une portion de terre qui bonifie le sol ; observation qui s'applique également aux terrains sabloneux-calcaires.

La chaux, chaux vive, n'est jamais pure, mais toujours dans l'état salin, combinée avec différens acides, et principalement avec l'acide carbonique, en état de sous-sel ou de sel neutre. Avec cet acide, elle forme *le carbonate de chaux*, *pierre à chaux* ou *terre calcaire*, si abondamment répandue dans tous les terrains secondaires. Le marbre, plus ou moins pur, est son état le plus compacte, et la craie, celui où il l'est le moins. Cristalisé en *calcaire spathique*, il se trouve dans presque toutes les époques de formation, mais beaucoup plus rarement dans les roches granitiques et micacées des terrains primitifs.

On la retire pure du carbonate de chaux, par la calcination, qui, en lui faisant perdre son acide carbonique, la fait passer à l'état de chaux vive.

Combinée avec l'acide sulfurique, cette terre pure forme *le sulfate de chaux, gypse*, ou *pierre à plâtre* que l'on rencontre dans certains gîtes particuliers des terrains primitifs et secondaires; avec l'acide fluorique, la *chaux fluatique*, qui n'est jamais qu'en petites masses ou filons, et non en bancs considérables, dans tous les terrains primitifs, secondaires, ou de transition; avec l'acide phosphorique, le *phosphate de chaux*, qui est plus rare dans les terres, et qui fait la base de la charpente osseuse des animaux; avec le chlore, le *chlorure de chaux* employé comme sel, et comme amendement en agriculture; enfin, combinée avec d'autres acides, elle devient la base d'un grand nombre d'espèces minérales de la classe des sels.

La chaux vive est dissoluble dans l'eau, et par son mélange avec le sable calcaire ou siliceux, elle devient propre à faire les mortiers. Selon que les pierres à chaux que l'on calcine sont plus ou moins pures ou mélangées d'argile, de silice ou de magnésie, il en résulte les *chaux grasses*, ou les *chaux maigres*: ces dernières prennent corps d'elles-mêmes par leur seule immersion dans l'eau.

Les terrains, où le carbonate de chaux domine, sont souples au toucher, et adhèrent légèrement à la langue. Ils sont naturellement froids, parce que leur couleur blanche repercute la chaleur et ne la conserve pas. Ils retiennent mieux l'humidité que les précédens, on les cultive aussi facilement, mais il leur faut beaucoup d'engrais, parce qu'ils ont la propriété de les rendre solubles et de les consommer promptement. C'est le carbonate de chaux, mélangé avec la silice et l'alumine, qui constitue les *marnes calcaires* ou *argileuses*, selon que la chaux ou l'argile y dominent. Ces marnes composent des terrains très-considérables à la surface ou dans le sein de la terre, et sont employées principalement à amender les terrains siliceux ou argilo-siliceux.

La magnésie, ainsi que la chaux, n'est jamais pure ; elle est toujours dans l'état salin, ou combinée dans les terres et les pierres qui la récèlent. Avec l'acide carbonique, elle forme le *carbonate de magnésie* ; avec la silice, le *silicate de magnésie*, découvert par Berzelius ; et enfin, avec l'acide sulfurique, le *sulfate de magnésie*, le plus répandu de tous, que l'on trouve, non en masses solides, mais en efflorescence, à la surface de certaines terres et roches, ou en dissolution, dans les eaux de certaines sources ou lacs.

C'est du sulfate de magnésie, qu'on retire cette terre dans son état de pureté. On n'employait autrefois que celui qui nous venait d'Angleterre, sous le nom de sel d'Epsom, employé dans la médecine ; mais aujourd'hui ce sel s'obtient en grande quantité de certaines serpentines des Apennins de la Ligurie ; de certains schistes de transition, en Savoie, à la surface desquels il s'effleurit naturellement ; de certaines terres calcaires magnésiennes des bassins houilliers de la France ; enfin, de certaines sources ou lacs, en plusieurs endroits. On grille légèrement ces diverses substances, avant de les lessiver.

La magnésie pure est blanche, insipide, légèrement soluble dans l'eau. Elle est employée en médecine, comme terre absorbante.

Elle n'est jamais seule dans les terres, mais toujours mélangée dans de faibles proportions avec la silice et l'alumine. Elle est plus abondante dans certaines pierres, telles que l'amphibole, les basaltes, et notamment dans les serpentines, les asbestes, les pierres ollaires, le talc et le mica.

Il n'y a point, à proprement parler, de terrains magnésiens ; et là où, cette terre abonde, le sol est stérile, et il paraît même communiquer sa stérilité aux autres terres. Tenant, chimiste anglais, dit avoir observé, que la chaux provenant de la calcination des terres ou pierres qui renferment de la magnésie, devient stérile, lorsque celle-ci égale seulement les deux cinquièmes de la masse totale, et que cette stérilité ne cesse qu'après que cette chaux s'est saturée complétement d'acide carbonique. Il est certain que des collines de serpentine et de stéatite, se trouvent dénuées de végétation.

L'humus ou terreau, l'engrais nutritif par excellence, n'est point une terre, puisqu'on peut le décomposer par les alkalis et par la chaux. C'est un corps noir, gras et huileux, très-pénétré de carbone, propre à se combiner avec les terres, et à devenir soluble dans l'eau, pour être absorbé par les racines, et servir d'aliment à la plante ; il fait la principale partie de la terre végétale ; il est le résultat de la décomposition des êtres organisés, qui vivent et meurent à sa surface. Chaque année, comme nous le disions dans notre Mémoire sur le Carbone, les racines, les tiges, les branches, les feuilles des plantes fournissent une grande quantité d'humus par leur destruction ; il en est de même des animaux et des insectes, qui pendant leur vie et après leur mort, contribuent à le former par leurs déjections et leurs dépouilles. Les fumiers ordinaires provenant des excrémens et des urines des animaux, mélangés avec de la paille, ou autres matières végétales, forment également par leur décomposition, le terreau dont nous parlons.

Cet humus ou terreau est tellement une des principales causes de la fertilité, que les terres s'appauvrissent et deviennent stériles, en proportion que les récoltes se succèdent sans engrais ; et plus la plante en consomme par sa nature, et plutôt la terre devient stérile.

Il a la propriété de décomposer l'air, et de se combiner avec l'oxigène. Dans cet état, il attire l'humidité, et la conserve comme l'argile, ce qui augmente d'autant sa qualité fertilisante. Il devient alors soluble dans l'eau, et prend une couleur fauve foncée, comme celle des égouts de fumiers. C'est cette eau, ainsi colorée, qui contient l'humus que la plante absorbe pour se nourrir. Privé au contraire du contact de l'air, il devient insoluble, de manière qu'après lui avoir enlevé sa partie soluble avec l'eau bouillante, ce qui reste, qui est insoluble, acquiert encore la solubilité, si on l'expose de nouveau à l'air. Il est à présumer que les terres étant susceptibles de s'oxigéner plus ou moins, fournissent à leur tour l'oxigène dont l'humus a besoin, pour être rendu soluble. Par l'acte de la végétation, cet humus finit par s'épuiser, ce qui oblige à renouveler les engrais qui le fournissent, pour que la terre continue à jouir de la même fertilité.

Les terrains où il abonde le plus se distinguent facilement par leur couleur noirâtre ou brune, par leur toucher gras, onctueux et moëlleux, et par leur odeur plus ou moins pénétrante. De ce nombre sont : 1.º le terreau végétal, ou cette couche épaisse de feuillages décomposés, qui recouvre les sols des bois que l'on défriche; 2.º les terrains des prairies que l'on retourne pour les cultiver, qui contiennent également du terreau par les débris des herbes et des insectes qui y vivaient, et par le gazon qui en fournit en se décomposant ; 3.° les terrains tourbeux, qui ne diffèrent du terreau végétal, qu'en ce que celui-ci est le produit de la décomposition des feuilles et des plantes herbacées par l'air, tandis que l'autre est le produit des mêmes plantes décomposées par l'eau. Dans cet état, la tourbe seule est infertile, parce qu'elle n'est pas dans un état soluble, mais elle devient bientôt fertile par son exposition à l'air, et notamment par l'écobuage et par la chaux ; 4.° la vase des marais et des bassins, formée des débris des roseaux et autres plantes aquatiques ; 5.° les limons gras et féconds des fleuves et des rivières, les égouts des rues et des chemins ; 6.° enfin, les terres des jardins où les engrais sont le plus souvent prodigués.

Telles sont les différentes terres qui composent, avec l'humus, lorsqu'il s'y rencontre, le sol agraire, par leur mélange et leur combinaison, soit entre elles, soit avec l'humus.

On y trouve bien encore quelques sels et oxides métalliques, d'un usage peu connu ; mais ces substances n'y sont qu'accidentellement, et en si petite quantité, qu'on peut les négliger sans inconvénient dans l'analyse de ces terres. Nous renverrons à nous en occuper à l'article des engrais avec lesquels elles paraissent avoir plus de rapport par leur manière d'agir dans la végétation. L'analyse des terres deviendra ainsi plus simple, moins compliquée, et plus à la portée des cultivateurs, qui ne sont pas censés avoir toutes les connaissances chimiques nécessaires, et encore moins les appareils et les réactifs convenables pour ces sortes d'opérations.

Analyse chimique simple, des terres.

Le procédé d'analyse que nous allons indiquer, se distingue par sa simplicité, et remplit suffisamment l'objet qu'on se propose, celui de connaître la nature des terres que l'on cultive, dans tous les cas de pratique qui peuvent se présenter, et notamment pour les amendemens, lorsqu'il s'agit de bonifier un terrain en y ajoutant les terres qui lui manquent, et en les comparant avec une terre plus fertile du voisinage.

Un creuset, un récipient de verre, de l'eau de chaux, et deux acides minéraux très-connus dans le commerce, l'acide du sel marin (acide hydroclorique), et l'huile de vitriol (acide sulfurique), composent tout l'appareil de nos opérations.

On prend sur divers points de la surface du champ que l'on veut examiner, une certaine quantité de terre que l'on mêle bien ensemble et que l'on fait sécher; on en pèse un demi-kilogramme (vingt onces), on le passe au crible pour en séparer le gravier et les fibres végétales, que l'on pèse séparément, et que l'on conserve pour les mieux examiner.

On met la terre qui a passé par le crible dans un creuset pour faire évaporer son eau d'absorption, qui, d'après la judicieuse remarque de M. Humphry Davi, doit être distinguée de l'eau principe qui entre dans sa composition chimique ; et pour ne pas donner un degré de chaleur capable de décomposer l'humus, il conseille de placer un morceau de bois blanc au fond du creuset, et de cesser de chauffer dès qu'il commence à brunir.

Il pèse alors la terre évaporée, et si le déficit s'élève jusqu'à un huitième pour cent, la terre est très-absorbante et contient beaucoup d'alumine ; si au contraire il ne s'élève qu'à quatre ou cinq pour cent, elle l'est très-peu, et la silice domine.

Quoique ce calcul ne soit pas bien exact, parce que le degré d'absorption des terres dépend autant de leur nature que de leur mode d'agrégation entre elle et l'humus, et de leur proportion, néanmoins il peut suffire, lorsqu'on ne veut connaître que par approximation et par comparaison, la quantité d'eau d'absorption qu'une terre contient.

Cette terre, dont on a noté le poids, est remise dans le creuset : on la fait rougir, en agitant le mélange avec une verge métallique, jusqu'à ce qu'elle ne fume plus, et que sa couleur noire ait disparu. La diminution du poids, après cette opération, indiquera celui de l'humus.

Si en opérant on sent l'odeur de plume brûlée, c'est un indice certain, dit M. Davi, qu'il contient des matières animales, tandis qu'une flamme bleue et vive indique les matières végétales.

On prend la terre qui reste dans le creuset, dont on connaît la quantité d'eau d'absorption et celle de l'humus, on la laisse refroidir, on la place dans un récipient de verre, dans lequel on verse trois livres d'eau de pluie ou de citerne, en agitant le tout avec une baguette de bois; s'il y a du sable, on le voit se précipiter peu-à-peu, et les terres les plus tenues restent suspendues dans le liquide; on décante l'eau boueuse que l'on verse sur un filtre de papier sans colle; on répète le même lavage pour bien séparer le sable de son mélange avec la terre. L'eau qui passe à travers le filtre, contient les sels qui ont été dissous, et dont on ne tient pas compte, par les raisons susdites, et l'on a sur le filtre la terre séparée du sable.

On sèche le sable et on le pèse. On y verse peu-à-peu de l'acide du sel marin, et par l'effervescence on s'assure s'il est calcaire. Ce que l'acide n'attaque pas est de la silice, qu'on lave, et qu'on fait sécher en la chauffant fortement dans un creuset, et on la pèse. La différence entre son poids et celui qu'avait le sable, indique la quantité de sable qui a été dissous. Si par contraire l'acide n'avait aucune action sur le sable, on aurait la preuve qu'il est entièrement siliceux.

C'est avec le même acide que l'on analyse le gravier retiré du crible dans la première opération, et que l'on s'assure s'il est calcaire ou siliceux.

On verse ensuite du même acide affaibli dans deux fois son volume d'eau, et en poids double de celui de la terre sur le résidu ci-dessus séparé du sable, et on agite jusqu'à ce qu'il n'y ait plus d'effervescence, et tout le carbonate de chaux se dissout avec le peu de magnésie et d'oxide de fer qu'il peut y avoir. On évapore à une douce chaleur la dissolution jusqu'à consistance pâteuse, on délaye dans l'eau, on filtre, et l'alumine reste sur le filtre avec la silice. On lave ce résidu, on le sèche, et on le pèse, et la diminution du poids

poids, indique celui des terres calcaires et magnésiennes dissoutes par l'acide.

Pour les séparer, on verse dans la dissolution de l'eau de chaux claire tant qu'il s'y forme de précipité ; on le ramasse sur un filtre, on le lave, on le sèche, on le pèse ensuite, et l'on a la magnésie. Ce qui manque au poids précédent qui indiquait les terres dissoutes, fait connaître la terre calcaire.

Le fer et le manganèse, s'il y en a, se précipitent avec la magnésie ; on les néglige par les mêmes raisons données, sauf à faire examiner le précipité par des chimistes de profession si on en est bien aise.

Pour séparer de la silice l'alumine restée sur le filtre, on la fait sécher et on la pèse. On prend note du poids et on la place dans une fiole à médecine avec de l'acide sulfurique (huile de vitriol de commerce), délayé dans quatre fois son poids d'eau, et en proportion un peu plus forte que celle du poids de la terre ; on met le tout en ébullition pendant deux à trois heures, l'alumine se dissout, et ce qui reste est de la silice que l'on lave et que l'on pèse après l'avoir desséchée ; son poids défalqué de celui ci-dessus, désigne celui de l'alumine, dissoute par l'acide.

On récapitule tous ces produits, en commençant par le gravier et les fibres végétales obtenues par le crible, et l'on doit avoir, à quelque différence près, le poids primitif de la terre analysée, parce qu'on a négligé les sels et oxides métalliques, que la terre ne contient jamais qu'en petite quantité ; mais cette analyse suffit pour les cas les plus ordinaires de la pratique agricole, où l'on est obligé d'y avoir recours, d'autant plus que ce n'est jamais que par approximation que l'on peut amender les terres que l'on compare.

Le sol agraire peut donc être divisé en trois grandes classes : la première est celle des *sols siliceux* des pays primitifs et de transition ;

La seconde, celle des *sols calcaires* des pays secondaires et de nouvelle formation ;

La troisième, celle des *sols glaiseux* ou *argileux*, les plus répandus de tous, puisqu'on les trouve dans les terrains de toutes les formations. Aussi observe-t-on que c'est le mélange de l'argile avec les terres calcaires et siliceuses, qui leur donne la consistance nécessaire pour être propres à la culture de la généralité des plantes.

Ces trois grandes classes de terrains peuvent être sous-divisés en plusieurs classes secondaires, selon que le principe qui y domine est de l'argile, de la terre calcaire ou de la silice, ainsi l'on aura :

Première Série.

1.° *Les terres argilo-calcaires*, graveleuses, pierreuses, ou sabloneuses sans pierre ni cailloux ; elles sont plus ou moins grasses et compactes, absorbent plus ou moins l'humidité, et s'endurcissent par la sécheresse, selon que l'argile y domine plus ou moins ;

2.° *Les terres argilo-siliceuses*, ou terres fortes des sols siliceux : ce sont les plus productives, surtout quand on peut les amender avec la chaux, ou avec la marne calcaire ;

3.° *Les terres argilo--calcaires siliceuses*, ou terres fortes des sols calcaires : elles sont très-compactes, absorbent et retiennent fortement l'humidité, l'engrais s'y conserve plus long-temps que dans les précédentes, mais la marne ne leur convient pas. Ce sont les terres les plus fertiles pour les céréales, lorsque les pluies ne les inondent pas, et qu'il ne règne pas une trop forte sécheresse.

Seconde Série.

4.° *Les terres calcaires argileuses* : terres chaudes qui exigent beaucoup d'engrais, parce qu'elles le consomment précipitamment. Si elles sont sabloneuses ou mélangées de gravier, elles sont plus légères et plus fertiles. Ce sont des espèces de marnes naturelles. Elles sont très-multipliées dans le ci-devant pays de Provence;

5.° *Les terres calcaires siliceuses :* celles-ci n'ont pas de corps, et sont en général peu fertiles. Les pluies en enlèvent tous les sucs nourriciers. L'engrais végétal leur convient le mieux. Les terres crayeuses sont de ce nombre;

6.° *Les terres calcaires argileuses et siliceuses :* ce sont des terres fortes, mais à un degré inférieur à celui des terres argilo-calcaires siliceuses, à raison du calcaire qui y domine. Elles sont naturellement très-fertiles, mais elles consomment trop tôt les engrais.

Troisième Série.

7.° *Les terres silico-argileuses*, des sols siliceux : elles sont peu fertiles, à raison du sable qui s'y trouve. La chaux ou la marne leur conviennent très-bien. Si elles contiennent du gravier ou trop de sable, elles sont encore moins fertiles;

8.° *Les terres silico-calcaires*, des sols secondaires : ce sont les plus légéres. On les cultive facilement. L'engrais n'y dure pas. On les améliore avec de la glaise ;

9.° Enfin, *les terres silico-calcaires argileuses*, des mêmes sols, qui sont en général, chaudes et légères, et d'une excellente qualité; mais si l'argile y domine sur le calcaire, elles sont alors froides et moins légères. Elles conviennent à presque toutes les plantes.

Il n'est aucune terre qu'on ne puisse ranger dans quelqu'une de ces classes; et cette méthode de classement nous a paru simple, plus facile à comprendre, et par cette raison, préférable à celle qu'a proposée M. de Barbançois, dans les annales d'agriculture, tom. 2, année 1818.

Il ne suffit pas de connaître l'origine des terres, leur nature particulière, et celle des terrains où elles dominent, il ne suffit pas de savoir les distinguer les unes des autres, de les analyser, et de les classer suivant l'ordre de leur composition; un agriculteur doit encore examiner si elles ont des propriétés particulières, capables d'influer dans la végétation, et quelles sont les qualités qui les rendent plus ou moins propres à la culture.

La question de l'influence des terres sur les plantes, est, selon M. Chaptal (1), une des plus importantes et des plus difficiles à traiter. Nous allons essayer de la résoudre,

---

(1) Chimie appliquée à l'Agriculture.

vu les avantages qui peuvent en résulter dans la pratique agricole.

La terre est à l'égard des plantes qui végètent dans son sein, ce que sont l'air ou l'eau pour l'existence et la vie des animaux. Si l'on prive ces êtres organisés de l'élément dans lequel la nature les a placés, ou si l'on substitue à cet élément, les élémens plus simples qui servent à le composer, dans l'un et l'autre cas, ils ne tardent pas à cesser de vivre, preuve certaine de l'influence nécessaire de l'élément dans lequel la nature les a fait naître. Il n'est donc pas surprenant que les plantes ne puissent végéter dans des terres pures, obtenues chimiquement, puisque l'analyse chimique décompose les terres sur lesquelles elle opère, et les met en un état de simplicité, entièrement opposé à celui où la nature nous les offre.

C'est pour avoir assimilé les terres du sol arable avec celles que l'on obtient par les procédés chimiques, que de célèbres agronomes les ont regardées comme étant dans une inertie absolue dans l'acte de la végétation, incapables de fournir aucun principe fertilisant, et ne servant que de support aux plantes, qui ne vivent, selon eux, que de l'air, de l'eau, du calorique, de la lumière, des différens gaz de l'atmosphère, et du carbone provenant de l'humus.

Cette assertion, soutenue par Humphry Davi, célèbre Chimiste anglais, s'est tellement accréditée et propagée, encore de nos jours, malgré la critique de M. Matthieu de Dombasle, qu'on ne saurait accumuler trop de faits pour la combattre, vu son influence dans la pratique de l'agriculture.

Comment admettre que les terres soient dans un état passif à l'égard des plantes, lorsqu'il est reconnu que même la matière brute, n'est pas dans un état d'inertie absolu, et que dès l'instant qu'elle s'organise pour former les diverses matières employées au développement des germes, elle perd son inaction apparente pour concourir de manière ou d'autre à leur accroissement.

Quoiqu'il soit constaté que les terres obtenues chimiquement sont infertiles, et qu'elles ne peuvent devenir productives qu'autant qu'on les mélange avec du terreau, ou qu'on les arrose avec de l'eau de fumier, ce n'est point une raison pour regarder les terres ordinaires telles que la nature nous les présente, abstraction faite du terreau, comme étant également stériles, puisque les faits nous prouvent le contraire.

Nous avons établi que les terres ont précédé l'existence des végétaux et des animaux, qui, par leur décomposition, forment l'humus ou terreau ; elles avaient donc toutes les qualités nécessaires à la végétation avant la formation de cet humus, auquel on attribue toute leur fertilité. De nos jours même on trouve des terres, rares à la vérité, qui sont naturellement très-fertiles sans le secours des engrais ; il suffit, pour les bonifier, de renouveller leur surface à l'air par des labours appropriés. Il y a donc d'autres causes indépendantes de l'humus qui peuvent également rendre les terres fertiles.

L'influence de l'air ou des gaz de l'atmosphère pour bonifier les terres par leur combinaison avec elles, est prouvée par beaucoup de faits et d'observations :

1.° Par l'utilité bien reconnue des labours, dont le but est de diviser les terres, de les rendre plus meubles, plus perméables, d'en mélanger les molécules, et de leur faire présenter plus de surface au contact de l'air qui les fertilise ;

2.° Par l'état de mort ou de langueur qui survient aux semences, lorsqu'étant enfouies trop profondément, elles sont privées des influences de l'air et de la lumière ;

3.° Par les avantages que l'on retire dans les plantations des arbres, à creuser, au préalable, les fosses qu'on leur destine, afin que les terres qui doivent les recevoir, puissent avoir le temps de s'améliorer en absorbant les fluides aériformes ;

4.° Par la propriété qu'a l'argile de perdre sa ténacité, de s'émietter en se granulant par le gel et le dégel, et d'augmenter par là de volume et de fécondité ;

5.° Par la faculté qui lui fait absorber tous les gaz après avoir été fortement desséchée, et ensuite humectée ;

6.° Par la grande fertilité des terrains volcaniques, lorsque les laves se sont décomposées à l'air, et converties en argile, etc. etc.

Tous ces faits, et beaucoup d'autres que l'on pourrait ajouter, démontrent cette influence des principes gazeux de l'atmosphère sur les terres, sans qu'on puisse néanmoins déterminer quelle est la nature de ces gaz, si c'est l'oxigène, le carbone ou l'azote, etc., ni comment ils les pénètrent et se combinent avec elles pour les rendre propres à la végétation.

Mais, en sait-on davantage, quant à l'influence de la lumière et du calorique sur les feuilles des plantes, sur les fleurs et les fruits ? On sait, à n'en pouvoir douter, d'après des expériences authentiques, que sans la lumière, les feuilles ne pourraient décomposer l'acide carbonique de l'air, pour s'en approprier le carbone dont la plante se nourrit, ni expirer pendant le jour de l'oxigène, produit de cette décomposition ; on sait également, que c'est au concours de la lumière et de la chaleur, que les fleurs et les fruits doivent leur couleur et leur parfum : mais on ne saurait en donner aucune explication satisfaisante, fondée sur aucune théorie chimique : Eh ! combien de faits, en physique, comme en morale, qui, quoique certains et vrais, sont cependant inexplicables ?

A la vérité, aucune expérience directe ne prouve, à l'égard des terres, qu'elles influent dans la végétation au moyen des gaz qu'elles récèlent, comme cela a lieu pour la lumière ; mais les preuves de cette influence gazeuse sont si multipliées, qu'elles équivalent à une démonstration. On pourrait la comparer à celle des saisons sur les récoltes : *il vaut mieux saison que labouraison*, dit Olivier de Serres : *annus fructificat, non terra*, suivant un ancien proverbe. Tout le monde en convient, et cependant personne ne peut en donner la raison.

Quoiqu'il soit reconnu par les expériences de M. de Saussure, que les plantes prennent plus de nourriture par leurs feuilles que par leurs racines, on ne peut pas avancer qu'elles puisent dans l'air tous les sucs nourriciers dont elles ont besoin, puisqu'il est également prouvé que les sucs fournis par la terre ne sont pas moins indispensables, et que sans eux les plantes ne végètent que momentanément et d'une manière incomplète, sans pouvoir se reproduire, comme cela arrive, par exemple, aux bulbes que l'on fait végéter dans l'eau ou que l'on plante dans des terres pures exemptes de tout mélange.

Ainsi, parmi les principes que les terres peuvent fournir aux plantes, certainement les gaz jouent un rôle principal, et ce qui peut contribuer à favoriser leur introduction dans les terres, c'est, la ténuité des molécules de celles-ci qui les dérobe à l'imperfection de nos sens, leur perméabilité qui leur fait remplir les fonctions de tubes capillaires, et leur grande tendance à se combiner entre elles, ou avec l'humus.

Les terres, en effet, dans leur état naturel, ne sont ni pures ni saturées d'oxigène, au point de ne pouvoir contracter aucune autre combinaison, comme le pensait Humphry Davi, elles sont au contraire, mélangées et combinées entre elles d'une manière très-variée, selon les localités, et l'expérience fait voir que le sol agraire, vu la rareté de la magnésie, étant essentiellement composé de terres calcaires, argileuses ou siliceuses, est d'autant plus fertile, que ces trois terres y sont mélangées dans les proportions les plus convenables pour produire la fertilité: de sorte que de deux champs bien labourés et bien fumés, celui en bonne terre produira toujours plus que celui qui est dans un mauvais fonds ou dans un terrain médiocre, d'où il paraît évident que les terres, par l'acte même de leur combinaison entre elles, acquièrent des propriétés bien opposées à l'état d'inaction qu'on veut leur supposer.

Les terres, indépendamment de leur mélange et de leur combinaison entre elles, ne sont point toujours à l'état neutre combinées avec l'acide carbonique, ou saturées par l'oxigène; la chaux, et la magnésie quand elle s'y trouve, y sont à l'état de sous-sel comme à l'état de carbonate neutre, et quelquefois à l'état de silicate neutre, ou à différens degrès de saturation, selon qu'elles se combinent, ou avec l'acide carbonique, ou avec la silice qui y fait fonction d'acide. La silice peut également se combiner avec l'alumine, et former avec elle d'autres silicates.

Ainsi, tout nous prouve que les terres sont susceptibles de former des combinaisons variées, et principalement avec les gaz de l'atmosphère, comme avec ceux qui se dégagent de la décomposition des engrais. S'il pouvait encore y avoir du doute à cet égard, d'autres preuves, acheveront de détruire cette prétendue inertie des terres que l'on voudrait faire admettre.

En effet, les terres entrent dans la composition des végétaux comme terres; elles y entrent aussi mélangées ou combinées à l'état de sels avec les substances salines et métalliques que l'on y découvre en les analysant, et elles ont de plus la propriété de rendre l'humus soluble par l'humidité qu'elles renferment, en enlevant l'oxigène à l'engrais, pour mettre à nud son carbone, qui devient alors susceptible de pénétrer par les filières du chevelu des racines. C'est ce qu'une expérience journalière fait voir dans les pays où l'on est dans l'usage de marner les terres et d'employer la chaux vive pour engrais.

La marne et le carbonate de chaux employés pour amender les terres, exercent, indépendamment de leur action mécanique, une action chimique sur l'humus, qui, peu-à-peu se consume et s'épuise pour augmenter la fertilité du sol, ce qui oblige à renouveller plus souvent les engrais qui le fournissent. Cet effet est encore plus sensible avec la chaux vive, parce que n'étant pas neutralisée, elle agit plus promptement et d'une manière plus efficace. Dans le même temps que ces effets se produisent, la chaux comme la marne et le carbonate de chaux, perdent de leur énergie, s'épuisent également par suite de leur décomposition ; une partie est absorbée comme terre, et plutôt ou plus tard, selon le plus ou moins de temps qu'ils employent à produire ces résultats, on est obligé de renouveller ces sortes de marnages, pour continuer à jouir des avantages qu'ils procurent. La nécessité d'y avoir recours se manifeste, lorsque l'on s'aperçoit que les récoltes baissent sans que l'on diminue la dose de l'engrais. Nous nous réservons d'en parler plus amplement à l'article des amendemens.

Toutes les terres peuvent être ainsi absorbées en petite quantité : leur présence est démontrée par l'analyse de la séve et des cendres, que l'on obtient des plantes, après les avoir incinérées. Cette absorption de la terre et de l'humus qui s'opère à notre insçu, sans que l'on puisse la révoquer en doute, est encore prouvée d'une manière en quelque sorte visible dans les vases où l'on fait végéter des plantes avec de la terre mélangée de terreau. On y aperçoit bientôt un chevelu qui entoure la terre du vase, qui s'alonge peu-à-peu, et devient de plus en plus touffu, et qui finit, à la longue, par s'accroître à un tel point, qu'il prend la place que la terre et le terreau occupaient avant sa formation. Ce fait, que chacun peut observer, vient d'être reconnu comme preuve certaine de l'absorption dont il s'agit, par une expérience toute récente que vient de faire un agriculteur de Bordeaux : M. Reynier a mêlé du sable très-fin dans un vase avec du terreau, et il y a semé une pomme de terre qu'il a eu soin d'arroser. Le sable et le terreau ont fini par disparaître, et les tubercules ont occupé toute la capacité du vase.

Il est donc bien reconnu que les terres influent de plusieurs manières dans la végétation, soit par les gaz qu'elles fournissent, soit en entrant comme terre dans la composition des végétaux, et par la propriété qu'elles ont de rendre l'humus soluble à l'aide de l'humidité qu'elles contiennent. Mais avant d'examiner de quelle manière cette influence s'opère, nous croyons devoir faire observer, quant à la présence des terres dans les plantes, que l'alumine est celle qui s'y rencontre le plus rarement, et en moindre quantité, quoiqu'elle soit la plus répandue, et qu'elle se trouve dans les terrains de toutes les formations : si l'on considère que cette terre, par sa faculté d'adhérer à la langue, et de se contracter, est la plus hygroscopique de toutes les terres, c'est-à-dire, qu'elle a la propriété d'absorber et de retenir l'humidité sans laquelle il ne saurait y avoir de végétation ; si l'on considère qu'elle bonifie tous les terrains, pourvu qu'elle n'y soit pas en trop forte proportion, et qu'elle ménage la consommation de l'engrais, sans diminuer pour cela la fertilité du sol ; quand on se rappelle toutes ses autres propriétés déjà mentionnées, on doit en conclure que cette terre mérite d'être distinguée des autres par ses prérogatives, et que son principal rôle doit moins consister à faire partie, comme terre, de la substance des végétaux, qu'à leur fournir les principes gazeux dont on a parlé, avec lesquels elle a plus de tendance à la combinaison que les autres terres.

Voyons à présent comment s'accomplit cette influence des terres que nous avons reconnue.

Nous disons que c'est dans le point de contact des terres avec les extrémités des racines et des filières de leur chevelu, que cette influence a lieu, parce que c'est à ce point, que la force de succion des racines lutte contre celle de la cohésion des molécules
de

de la terre, et que c'est alors que les élémens nutritifs qui s'en dégagent, changent de nature par leur réaction réciproque, ou se modifient avant d'entrer en combinaison pour devenir solubles, et composer la séve dont elles sont le véhicule.

Ce nouveau mode de nutrition des plantes, par le concours de la terre avec les racines, n'avait pu être encore observé, parce que les terres étant considérées comme purement passives dans la végétation, et ne servant que de simples supports aux plantes, on ne pouvait avoir égard qu'à la force d'absorption des racines pour expliquer le mécanisme dont il s'agit.

Ce mécanisme de nutrition devant s'exécuter en même temps que celui qui s'opère par les feuilles, d'après les lois de structure qui font correspondre les feuilles avec le chevelu, et les tiges avec les grosses racines, il est nécessaire de le développer dans tout son jour, pour parvenir à connaître en quoi consiste cette correspondance; comment elle s'exécute par l'intermédiaire de la séve; et quelles sont les causes qui peuvent y mettre obstacle : ce qui nous oblige, pour l'envisager sous tous ses rapports, de remonter aux premiers principes de la physiologie végétale,

P

seuls capables d'en faire comprendre l'application.

Chaque graine renferme dans ses lobes le fœtus ou embryon végétal qui doit se développer par une racine qui en sort la première, et par une tige qui la suit immédiatement. Cette racine ou radicule, quelle que soit la position de la graine, se dirige toujours perpendiculairement de haut en bas dans la terre, tandis que la tige ou plumule s'élève de bas en haut dans l'atmosphère, en suivant la même direction. On appelle *collet* de la plante le point d'intersection dans les lobes, où la racine commence, et où la tige finit.

On voit par cette direction constante de la tige et de la racine, que celle-ci est destinée à vivre dans la terre, comme celle-là dans l'air de l'atmosphère, pour y puiser chacune en particulier, la nourriture qui est nécessaire à la plante.

Cet ordre de choses peut néanmoins être interverti, puisque, suivant les expériences de Duhamel, on peut, des tiges, en faire naître les racines, et réciproquement des racines, les tiges, en changeant la disposition naturelle de certain végétal, et en le plantant renversé sans dessus-dessous. Cette expérience, plutôt curieuse qu'utile en agriculture, a l'avantage de nous montrer qu'il doit y avoir entre les feuilles et le chevelu, des rapports de structure et d'organisation, qu'il est très-important de connaître.

Ces rapports existent en effet, comme nous allons le démontrer. Chaque plante est recouverte par un tissu cellulaire herbacé qui en forme l'écorce ; on distingue dans celle des arbres dicotylédons, *l'épiderme*, *les couches corticales*, et *le liber*. Les mailles les plus extérieures de ce tissu, forment cette membrane demi transparente qu'on appelle épiderme ; sous cette enveloppe sont placées les couches corticales plus épaisses, dont les plus voisines de l'aubier prennent le nom de *liber*, à cause qu'elles sont arrangées comme les feuillets d'un livre : l'aubier est cette première couche ligneuse, distincte du liber, qui, peu à peu, s'endurcit et se convertit en véritable bois.

Il résulte de cette description, que le liber est un tissu herbacé qui fait partie de l'écorce sous laquelle il est immédiatement placé ; qui touche à l'aubier sans en faire partie ; et qui par conséquent ne se convertit pas en aubier, comme on pourrait le croire. L'on peut voir dans la Physiologie végétale de Myrbel, de quelle manière le liber et l'aubier se renouvellent au moyen du *cam-*

bium de Duhamel, substance mucilagineuse de la consistance du blanc d'œuf, produite par une séve très-élaborée, qui suinte des parois du liber et de l'aubier, et qui se change insensiblement en aubier et en liber, en formant un tissu organisé pour chacun d'eux, qui se continue avec l'ancien ; ce qui arrive à deux époques différentes de l'année, au printemps et en automne ; de sorte qu'après chaque séve de printemps et d'automne, un nouveau liber se forme, ainsi qu'un nouvel aubier. Celui-ci remplace le précédent qui se change en bois, et celui-là l'ancien liber qui devient alors couche corticale.

L'arbre, à ces époques, grossit par les nouveaux feuillets du liber et de l'aubier qui y forment des couches circulaires et concentriques, et l'écorce se prête à cette augmentation de volume, parce que les mailles de son tissu s'élargissent en même temps, tandis que l'épiderme qui ne peut prendre de l'accroissement, se fend et se déchire.

Dans les arbres monocotylédons, comme les palmiers et autres qui n'ont pas une écorce distincte du reste du tissu végétal, le cambium se dépose autour des filets ligneux pour accroître leur pourtour, et il alonge leurs branches et leurs racines en se portant à leurs extrémités : on n'y voit pas des couches concentriques, ni le canal médullaire avec ses prolongemens, que l'on voit au centre des arbres dicotylédons ; la moelle y est disséminée dans toutes les parties de la tige et de la racine.

Dans les plantes annuelles, il est clair que le liber ne se renouvelle pas, puisque chaque année il cesse de végéter, se fane, et meurt avec la plante.

Or, les feuilles et le chevelu, sont des expansions ou prolongemens du liber, d'où il résulte que leur structure est la même.

La nature a doué les appendices du liber d'une force de succion dépendante de leur principe de vie qui leur fait absorber, de l'air, de l'eau et de la terre, les principes dont les plantes ont besoin pour se nourrir, de manière que les feuilles et le chevelu deviennent par là les organes de la nutrition par l'intermédiaire du liber. Voilà pourquoi la nature a fait développer le liber de la tige en surfaces applaties, pour former les feuilles par la division de ses fibres, avec leurs nervures ou côtes, leur queue ou pétiole, et le parenchyme qu'on y observe, afin de leur donner plus de surface aérienne propre à puiser dans l'air les principes dont il s'agit, tandis que le liber des racines se développe à son tour, pour former le chevelu qui s'alonge en forme de tuyaux ou de filières extrêmement déliées et multipliées, afin d'augmenter le nombre de leurs ouvertures capillaires et inhalantes destinées à extraire du sein de la terre, ces mêmes principes.

Cette propriété absorbante, ou cette force de succion et d'aspiration des feuilles et du chevelu, est bien également commune au liber de la tige, comme à celui des racines, mais on conçoit que l'absorption du liber eût été insuffisante pour nourrir les plantes sans le secours des feuilles et du chevelu qui ont été organisés spécialement pour cet objet. Cependant, on doit regarder le liber comme l'organe le plus important dans la végétation, parce qu'indépendamment de cette propriété dont il jouit, il est en même temps l'organe de la séve qui sert de véhicule à tous les sucs nourriciers, sans laquelle aucun organe ne pourrait exécuter ses fonctions (1).

Les feuilles et le chevelu ont donc des fonctions analogues à remplir. D'où il suit que la terre est, à l'égard du chevelu, ce qu'est l'air à l'égard des feuilles. Ainsi, la

---

(1) Ce qui prouve que la force de succion se fait par le liber, c'est que la séve monte dans une plante privée de feuilles, de boutons et de racines, et non dans un branche absolument privée d'écorce.

séve qui renferme tous les sucs nourriciers, les distribue au moyen du liber dans toutes les parties de la plante, après avoir reçu dans les feuilles et le chevelu, les élaborations convenables, et avant de pénétrer dans les vaisseaux ligneux de l'aubier. Quant aux plantes sans cotylédons comme les lichens, qui n'ont point de racines proprement dites, leur organisation y supplée : elles ont des suçoirs en forme d'entonnoirs dont les lèvres s'appliquent aux pierres comme aux végétaux, pour en aspirer un suc nourricier, en même temps qu'elles en soutirent de l'air par leurs pores absorbans.

Pour compléter les preuves que nous avons données sur le mécanisme de la nutrition du chevelu, il nous reste à examiner de quelle manière la séve circule ; quelle est la correspondance qui s'établit par son moyen entre les feuilles et le chevelu ; quelles sont les règles à suivre pour maintenir cette correspondance dans son intégrité, lors des semis et plantations ; enfin, ce que l'on sait au sujet des élaborations qu'elle éprouve dans le tissu des feuilles, et quelles sont celles qui s'opèrent dans le chevelu avec le concours des terres.

De quelque manière que la séve circule, que ce soit par l'effet d'une contractilité organique, ou par l'effet d'une cause purement physique provenant de l'attraction des tubes capillaires, du vide produit par la transpiration des plantes, ou de la dilatation et dégagement de l'air qu'elles contiennent, comme le pense M. Myrbel, il est certain qu'elle monte et qu'elle descend par un mécanisme sur lequel on n'est point encore d'accord. On la voit, en effet, s'élever au printemps, vers les feuilles, pour y recevoir alors des élaborations propres à la reproduction des fleurs et des fruits, et descendre ensuite en août, vers les racines qui s'en nourrissent et lui servent de réservoir pendant l'hiver.

Dans cette saison, la végétation extérieure est suspendue par défaut de chaleur suffisante ; le principe de vie qui n'existe plus dans les feuilles, et qui est sans action dans les tiges, se porte vers les racines où la terre conserve une chaleur supérieure à celle de l'atmosphère, et suffisante pour y entretenir le mouvement organique, et c'est alors que la nutrition s'opère dans les racines par la séve qui y abonde. On les voit en effet grossir et croître, se fortifier et alonger leur chevelu, pour aller chercher leur nourriture et se disposer ainsi à faire pousser la tige avec plus de vigueur lorsque la chaleur du printemps exercera son action. On vérifie ce fait lorsqu'on recèpe dans une pépinière les tiges des jeunes plants qui ont quelques années de pousse ; la tige qui vient l'année suivante, se développe avec tant d'énergie, qu'elle acquiert une hauteur et une grosseur remarquables, comparées à celles des plants non recepés, que n'en auraient acquises celles qui existaient avant qu'on les recepât.

La structure des racines favorise la propriété qu'elles ont de servir de réceptacle à la séve. La matière ligneuse et la moelle y abondent moins que dans les tiges ; leur tissu ligneux y est plus filamenteux et moins compacte ; et le réseau qui est au centre, étant plus lâche et plus susceptible d'être dilaté, leur permet de servir de réservoir ou de récipient à la séve, pendant l'hiver.

Pour que la séve puisse circuler librement et s'élever des racines dans les tiges, et réciproquement descendre des tiges dans les racines, il faut que la plante soit placée de manière à pouvoir exercer sa force de succion dans toute son intégrité, et entretenir la correspondance qui s'établit entre les feuilles et le chevelu, comme entre les tiges et les grosses racines, à raison de leur structure analogue. Les feuilles, en effet, correspondent avec le chevelu par le moyen du liber qui les forme, et les tiges correspondent avec le pivot racine-mère et ses branches collatérales, puisque celles-ci grossissent comme les tiges, se bifurquent ou se ramifient comme elles, et qu'elles n'en diffèrent que par leur terminaison en chevelu au lieu de feuilles. Aussi, observe-t-on, dans le cas de maladie de quelqu'une de leurs branches, que celles de la tige qui y correspondent s'en ressentent plus ou moins; et, dans le cas contraire, si elles prennent plus d'embonpoint par un excès de nourriture, les rameaux correspondans de la tige deviennent plus forts et plus vigoureux.

Quant à la correspondance des feuilles avec le chevelu, elle est également sensible, puisque lorsqu'elles tombent par la rigueur de la saison, le chevelu les remplace en continuant à croître et à s'alonger. Si on les enlève au printemps, après qu'elles sont épanouies, la séve fournie par le chevelu se porte vers les boutons qui ne devaient les renouveller qu'au printemps suivant, on les voit grossir et s'ouvrir bientôt pour les remplacer : enfin, si on continue à enlever les nouvelles feuilles, la nutrition ne peut plus se faire comme il convient, faute d'élaboration des sucs nourriciers par les feuilles; la séve qui continue à monter, engorge tous les vaisseaux, elle fermente, la plante souffre et finit par périr.

C'est de la position du collet de la plante que dérive le maintien de l'ordre établi pour la circulation de la séve. Ce collet est le siége du principe de vie qui se manifeste par la force de succion, d'absorption ou d'aspiration. C'est à partir de ce collet, que cette force s'exerce et devient si sensible et si énergique dans les feuilles de la tige comme dans le chevelu des racines ; il est tellement le centre vital de la plante, que si on coupe la tige d'une plante annuelle au-dessous de ce point, la plante meurt ; tandis que si on la coupe au-dessus, la racine pousse une nouvelle tige ; c'est encore de ce centre que partent les tiges des plantes vivaces qui se renouvellent tous les ans.

Il est donc important, en agriculture, de faire attention à la position du collet de la plante dans la terre ; il ne faut pas qu'il soit trop enfoui, parce que c'est de là que part la force d'aspiration de la tige pour aller prendre sa nourriture dans l'air, et celle de la racine, pour aller la chercher dans la terre. Si la graine est trop enterrée quand on la sème, la tige qui en sort ne peut surmonter la résistance que la terre lui oppose, elle s'épuise par les efforts qu'elle est obligée de faire, elle succombe et meurt, ou si elle parvient à végéter, elle est toujours faible et languissante.

Si c'est un arbre que l'on plante et que son collet soit trop enfoncé dans la terre, le même inconvénient a lieu ; sa tige qui doit vivre de l'air, ne peut prendre toute sa nourriture, les racines n'ont plus la même force pour faire monter la séve, et l'arbre languit ou cesse de vivre. Si on enlève la terre qui est en excès sur le collet, l'arbre reprend peu à peu sa vigueur naturelle et tout l'embonpoint dont il est susceptible.

Si la graine au contraire, est trop peu enterrée, l'adhérence de ses racines avec la terre est trop faible, la nutrition se fait mal, le contact de l'air dessèche les racines, et la plante périt. Cela arrive encore par le gel et le dégel qui surviennent aux terres humides : on voit la terre se soulever, et le chevelu s'en détacher; la végétation s'arrête et l'humidité fait pourrir la semence, à moins qu'il ne soit possible d'y passer le rouleau pour raffermir le sol et le rétablir dans son premier état.

Dans la classe des graminées qui n'ont qu'un cotylédon, le blé, par exemple, pousse de son collet, une racine d'où sort un cercle de chevelu ; mais si le grain est trop enfoui, le premier nœud de la tige fait fonction de collet, il produit un nouveau chevelu qui remplace le premier, et entretient sa correspondance avec la tige elle-même, qui soutire alors plus facilement les influences de l'air.

Les rejets de souche qui viennent autour des arbres sont toujours placés à peu de profondeur dans la terre : en partant des racines, ils poussent un chevelu qui correspond avec la tige et lui procure plus de vigueur ; s'ils sortent du pied de l'arbre et hors de la terre, ce sont alors de simples bourgeons qui prennent leur nourriture du collet ou de la racine-mère sans produire de chevelu.

Il résulte de toutes ces observations, que l'on ne doit pas enfouir trop profondément les graines que l'on sème, ni le collet des arbres que l'on plante, pour ne pas interrompre le mécanisme de leur nutrition. Mais à quelle distance de la surface du sol doit-on semer ces graines, ou placer le collet des arbres pour en obtenir la meilleure végétation ? Peut-on assigner une limite qui convienne à toute espèce de plante ? Nous allons voir que c'est à l'expérience que l'on doit renvoyer la solution de ces questions.

Parce que la nature fait naître au milieu du feuillage de nos forêts, converti en terreau, quelques graines parmi le grand nombre de celles qui tombent des arbres et qui sont inutiles pour la reproduction de l'espèce, il ne s'ensuit pas qu'on doive la prendre pour modèle, en fait de semis et plantations, comme vient de le faire un auteur moderne dans un ouvrage *ex professo*, qu'il a publié sur cet objet. Cet auteur prétend qu'à l'imitation de la nature, toute graine, de quelque espèce qu'elle soit, doit être à peine recouverte de quelques lignes de terre lorsqu'on la sème, et il en fait une loi générale pour toute sorte de semis.

Si la nature a été si prodigue dans la production des graines des plantes, comme elle l'a été à l'égard de la fécondité des poissons de la mer, c'est qu'elle n'a pas eu seulement en vue de renouveller l'espèce, mais encore de pourvoir à la subsistance des animaux qui doivent s'en nourrir; l'homme n'ayant pas ce double objet en vue, cherche au contraire à suppléer par la raison et par l'art, à ce que la nature n'a pas voulu faire; il prépare la terre pour la rendre plus fertile; il économise la semence qu'il y répand pour la rendre toute productive bien loin de la prodiguer, et il l'applique entièrement à son usage.

D'ailleurs, les plantes ont reçu de la nature

un principe de vie qui leur imprime un mouvement organique : il tend à faire monter leur tige, à faire descendre leurs racines et alonger leur chevelu. Cette impulsion naturelle est capable de vaincre une certaine résistance que peut leur opposer le sol où elles doivent végéter, surtout lorsqu'il est rendu meuble par les labours, et que par des binages faits à propos, on favorise l'introduction de l'air et du calorique, comme celle des rosées et des petites pluies; mais dans aucun cas, on ne peut déterminer d'une manière positive la distance qu'il doit y avoir entre le collet de la plante et la superficie du sol, pour en faire une loi uniforme à l'égard de tous les semis, parce que chaque racine, selon sa nature, possède plus ou moins de force d'aspiration, et doit par là même exiger d'être plus ou moins recouverte de terre.

Tout ce qu'il y a de positif à cet égard, c'est que plus les graines des plantes sont petites, moins leur écorce ou enveloppe sont compactes ou ligneuses, moins on doit les enfouir : l'espèce du végétal plus ou moins vivace qui doit en émaner ; le genre de reproduction par bouture ou par marcotte, doit également influer sur le plus ou le moins de profondeur à laquelle doit être placé le collet de la plante ou le bourrelet qui en fait les fonctions ; c'est donc à l'expérience ou à la pratique agricole à le déterminer ; elle seule peut établir des règles à cet égard, d'après les principes que nous avons exposés.

La séve n'est point bornée à faire circuler les sucs nourriciers, tels que les racines et le chevelu les fournissent ; ces sucs parvenus dans les feuilles y sont élaborés de nouveau et mélangés avec ceux qu'elles puisent dans l'atmosphère. Ce sont tout autant de poumons qui respirent et qui font en même temps l'office d'organe secrétoire. Selon les phytologistes, les feuilles, par leur lame ou face inférieure, absorbent tant les vapeurs aqueuses qui s'élèvent de la terre, que celles que l'air contient toujours ; et par leur face supérieure, elles décomposent l'air, le gaz acide carbonique qui y est toujours mélangé, avec les gaz impurs azotés, carbonés, sulfurés, et les miasmes putrides et déletères qu'il peut renfermer.

Tous ces gaz sont ensuite décomposés dans le parenchyme de la feuille avec l'eau absorbée ; le carbone du gaz acide carbonique se fixe dans le végétal pour lui servir d'aliment et former le corps ligneux, et en s'unissant avec l'hydrogène et l'oxigène de l'eau, l'eau, il concourt par des combinaisons variées, à la formation des gommes, des résines, des huiles et des matières extractives. L'oxigène, devenu libre par ces décompositions, se répand en air vital dans l'atmosphère qui se trouve ainsi purifiée, et rendue plus propre à la respiration des animaux.

Mais, pour que les feuilles décomposent l'eau et l'air qui doivent servir de *pabulum* ou d'aliment à la plante, il faut de toute nécessité le concours de la lumière solaire, comme nous l'avons déjà dit ; car, pendant la nuit, les plantes vicient l'air par l'acide carbonique qu'elles expirent, et elles inspirent en remplacement, du gaz oxigène de l'air, au lieu de lui en fournir.

Voilà le résumé des connaissances acquises sur l'élaboration de la séve qui s'opère par les feuilles.

Le chevelu qui a la même structure, élabore à son tour les sucs nourriciers, en sa qualité d'organe de la nutrition, mais avec le concours de la terre, qui supplée ici à l'absence de la lumière. Ce concours des terres, que l'on avait négligé d'observer, sur le fondement qu'elles ne servaient que de support aux plantes, est la preuve la plus certaine de leur influence, qui achève de détruire le système erroné de leur prétendue inertie. Sans

Q

ce concours, en effet, la nutrition par le chevelu ne pourrait avoir lieu, parce que les sucs nourriciers ont besoin, au préalable, d'être rendus solubles, pour pouvoir être absorbés par les pores inhalans de ce chevelu, et que ce sont les terres qui sont douées de cette faculté, comme nous l'avons déjà démontré.

Si l'on ignore comment s'opère l'influence de la lumière sur les feuilles, on ne connaît pas mieux la manière d'agir des terres à l'égard du chevelu; on peut cependant en donner une explication propre à le faire concevoir.

La terre contient de l'humidité; elle renferme les différens gaz qu'elle absorbe de l'air et de la décomposition des engrais, ainsi que les substances salines métalliques et terreuses qui doivent entrer dans la composition des plantes. La force de succion du chevelu des racines dans leur point de contact avec les terres, tend à dégager tous ces principes et à vaincre l'affinité qui les retient; ces principes ainsi dégagés, changent de nature, contractent de nouvelles combinaisons, et sont rendus propres à être absorbés par le chevelu, pour former la séve qui doit leur servir de véhicule, concurremment avec l'humidité que les feuilles extraient de l'air: de quelque manière au reste, que les sucs nourriciers fournis par la terre soient élaborés, il nous suffit d'avoir prouvé que le concours des terres y est indispensable, et qu'il ne saurait y avoir aucun doute à cet égard.

On voit donc, par la réunion de tous les faits que présente la structure et l'organisation des plantes, que les terres, dans leur état naturel et ordinaire, bien loin d'être dénuées de propriétés dans le mécanisme de la végétation, y contribuent par elles-mêmes, par leur mélange et leur combinaison entre elles, par les gaz qu'elles sont susceptibles d'absorber, par leur faculté de rendre l'humus soluble, et par leur concours avec le chevelu dans l'élaboration des sucs nourriciers que la terre fournit.

Les propriétés des terres dans l'acte de la végétation, étant bien constatées, il nous reste à examiner, avant de terminer cet article, quelles sont les qualités qu'elles doivent avoir, pour être propres à la culture et à la végétation.

Les qualités que doit avoir le sol agraire, pour être propre à la culture et à la végétation, sont physiques et chimiques; nous les distinguerons les unes des autres, et nous en parlerons séparément, pour nous rendre plus intelligibles.

Qualités physiques du sol agraire.

Les qualités physiques, sont : la divisibilité ; la perméabilité ; la consistance ; la profondeur ou épaisseur ; la sécheresse ou l'humidité ; la température, selon les degrés d'élévation au-dessus du niveau de la mer ; l'exposition aux divers points de l'horizon, et la situation en pente ou en plaine.

Divisibilité. Une bonne terre arable doit se diviser et s'ameublir facilement avec les instrumens aratoires, afin que les racines et leur chevelu puissent s'y alonger en tout sens.

Perméabilité. La terre se laisse facilement pénétrer par l'eau, l'air et les divers gaz de l'atmosphère. On facilite par la culture, la libre circulation de ces fluides, en rendant la terre plus perméable et d'un accès plus facile.

Consistance. Un bon sol doit avoir assez de consistance pour fournir un point d'appui solide et fixe à la plante, et la mettre à l'abri des vents et de la gelée. Un sol compacte ne convient pas aux racines des arbres qui sont destinées à grossir, tandis que les plantes qui ont des racines déliées et nombreuses y trouvent le point d'appui qui leur est nécessaire. Ce degré de consistance dépend de la nature des terres et de l'affinité plus ou moins grande de leurs molécules intégrantes.

PROFONDEUR OU ÉPAISSEUR. Elle varie depuis quelques pouces, jusqu'à plusieurs pieds, suivant l'espèce de culture que l'on confie au sol. Six pouces de terre végétale, peuvent, dit-on, suffire à une culture de céréales, tandis qu'il en faut deux à trois pieds pour d'autres cultures. Dans des climats secs, comme ceux de ce Département, la terre végétale, même pour les céréales, doit pouvoir être défoncée de deux à trois pieds de profondeur, si l'on veut avoir de belles récoltes. Par ces minages ou défoncemens, on pratique un réservoir aux eaux pluviales de l'hiver, et on supplée par là à la sécheresse qui règne dans les autres saisons. La raison physique en est toute simple : la couche superficielle du sol étant desséchée par l'ardeur du soleil, s'imbibe de l'humidité inférieure, par l'effet de l'attraction, à petite distance; l'évaporation que la chaleur opère favorise cette attraction.

La petite culture a singulièrement gagné, depuis cette nouvelle méthode; les blés qui ne produisaient que du quatre au cinq pour un, ont doublé dans leur production; et vu sa grande utilité, on est parvenu à en faire l'application à la grande culture, en en simplifiant le procédé, comme nous le dirons ailleurs, en traitant de la culture des terres.

Il est évident, que plus les terres seront meubles à une grande profondeur, plus elles deviendront fertiles: les racines y trouveront toujours plus d'humidité et une plus grande abondance de sucs nourriciers. Mais, pour ne pas mettre obstacle à la force d'impulsion, qui donne à la végétation toute son énergie dans le développement de la tige et dans l'extension des racines, il faut avoir toujours l'attention de ne pas trop enterrer les semences, pour que le collet des plantes qui en naissent soit toujours placé assez près de la superficie du sol, afin que l'oxigène de l'atmosphère puisse l'atteindre.

Si le terrain que l'on possède est composé de couches de terre de nature différente, il résulte de ces minages pratiqués à une profondeur convenable, un mélange utile de ces différentes espèces de terres, qui présentent alors plus de surface aux influences atmosphériques, et on parvient ainsi à améliorer, avec le temps et les engrais, un terrain qui, sans ce moyen, n'aurait jamais fourni les mêmes produits.

Sécheresse et humidité. Voici les qualités physiques qui ont le plus d'influence sur les plantes. La grosseur et la ténuité des molécules de la couche végétale influe sur le degré de sécheresse ou d'humidité que le sol peut acquérir, selon qu'elle dissipe ou qu'elle retient les eaux des pluies et des rosées. Si cette couche est trop argileuse et qu'elle conserve trop long-temps l'humidité ; si elle est trop sabloneuse et qu'elle la perde trop facilement, ces sortes de terrains seront toujours mauvais pour la culture : les premiers, parce que les racines des plantes s'y noient ou s'y gèlent ; les seconds, parce que les eaux des pluies leur enlèvent tous leurs engrais, et qu'ils se dessèchent trop promptement lorsqu'ils sont exposés à la chaleur. Il faut une juste proportion dans leur mélange, pour que le sol puisse jouir de ces avantages, sans en éprouver les inconvéniens.

L'argile étant, de toutes les terres, celle qui possède le plus de force hygroscopique, il est clair que c'est dans la classe des terrains argileux que l'on doit trouver le plus d'humidité, et par conséquent le plus de fertilité, l'eau étant indispensable à la végétation; de plus, l'argile donnant plus de consistance à tous les sols, leur conserve plus long-temps l'humidité et les engrais dont elle ménage la consommation et la durée.

Les terrains calcaires sont en général fertiles, et les terrains silico-argileux le deviennent par l'addition du carbonate de chaux; mais ce n'est point une raison de conclure que le carbonate de chaux soit la cause de cette fertilité, comme l'assurait mal à propos l'abbé Rosier; cette propriété appartiendrait plutôt à l'argile, si la fertilité n'était pas subordonnée à d'autres causes, comme nous allons le voir bientôt.

Les terres où le carbonate de chaux domine, exigent beaucoup de fumier pour devenir productives, et sont plus sujettes à la sécheresse que les argiles. Des analyses nombreuses ont fait voir qu'une petite dose de cette terre calcaire convient mieux qu'une grande, et que les terres propres à être marnées devaient à peine faire effervescence avec les acides, et ne contenir guère plus de trois parties de terre calcaire sur cent parties de terre argileuse.

Or, les terres de ce Département étant

presque toutes marneuses, ou contenant le carbonate de chaux en excès, il s'ensuit qu'en y employant les marnes calcaires comme engrais ou amendement, on ne ferait qu'augmenter la sécheresse naturelle du climat. La véritable manière de les amender est donc, au contraire, d'y ajouter l'argile qui leur manque.

TEMPÉRATURE SELON LES DEGRÉS D'ÉLÉVATION AU-DESSUS DU NIVEAU DE LA MER. La couleur des terres peut influer sur leur température. Les terres noires s'échauffent plus que les autres, et conservent davantage la chaleur : les blanches sont plus froides, parce qu'elles la répercutent ; mais, indépendamment de la couleur, le degré d'élévation des terres au-dessus du niveau de la mer, les rend plus ou moins chaudes ou froides, parce que la température va en diminuant, à mesure que l'on s'élève.

La qualité du sol donne aux végétaux cette habitude constante qu'on appelle en botanique habitation ou patrie des plantes. Chaque climat a ses productions suivant sa température ; chaque plante a son organisation particulière et ses habitudes propres, provenant des lieux où elles ont pris naissance. Les plantes qui naissent sur les montagnes en-dessous des glaces éternelles, ne prospèrent jamais dans les plaines ; celles qui croissent au bord de la mer, et qui décomposent le sel marin pour s'en approprier la soude, ne se rencontrent pas, non plus dans les lieux élevés ; la plupart des arbres résineux, tels que les sapins, ne viennent bien qu'à une hauteur déterminée de 6 à 8000 mètres, l'olivier ne dépasse pas 4000 mètres ; les plantes qui ont besoin d'absorber beaucoup d'eau, comme celles qui ont les feuilles larges et molles et le tissu spongieux ; celles qui ont des racines nombreuses et beaucoup de pores corticaux pour faciliter leur transpiration, ne viennent jamais spontanément dans les lieux où la température rend le sol naturellement sec. C'est le contraire pour les plantes qui absorbent peu d'eau, qui transpirent peu, et qui renferment beaucoup de matières charboneuses et résineuses, telles que les conifères ; elles résistent à une température très-froide, tandis que les arbres verts, non résineux, comme les oliviers, gèlent à des degrés peu intenses.

Un agriculteur doit donc s'occuper à connaître les plantes qui viennent d'elles-mêmes, ou de préférence dans le sol qu'il cultive ; et parmi ces plantes, il doit choisir celles qui végètent le mieux ; qui sont les plus précoces, les plus productives, pour les élever de préférence avec celles qui sont de la même famille. Une plante qui végète dans le lieu que la nature a choisi pour lui donner naissance, y prospère avec une double efficacité, elle y trouve la température dont elle a besoin, et les alimens qui lui conviennent le mieux.

Cette observation est d'autant plus applicable à nos contrées, que l'on y est forcé d'exclure de la culture un grand nombre de plantes, et de faire un choix, dans chaque localité, parmi celles que l'on doit préférer; autrement on s'expose à n'avoir que des produits éphémères qui ne payent pas les frais d'exploitation.

Exposition. La qualité du sol qui dérive de l'exposition, ne peut guère se séparer de l'influence chimique des élémens extérieurs de l'atmosphère, qui agissent presque tous à la fois sur les végétaux. L'on peut dire cependant que l'exposition du midi est, en général, plus favorable, parce que c'est là où le calorique, principe du mouvement organique de la vie végétale, exerce toute son action, et que la lumière y seconde avec toute son intensité, l'acte de la nutrition qui s'opère par les feuilles et par les parties vertes de la plante; il est pourtant des végétaux qui redoutent une trop forte impression de la lumière, qui n'ont pas besoin d'une température aussi élevée, et qui se plaisent aux expositions du nord, du levant ou du couchant; c'est ce que l'expérience apprend tous les jours aux agriculteurs, sans qu'il soit nécessaire d'en citer des exemples.

Situation en pente ou en plaine. Ces deux accidens du sol méritent la plus grande attention. Une terre en plaine est, toute chose égale, plus propre à la culture et plus productive qu'une terre en pente exposée à perdre de ses propriétés nutritives, toutes les fois que les pluies surviennent; tandis que les premières se bonifient au contraire par les sucs nourriciers que les eaux leur apportent de toutes les hauteurs voisines.

Les terres des bas fonds sont encore meilleures que celles des plaines, parce qu'elles sont plus riches en substances nourricières, soit pour avoir servi, dans l'origine de leur formation, de séjour aux eaux des lacs et des marais qui y ont déposé leur limon, soit parce que la terre végétale qui les compose se trouve mélangée avec des molécules de terreau, charriées par les eaux, transportées par les vents, et accumulées par le laps du temps avec les débris des végétaux et des animaux qui y avaient vécu anciennement.

On pourrait bien, me dira-t-on, niveler les terres en pente par des fossés, en formant des ados, ou par des murs bien appropriés : ce dernier moyen, préférable au premier, pourrait se tolérer dans le cas où l'inclinaison du terrain ferait, avec l'horizon, un angle très-obtus, mais on doit toujours avoir présent à la mémoire, le souvenir des suites fâcheuses de l'Ordonnance de Louis XIV, qui autorisa les défrichemens des lieux penchans et ardus de la Provence, à la charge de construire des murs pour le soutien des terres : ces murs, finissent toujours par être mal entretenus, vu le peu de rapport des terres qu'ils soutiennent, et qui sont abandonnées après deux ou trois années de culture; et leurs matériaux entraînés avec les terres par les pluies et les torrens dans les vallées et les plaines, encombrent de leurs débris les meilleurs fonds, et condamnent pour toujours à la stérilité ces lieux précédemment défrichés, en mettant à découvert le roc vif qui, naguères, était encore couvert de verdure. Cette expérience, faite à nos dépens, et dont nous ressentons aujourd'hui les tristes résultats, en voyant la nudité de nos coteaux, doit nous servir de leçon pour renoncer à jamais à défricher les lieux dont la pente est trop rapide, et nous faire une loi de les laisser en nature de bois, ou à y substituer des bois d'une essence plus productive s'il est nécessaire.

Qualités chimiques du sol agraire.

Les qualités chimiques du sol agraire dépendent moins de la nature des terres, et des proportions de leur mélange, que des influences locales du climat, c'est-à-dire, des influences des divers agens qui composent l'atmosphère.

Comment pourrait-il en être autrement ? lorsque l'on voit les plantes vivre de l'air et s'en nourrir principalement, tandis que le sol ne leur fournit qu'un peu de terre et d'humus, quelques sels et oxides métalliques incapables de suffire à leur nourriture, et encore moins de les faire vivre. N'est-il pas évident que l'air, l'eau, le calorique, et la lumière, les divers gaz répandus dans l'atmosphère, sont les véritables agens de la vie et de la nutrition des plantes, tandis que les autres principes décomposés, à l'aide de la lumière, fournissent à leur nutrition ? Le concours des terres et des agens atmosphériques est donc indispensable pour donner au sol les qualités propres à la végétation, et nous appellons ces qualités, *chimiques*, parce qu'il y a toujours dans ce concours simultané, une action chimique mutuelle, une véritable combinaison.

Chaque sol exige un climat particulier : Kirwan a observé, que la composition des bonnes terres pour le froment, varie dans divers pays, selon que le climat est sec ou humide, qu'elles contiennent d'autant plus de silice que le climat est plus humide, et d'autant plus d'alumine, qu'il est moins pluvieux ; c'est-à-dire, que le sol est plus hygroscopique dans un climat sec, et moins dans un climat pluvieux, preuve certaine qu'une même plante peut végéter avec le même succès dans des terrains différens, pourvu que le climat soit approprié aux terres qui composent le sol. Ce que dit Kirwan se réalise dans nos contrées ; les terres argileuses y sont les meilleures pour les céréales, parce que le climat y est sec, et par la même raison, les terrains sablonneux y sont inférieurs en qualité.

On voit les oliviers dégénérer, d'après les mêmes influences climatériques ; ceux de la rivière de Gênes, et notamment ceux de Taggia (Commune voisine de San-Rémo), surpassent en hauteur les plus grands édifices, ce sont de véritables futaies; mais à mesure qu'on s'en éloigne et qu'on s'élève jusqu'aux limites de leurs habitations, ils diminuent de grosseur et ressemblent à des arbustes: C'est par la même raison que les plantes des plaines du nord croissent dans le midi, sur les montagnes où elles trouvent un climat analogue.

Il est donc vrai de dire, que les analyses des meilleures terres que les auteurs nous ont données, ne peuvent convenir qu'aux localités où elles ont été faites, et ne sauraient servir de règle pour les autres contrées où les climats ne sont pas les mêmes. Il faut nécessairement, l'orsqu'on veut amender un sol pour le rendre semblable à celui des meilleures terres du domaine que l'on possède, il faut, dis-je, le choisir à la même exposition et à la même latitude, le composer de terre de même nature que celle que l'on retirera de l'analyse de ces dernières, et l'on sera alors assuré qu'avec le temps, par la culture et par les engrais, on obtiendra un sol en tout semblable par ses qualités chimiques, à celui que l'on veut imiter.

Rien de plus variable, en effet, que ces sortes d'analyses de bonnes terres, données par

par les auteurs ; M. Thouin, y a trouvé un tiers d'argile, un tiers de silice, un sixième de matière calcaire, et un sixième d'oxide de fer ; M. Cordier, un demi pour 100 de carbonate de chaux, et l'argile et la silice, dans des proportions différentes ; Humphry Davi, trois à cinq pour 100 de ce carbonate; et M. de Dombasle, de l'alumine et de la silice avec l'oxide de fer, très-peu d'humus, sans carbonate de chaux : d'où l'on voit que si, en général, les meilleurs terrains sont un mélange des trois terres primitives, dans les proportions les plus convenables pour produire la fertilité, ces proportions ne sont pas toujours nécessaires pour l'obtenir ; puisque deux terres, au lieu de trois, peuvent être également fertiles, selon l'influence locale du climat, comme on l'a déjà observé. Il n'y a donc rien de plus certain que cette influence du climat sur les terres ; et comme il importe, en agriculture, de bien connaître les divers agens qui l'opèrent, pour n'être point étranger aux phénomènes de la vie végétale, nous insisterons de nouveau sur ceux dont l'action est permanente et inséparable de l'existence des végétaux ; sur l'air, l'eau, le calorique et la lumière, qui de tous les temps ont été reconnus pour les premiers agens de la végétation; et nous ne craindrons pas de nous répéter, lorsqu'il s'agira de joindre à nos premiers détails sur ces agens, les notions et les observations qu'il n'était pas temps alors, ni à propos, de mentionner.

Quant aux autres agens de l'atmosphère, qui sont plus rares et plus variables dans leurs effets, et par cela même moins nécessaires, nous ne ferons que les indiquer. Leur influence locale dans chaque lieu et dans chaque climat, est toujours assez connue, pour que chaque agriculteur puisse en faire l'application aux circonstances des évènemens qui en sont la suite.

L'air de l'atmosphère est un composé d'oxigène et d'azote, dont les proportions sont constantes. Il est décomposé par les germes des plantes, qui en absorbent l'oxigène pour se développer (1). Les parties vertes de la plante, en absorbent aussi pendant la nuit, comme les fleurs et les fruits pendant le jour et la nuit. Ces faits sont constatés par les expériences des auteurs qui ont écrit sur la physiologie végétale.

L'air de l'atmosphère contient habituellement de l'eau qui est rendue sensible par l'hygromètre, ou visible en état de vapeur. Sa

---

(1) Voyez mon Mémoire sur le carbone.

quantité varie depuis un trente-cinquième jusqu'à un cinquantième, selon sa température. C'est cette eau qui, condensée par la fraîcheur des nuits, produit le serein, les rosées et les nuages.

L'air, surtout dans les régions basses, contient encore plus ou moins d'acide carbonique, et d'autres gaz qui proviennent de toutes les émanations terrestres ; et enfin, plus ou moins de calorique, selon sa température.

Il tient donc le premier rang dans la marche que la nature suit pour opérer la nutrition. Son oxigène est le premier aliment de la vie végétale que le calorique entretient ; l'eau vient ensuite occuper le second rang, en concourant à cette nutrition par sa décomposition avec les autres principes de l'air. De sorte que le calorique est l'agent naturel qui donne aux sucs nourriciers le mouvement et la vie, comme on le verra ci-après.

L'eau qui occupe le second rang dans le mécanisme de la nutrition, est un composé d'oxigène, et d'hydrogène dont les proportions sont sujettes à varier : l'eau étant susceptible de se saturer plus ou moins d'oxigène. Elle tient toujours en dissolution plus ou moins d'air atmosphérique, et du gaz acide carbonique. Décomposée par les feuilles et par les parties vertes de la plante, elle concourt à la formation des substances extractives, mucilagineuses, sacharines, huileuses et résineuses des plantes. Elle sert de véhicule à tous les sucs nourriciers, et forme la séve qui va les distribuer dans tout le tissu végétal.

Il est évident, que sans eau, il n'y aurait pas de végétation ; car, sans la séve, la plante ne pourrait se nourrir. On distingue deux sortes de séve, d'après ce que nous avons déjà dit, la séve du printemps et celle d'août ; la première, ascendante des racines aux feuilles, est principalement destinée au développement des feuilles, des fleurs et des fruits ; et la seconde, descendante des feuilles vers les racines, est destinée à l'accroissement des tiges, des branches et des racines. Hales, en opérant sur un cep de vigne, avait observé dans sa statique des végétaux, que la séve a une force d'ascension si considérable, qu'elle est capable d'élever et de soutenir une colonne de mercure, à 38 pouces au-dessus de son niveau.

Par la même raison que la séve se forme et se renouvelle sans cesse, il se fait par tous les pores de l'épiderme de la plante, une transpiration sous forme fluide, vaporeuse ou gazeuse, égale à la quantité d'eau absorbée par les feuilles et les racines, déduction faite de la portion employée à la nutrition ; et pour que cette séve puisse circuler librement, elle a besoin, comme le sang dans les animaux, dont elle remplit les fonctions, d'avoir une certaine température. On conçoit qu'au-dessous de zéro du thermomètre, l'eau devenue solide ne pourrait pénétrer dans le tissu végétal : on ne voit en effet aucune plante dans les régions de la zône glaciale, ni sur les montagnes couvertes de glaces éternelles : d'où il suit que la séve peut se congeler par une température trop froide, comme cela arrive souvent: ce qui occasionne, par la dilatation que la congélation leur fait éprouver, la rupture des cellules et des vaisseaux du liber et de l'aubier qui la renferment, et détermine par là la mort partielle ou totale de la plante. Si, au contraire, la température est trop élevée, le sol se dessèche, ne fournit que peu ou point d'aliment, la plante se flétrit et périt sans ressource, si les eaux du ciel ne viennent pas la rétablir.

Dans nos contrées méridionales, par-tout où le vent du nord-ouest, appelé mistral (*Maëstral*), fait ressentir sa froidure, on est exposé à ces passages subits du chaud au froid qui détruisent en un instant toutes les récoltes par les gelées intempestives qui surviennent, lorsque la saison est déjà très-avancée, ce qui est cause que les récoltes d'amendes sont toujours mal assurées; que les vignobles ou bourgeons, sont souvent exposés à périr; et que les arbres fruitiers, malgré les soins les plus vigilans et la culture la plus soignée, sont rarement productifs: de sorte que l'on peut dire, que sous le plus beau ciel de la France, l'agriculture y est souvent en souffrance par les intempéries du climat, et n'offre que les apparences des avantages qu'elle promet.

On peut remédier à ces gelées tardives, malheureusement trop fréquentes, en ayant soin de choisir, parmi les arbres à fruit que l'on sème ou que l'on plante, ceux dont la floraison est la moins précoce, et parmi les vignes, les espèces de ceps qui ne bourgeonnent que dans la saison la plus avancée. Les moyens proposés jusqu'à ce jour, tels que la fumée provenant des feux de la paille humide, les aspersions d'eau froide sur les fleurs gelées, sont impraticables dans un grand domaine, et ne peuvent convenir qu'à des jardins fruitiers d'une petite étendue.

On peut encore se garantir en partie des gelées d'hiver; il suffit de ralentir l'ascension de la séve, et d'augmenter la fraicheur au pied des arbres. Dans cette saison, la température du sol où sont les racines, est plus chaude que celle de l'air de l'atmosphère, à cause de la chaleur naturelle de la séve ou de l'action du calorique qui produit le mouvement organique ; cette chaleur ou cette action tend toujours à se répandre dans les tiges pour en développer les boutons et les feuilles. La température froide de l'air extérieur, s'oppose à cette ascension de la séve, resserre les pores par où elle transpire, et l'oblige à redescendre ; c'est de cette lutte entre la séve et le froid extérieur, que résulte la suspension de la végétation.

Tant que la plante est dépourvue d'humidité à l'extérieur, et qu'une chaleur trop précoce n'a pas déterminé la séve à se porter dans les tiges et les branches avant l'arrivée du froid, la plante résiste d'ordinaire à la rigueur de la saison. Mais, si une gelée blanche survient, ou si la neige se glace sur l'arbre après s'être fondue, alors l'humidité dont il est imbibé se congèle, distend et rompt les vaisseaux séveux qui la reçoivent, et elle fait d'autant plus de mal, qu'une température plus chaude avait déterminé, avant l'arrivée de la gelée, un engorgement prématuré de la séve ; d'où il suit qu'en maintenant l'équilibre entre la chaleur de la séve et le froid extérieur, on évite une partie des inconvéniens de la gelée d'hiver ; l'arbre comme la plante en souffre plus ou moins, mais n'est pas exposé à périr, radicalement, comme cela est arrivé aux oliviers en 1820.

De tous les moyens proposés pour rafraîchir le pied des arbres, et surtout des oliviers, arbre le plus précieux de nos contrées, c'est-à-dire, pour empêcher la trop prompte ascension de la séve, le meilleur de tous, nous a paru consister à mettre des pierres tout au tour du pied de ces arbres. On peut les placer à la surface du sol, et ne les ôter que pour donner à l'arbre la culture nécessaire, ou bien en faire un pavé à un quart de mètre de profondeur, ce qui vaut encore mieux lorsqu'on peut le pratiquer, parce que, dans ce cas, l'arbre profite de ses cultures, sans avoir besoin d'ôter et de remettre les pierres en question.

Quand on considère que les terres caillouteuses conservent la fraicheur dans les temps de sécheresse ; que ces terres ne conviennent si bien aux vignes qu'à raison de l'humidité qu'elles y trouvent ; quand on voit cette herbe fine qui croît sous les cailloux de la Crau d'Arles, et qui est susceptible de nourrir d'immenses troupeaux : il faut en conclure qu'en adoptant l'un ou l'autre de ces procédés, selon les localités, on doit en obtenir les bons effets qu'on en attend.

Les inconvéniens de la gelée sont opposés à ceux de la sécheresse : nous avons indiqués les moyens de prévenir les premiers, on peut prévenir les autres, en cultivant de préférence les plantes à racines profondes, telles que le blé, le seigle, et surtout le sainfoin ; parce que le fond de la terre végétale contient toujours un peu d'humidité, et entretient la végétation. On doit encore défoncer le sol pour le rendre perméable aux eaux pluviales, et surtout multiplier le sainfoin, qui est, de toutes les plantes fourrageuses, celle qui résiste le plus à la sécheresse; et qui fournit au froment un engrais moins échauffant que le fumier qui contribue au contraire à augmenter la sécheresse. Nous reviendrons sur cet objet, en parlant des cultures.

On voit donc, d'après l'exposé ci-dessus, que les agens indispensables de la végétation, sont l'air, l'eau et la chaleur ; mais c'est le calorique qui tient le premier rang; car sans lui, l'air et l'eau n'auraient pas plus d'influence sur les plantes que sur les terres. C'est le calorique qui est la cause première de toute végétation, et de l'organisation des êtres. Chaque semence, chaque espèce de plante, chaque être organisé, a besoin d'un degré de chaleur particulier. Le calorique embrasse toute la nature, il émane du soleil, d'où il se répand dans l'atmosphère, pour se combiner avec les êtres, et devenir la source des divers degrés de température qui leur conviennent. Sans ce principe universel qui lutte constamment contre la force d'attraction des molécules inorganiques, celles-ci n'auraient jamais pu concourir à former ces êtres par leur réunion. C'est lui qui rend l'eau solide, liquide, ou fluide ; selon que ces deux forces, le calorique et l'attraction, dominent plus ou moins l'une sur l'autre. C'est lui, en un mot, qui maintient l'équilibre indispensable à l'existence de tous les êtres.

La correspondance qu'il entretient avec les élémens inorganiques pour leur donner le caractère de vie, nous démontre que cette vie organique, que l'on a tant de peine à définir, n'est autre chose qu'un foyer de calorique alimenté par les élémens de la nutrition, comme autant d'attributs particuliers, différens les uns des autres, selon l'ordre établi par le Créateur, pour la formation et la durée des êtres.

La Lumière. Suivant les plus célèbres Physiciens, l'action de la lumière sur les plantes, résulte des vibrations d'un fluide éminemment subtil, comme le son résulte des vibrations de l'air. Mais, quoique l'on ne puisse la considérer comme aliment dans la végétation, elle y influe tellement, que sans elle, la plante serait sans couleur, sans saveur et sans parfum. C'est elle qui détermine, dans le parenchyme des parties vertes du végétal, la décomposition de l'acide carbonique de l'air et la fixation du carbone, en même temps que l'émission au dehors de l'oxigène de cet acide, et que pendant son absence, les parties vertes absorbent une certaine dose d'oxigène de l'air. L'on sait encore, qu'elle influe sur l'absorption de la séve et sur la transpiration de la plante, puisque pendant la nuit, et dans l'obscurité, les végétaux pompent peu d'humidité et n'exhâlent point, ou presque point d'eau, tandis que cette évaporation est très-considérable pendant le jour, surtout aux rayons directs du soleil.

Au nord, les plantes privées du soleil, n'absorbent pas autant d'acide carbonique; elles contiennent plus d'eau que celles qui croissent à la lumière; les fibres ligneuses sont plus lâches et ont moins de consistance; elles s'étiolent, elles s'alongent pour aller le chercher, en se dirigeant vers le côté où il agit plus efficacement. Les hommes, comme les animaux, ne sont pas à l'abri de cette influence de la lumière.

Le fluide électrique. Le fluide électrique disséminé dans l'air, a aussi une grande influence sur les plantes, qui n'est pas mieux connue que celle de la lumière. L'eau, en état de vapeur, comme en état liquide, étant le meilleur conducteur de ce fluide, l'expérience fait voir, qu'aussitôt après de fréquentes rosées, la germination est accélérée, et les plantes qui croissent, végètent avec une telle rapidité, qu'elle paraît presque sensible : ce qui n'arrive jamais avec les eaux de source et de rivière ; c'est ce fluide qui produit dans l'atmosphère les orages et la foudre qui viennent souvent ravager nos campagnes, depuis qu'on a détruit les arbres des forêts qui, comme autant de paratonnerres, étaient destinés à soutirer et à absorber les élémens de la foudre, et à prévenir la formation destructive de la grêle, en empêchant les vapeurs de s'élever dans les régions glaciales. Il est encore reconnu qu'aux approches des orages, l'électricité accélère la putréfaction.

L'atmosphère en masse, influe encore sur les plantes, selon que les vents sont plus ou moins fréquens et impétueux ; les pluies et les rosées, plus ou moins abondantes ; les brouillards et la grêle, plus ou moins fréquens. La plupart de ces causes, qui rendent les saisons si variables dans chaque climat, et qui agissent avec tant d'énergie sur l'abondance et la disette des produits de la terre, peuvent s'expliquer physiquement, suivant qu'elles contrarient ou qu'elles secondent la marche progressive et lente du mécanisme de la végétation. Mais parmi ces causes, il en est qui échappent encore à nos observations, et qui paraissent dépendre d'une véritable action chimique, sur le sol, de la part des agens atmosphériques. Telles sont ces années d'abondance des produits des plus mauvaises terres, comparées à celles de bonne qualité ; le développement de certaines mauvaises herbes, à l'exclusion de toute autre, même de celles qui y viennent naturellement.

L'exposé que nous venons de faire des qualités physiques et chimiques du sol agraire, nous démontre que ce sol, en général, contient diverses terres, de l'humus, des sels et oxides métalliques, en dissolution dans l'eau, pour servir à composer la séve, et que tous ces principes ne peuvent agir avec efficacité, que par le concours simultané des élémens extérieurs fournis par l'atmosphère, comme première nourriture. De sorte que chaque climat, dans chaque localité, influe plus que le sol sur les phénomènes que la végétation nous présente, ainsi que nous l'avons posé en principe : ce qui nous paraît éclaircir tous les doutes qu'il y avait encore à cet égard.

L'auteur de ce Mémoire intéressant et neuf n'a pu voir terminer l'impression de cette première partie d'un Traité d'Agriculture applicable au midi de la France auquel il travaillait depuis quelque temps. Il a succombé sous le poids d'une maladie cruelle, après quinze mois de souffrances continues, et n'a pu corriger que les huit premières pages de cet écrit. Si la providence avait prolongé ses jours, il aurait trouvé le prix de ses longs travaux, de ses recherches et de son expérience en Agriculture, dans le témoignage unanime de satisfaction et de gratitude de ses collégues et de ses concitoyens. C'est un legs utile qu'il a voulu leur faire, prévoyant que la nature de ses maux ne lui permettrait pas de terminer l'ensemble de son Traité. Il s'est hâté de présenter l'histoire de la vie végétale au milieu de tous les symptômes de la mort dont il était menacé.

Une main fraternelle conservera à la postérité la mémoire de Pierre-Henri PONTIER, par la Notice détaillée d'une vie remplie d'actes utiles à la Société.

INTRODUCTION

D'un Végétal annuel de la classe légumineuse dans l'économie rustique, indiquée par M. Gibelin, *D. M., Secrétaire perpétuel.*

Un Végétal connu des Botanistes sous le nom de *Vicia Faba Silvestris, flore leguminoso, seminibus nigris, sphæricis, utrinque compressis, hilo albo laterali*, était totalement oublié dans la culture économique. Le hasard à qui on attribue trop communément les découvertes les plus utiles, n'en est le plus souvent que l'occasion : ce n'est que dans les mains d'un observateur attentif, qu'elles peuvent être mises à profit : voici un exemple de cette vérité.

Madame Gibelin, ma belle-sœur, visitant à la fin de mai 1821, un quarré de féves de marais, dans son domaine de la Garde où elle réside habituellement, aperçut deux ou trois plans de féves dont la beauté et la vigueur l'emportaient si fort sur tous les autres, qu'elle en fut frappée, et qu'elle résolut de les marquer pour en conserver la semence. Ce qu'elle fit, en mettant à côté de chacun une petite perche pour les reconnaître.

Elle fut fort étonnée, en recueillant les semences de ces trois plans, de trouver dans les gousses cylindriques qu'ils produisirent, au lieu de féves ordinaires, des graines rondes, noirâtres, de la grosseur d'un pois-chiche, ayant une petite saillie blanche à l'endroit de leur attache à la gousse. Elle les ramassa avec soin pour les semer elle-même à part vers la mi-octobre, époque où l'on met en terre ces sortes de légumes. Ce semis d'une poignée réussit suivant son attente, et lui procura environ un demi décalitre de graine; et quoique l'hiver eût été rigoureux, elle remarqua que cette nouvelle espèce ou variété de vesses avait beaucoup moins souffert des gelées que les autres; et que, dans tout le cours de leur végétation, elles n'avaient été attaquées par aucune espèce d'insectes, tandis que les féves ordinaires avaient été ravagées par les pucerons.

En octobre suivant, Madame Gibelin sema encore le produit de sa récolte, qui lui fournit en juillet 1823, environ un hectolitre de cette semence. Elle consulta alors ses fermiers sur le parti qu'on pourrait tirer de la multiplication de ce légume. Ceux-ci lui répondirent,

que

que cette plante, appelée vulgairement *Diablotin*, qu'elle venait de cultiver avec tant de soin était sauvage, qu'on ne la rencontrait que rarement mêlée avec les féverolles ; et qu'au surplus, la graine était rebutée par tous les animaux domestiques. Bien éloignée d'être satisfaite de cette réponse, ma belle-sœur voulut s'assurer par elle-même du degré de confiance que méritaient les assertions de ses fermiers. Elle offrit de ces graines aux pigeons de son colombier, qui, bien loin de les rebuter, se jettèrent dessus avec avidité et n'en laissèrent pas une ; la même épreuve réussit complétement à l'égard de la volaille, des cochons, des brebis, des chèvres, et des bêtes de somme. Ce succès, joint à l'abondance du produit de la plante, ainsi qu'à l'avantage de résister aux rigueurs de l'hiver et aux attaques des pucerons, a déterminé Madame Gibelin, à la substituer entièrement aux féverolles ordinaires, tant pour être enfouies comme engrais à l'époque de la floraison, que pour être recueillies en graine, soit pour la nourriture des animaux domestiques, soit pour la provision de la semence.

Voici les procédés que ma belle-sœur suit pour l'employer dans l'exploitation de son domaine. Elle en fait semer en rayons, comme on le pratique pour les féves ordinaires, sur l'espace de terrain qu'elle y destine. L'époque la plus convenable est du 15 septembre à la fin d'octobre. On bine la totalité dans la saison ordinaire, et après le binage convenable, on fait enfouir ce qu'on destine à l'engrais, au moment précis de la floraison, et non après, parce que, comme le savent tous les Agriculteurs, la grainaison ne s'opère qu'au détriment des sucs de la terre qu'on a en vue d'engraisser. Cette nouvelle culture, n'exclud point, dans son domaine, l'emploi des autres engrais qui sont en usage.

Les Agriculteurs qui voudront introduire dans leur culture, cette plante qui présente tant d'avantages, de profits, et d'économie, pourront s'en procurer chez Madame Gibelin, qui se fera un plaisir de leur en donner des échantillons.

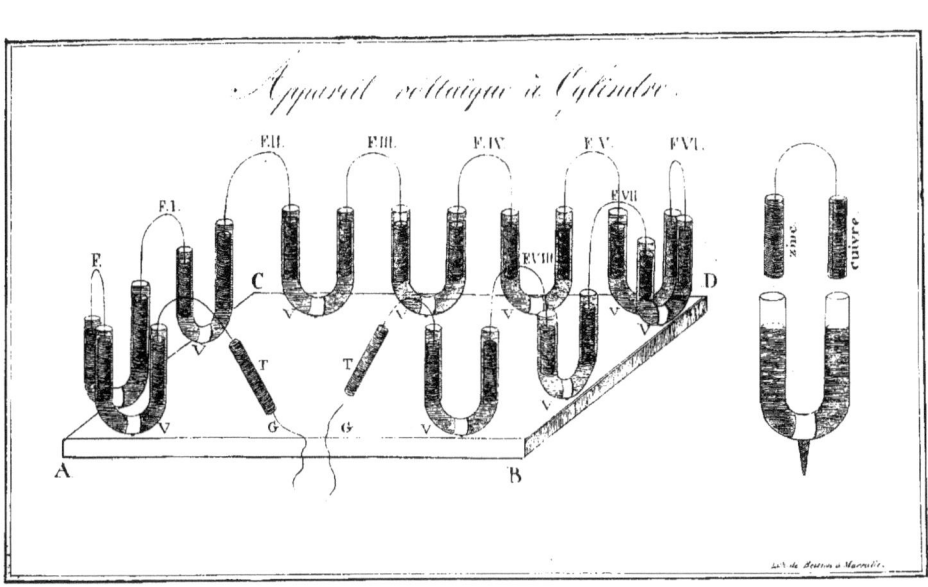

DESCRIPTION

D'un nouvel Appareil Voltaïque à Cylindre.

Par M. de Castellet, Professeur de Physique et de Chimie.

L'action que la Pile exerce sur elle-même, en vertu des conducteurs humides interposés entre ses élémens, produisant l'oxidation des disques ou plaques métalliques dont elle est formée, il en résulte plusieurs inconvéniens : 1.° son état électrique subit des modifications considérables, qui changent les conditions d'équilibre, et opposent plus ou moins d'obstacles à la conductibilité ; 2.° son action ne pouvant être permanente, son énergie s'affaiblit progressivement, et finit par n'être plus sensible ; 3.° enfin, l'action long-temps continuée, et plusieurs fois répétée des dissolutions alcalines ou acides, détruit à la longue l'instrument, ou du moins ses élémens métalliques. Les physiciens, depuis l'invention de la Pile, ont fait mille tentatives pour remédier à ces inconvéniens. Le liquide n'ayant, selon Volta, d'autre influence sur les phénomènes, que celle de donner un libre passage au fluide électrique, on chercha à le remplacer par des conducteurs non humides ; de là, l'invention des Piles sèches, telles que celles de MM. Hachette, Zamboni, Gautherot, etc. Mais jusqu'ici tous les efforts des physiciens ont été vains pour découvrir des constructions de Pile, dans lesquelles la communication fût établie au moyen de conducteurs parfaitement privés d'humidité ; et, si les Piles sèches dont nous venons de parler, donnent des signes non équivoques d'électricité ; leur action est si faible qu'elles ne peuvent donner lieu à aucun effet physique, chimique ou physiologique un peu remarquable, tel, que la décomposition de l'eau, les combustions, la commotion, etc. ; ce qui les rend, par conséquent, inutiles au physicien et au chimiste.

Il est vrai que depuis Volta, l'admirable appareil que l'on doit à son génie, a successivement éprouvé des modifications avantageuses, et des perfectionnemens importans. Mais tous ces perfectionnemens n'ont pu faire disparaître les graves inconvéniens que nous avons signalés ; il en est seulement résulté des appareils d'un usage plus commode, et propres à produire des effets plus énergiques, plus étendus et plus variés. Telles sont les Piles à auges, les Piles à larges plaques, les batteries galvaniques, etc. On connaît les effets vraiment prodigieux qu'on obtient avec les appareils galvaniques de Cruiskand, de Wolaston. Tout le monde a entendu parler des belles expériences de Pepys, de Ritter, de MM. Davi, Hissinger, Berzelius, etc., mais tous les appareils perfectionnés et employés par ces savans, n'agissent qu'à l'aide d'un liquide acide ou alcalin; ainsi, quelle que soit d'ailleurs la forme de l'instrument qu'on emploie (1), on ne peut jamais faire agir qu'à l'aide d'une dissolution saline, ou d'un liquide acide : d'où il suit que l'action des substances en dissolution dans le liquide conducteur, et celle qu'exerce le liquide lui-même, altèrent les élémens métalliques, atténuent peu à peu les effets électriques, et ne tardent pas à mettre l'appareil hors de service. De là, la nécessité où l'on est, lorsqu'une Pile a servi une ou deux fois, et qu'on veut de nouveau la faire agir, de nettoyer avec soin les plaques métalliques, pour faire disparaître jusques aux moindres traces de l'oxide qui recouvre leurs surfaces, opération qui exige beaucoup de temps et de travail, alors même que l'on fait usage d'un *décapoir*. Je sais, par expérience, com-

---

(1) Un conducteur humide est toujours nécessaire pour le faire agir.

bien cette opération longue et fastidieuse, qu'on est obligé de recommencer toutes les fois que l'on veut de nouveau faire fonctionner l'appareil, est propre à rébuter un physicien, mais surtout un amateur.

C'est dans le but de rendre l'opération du *décapage* plus facile et plus prompte, que j'ai imaginé l'appareil à cylindre qui fait l'objet de cette notice, et que j'emploie avec avantage depuis quelques années ; du moins dans les expériences ordinaires, et qui n'exigent pas une action très-énergique.

On sait que le célèbre Volta inventa, presque en même temps, deux appareils électromateurs qui, quoique parfaitement semblables dans leur mode d'action, sont cependant très-différens dans la forme ; l'un est la Pile verticale, formée, comme l'on sait, d'un certain nombre de disques de cuivre et de zinc ou d'argent, superposés, et dont tous les élémens ou couples sont séparés l'un de l'autre, par des rondelles de carton ou de draps, imbibés d'une liqueur acide ou alcaline ; l'autre, moins connu, et abandonné depuis long-temps, que son inventeur désigna sous le nom de Pile *à couronne de tasse*, est formé, ainsi que la Pile à colonne, avec des lames de deux métaux différens, tels, par exemple, que le cuivre et le zinc, qui plongent dans des vases remplis de liquide. Les extrémités plongées de ces lames, sont maintenues à distance, tandis que celles qui sont hors du liquide sont soudées l'une à l'autre. C'est ce dernier appareil qui m'a donné l'idée de celui que je vais décrire, qui n'est même, à proprement parler, qu'un perfectionnement de celui de Volta.

A B C D, est un parallélipipède de bois, sur la surface supérieure duquel, sont fixés, au moyen de ganses de laiton à vis, des tubes de verre ou de porcelaine v, v, v, etc., courbés en forme d'u ou de syphon renversés, placés à distance, et dans une direction perpendiculaire au plan A B C D. Chaque syphon contient, dans la capacité de l'une de ses branches, un cylindre solide de cuivre, et dans l'autre, un cylindre pareillement solide, de zinc. Ces cylindres doivent être travaillés au tour, et conserver à leurs extrémités les trous des pointes, afin qu'on puisse, au besoin, les remettre sur le tour : ils doivent être calibrés de manière, qu'introduits dans les branches des syphons, ils laissent autour d'eux assez d'espace pour y verser une quantité suffisante de liquide. Du reste, on les dispose dans l'appareil, suivant l'ordre ordinaire de la Pile, et de façon que chaque syphon forme un de ses élémens ou couples. Ces élémens communiquent entre eux au moyen de fils de cuivre, F, F', F'', etc., implantés à frottement dans les trous ménagés à l'extrémité supérienre de chaque cylindre, et auxquels il est bon de donner une profondeur de 6 à 8 centimètres environ; les deux fils extrêmes, G, G', doivent être mastiqués dans des petits tubes de verre, T, T', qui, enveloppant une portion de leur longueur, permettent de les tenir dans les mains sans inconvénient. Maintenant, pour faire agir l'instrument, il suffit de verser dans les tubes ou syphons, V, V, V, etc. un liquide acide, ou une dissolution saline; et on peut alors reproduire par son moyen tous les phénomènes galvaniques de la Pile verticale.

Je dois convenir que son action, au commencement de l'expérience, est un peu moins énergique que celle que l'on obtient, à surfaces égales, et avec un pareil nombre d'élémens d'une Pile à colonne. Mais ce désavantage est plus que compensé par la permanence de l'action électromotrice, dont la durée est bien plus considérable que dans l'appareil vertical. Celui-ci présente d'ailleurs un très-grand inconvénient, et qu'il est presque impossible d'éviter: c'est que, pour peu qu'on multiplie le nombre des couples métalliques, la pression exercée sur les rondelles humides, exprime le liquide dont elles sont imbibées; bientôt ces rondelles desséchées ne conduisent plus qu'imparfaitement, ou même ne conduisent plus du tout l'électricité, et l'appareil cesse de fonctionner. Ajoutons que le liquide exprimé, coulant le long de la colonne, établit des communications entre les disques qui nuisent plus ou moins à l'action électromotrice. Or, aucun de ces inconvéniens n'a lieu dans le nouvel appareil. On peut, au reste, le rendre capable de produire des effets énergiques, soit en employant des cylindres assez longs et assez gros, pour qu'ils présentent beaucoup de surfaces, soit en multipliant leur nombre, soit enfin, en combinant ces deux moyens à la fois.

Lorsque l'oxidation des cylindres a sensiblement affaibli l'action de la Pile, on démonte l'appareil, on remet les cylindres sur le tour, et on les décape très-promptement, et avec la plus grande facilité, soit avec un burin ou une lime, lorsqu'ils sont très-oxidés; soit avec une pierre ponce, ou de l'émeri, lorsqu'ils ne le sont que faiblement.

N'oublions pas de faire observer que la Pile à cylindre, en vertu de l'épaisseur de ses élémens, a une durée infiniment plus longue que les appareils à disques et à plaques, auxquels on ne peut jamais donner une grande épaisseur; et ce dernier avantage n'est pas peu important.

J'ai décrit l'appareil à cylindre, tel que je l'ai fait construire pour mon usage : il serait facile de le rendre plus commode, en le construisant de manière, par exemple, qu'on pût remplir et vider tous les syphons à la fois. Mais, tel qu'il est, je crois qu'il peut remplacer avantageusement, du moins dans la plupart des cas (1), l'appareil à colonne, et même celui à auges. J'ai cru faire plaisir aux Amateurs de Physique; que j'ai ici principalement en vue, en leur faisant connaître un instrument durable, aisé à construire, et qui, joint à l'avantage de pouvoir être décapé facilement, et en très-peu de temps, celui non moins précieux, de posséder une action électromotrice égale et permanente.

---

(1) Il est, je crois, inutile de dire que l'appareil à cylindre ne peut remplacer ceux d'Accum, de Walleston, etc., dans les expériences qui ont pour objet les décompositions des corps, et les autres phénomènes chimiques dus à l'action galvanique. La même observation doit s'appliquer aux cas où l'on désirerait obtenir des effets très-énergiques.

ÉLOGE

De M.^r l'Abbé Roman, *Chanoine de la Métropolitaine d'Aix, et Conseiller honoraire de l'Université.*

Par M.^r De Montvallon.

Dès l'enfance des nations, on trouve que l'usage de rappeler par des chants ou des éloges, les exploits et les vertus de ces hommes, qui par des talens ou par une valeur peu commune, excitèrent l'étonnement ou méritèrent la reconnaissance de leurs contemporains, fut généralement établi. Les découvertes que les hardis navigateurs firent dans la mer du Sud, nous présentent des peuplades séparées, dès leur origine, du reste du genre humain, célébrant les conquêtes de leurs guerriers et les vertus de leurs chefs, sur le bord de la tombe déjà prête à recevoir leurs dépouilles. Qui se refuserait à reconnaître dans une coutume aussi antique que généralement répandue, un de ces décrets de l'auteur de tous les êtres, dont la sagesse infinie, ne négligeant aucun moyen de conduire l'homme à la perfection, a voulu, en perpétuant le souvenir des actions de l'homme de bien, le présenter comme un exemple à la postérité.

La civilisation qui, en développant et en perfectionnant nos facultés morales, a malheureusement et souvent corrompu la source dont elles émanent, ne détruisit point un usage dont elle sentit toute l'influence. Ce qui chez les peuples nouveaux n'était qu'une inspiration de l'âme, devint chez les nations dégénérées un devoir politique. Les Grecs et les Romains ne rendirent jamais à la mère commune les restes inanimés d'un homme célèbre, sans que son éloge ne fût prononcé sur la place publique, et l'on vit avec horreur l'adulation et le mensonge, transformer en vertus les vices odieux des tyrans, et de ces perturbateurs des nations, qui, couvrant du masque du bien public, leur ambition et leurs crimes, inondèrent le monde d'un déluge de maux.

La religion chrétienne conserva, consacra même cet usage, et la chaire évangélique retentit chaque jour du récit des actions des Princes qui firent le bonheur de leurs peuples, et de ces hommes modestes qui les édifièrent par leurs vertus.

Les Sociétés Académiques regardèrent

toujours comme un devoir sacré, de jeter quelques fleurs sur la tombe de ceux de leurs membres dont elles ont à déplorer la perte.

C'est ce devoir, Messieurs, que je suis appelé à remplir aujourd'hui. Avant que ma faible voix ait prononcé le nom de celui dont je dois vous rappeler les vertus, la douleur que vous éprouvez, le souvenir que vous conservez de lui, et qui vivra long-temps au fond de vos cœurs, vous font sentir que ce n'est pas son éloge que je vais chercher à tracer; une semblable entreprise serait au-dessus de mes forces. Ne le retrouveriez-vous pas d'ailleurs renfermé tout entier dans le portrait qu'un illustre Romain semble avoir fait de lui, en peignant l'orateur : *Vir bonus dicendi peritus.*

Mais, la tâche que je me propose sera plus facile. C'est en mettant sous vos yeux, dans un cadre à la vérité bien étroit, la vie entière de M.r l'abbé Roman, que je puis seulement m'acquitter de l'honorable mission que vous m'avez imposée. La vérité n'a jamais autant d'éclat, que lorsqu'on la dépouille de toute espèce d'ornemens.

Jacques ROMAN naquit à Sisteron le 24 février 1744. Sa famille le plaça de bonne heure au Collége de l'Oratoire à Marseille.

Il y fit ses études d'une manière brillante. Elles furent à peine terminées, qu'il entra dans cette congrégation célèbre qui a donné tant de grands hommes à l'Église et aux Lettres. Il me suffira, pour vous prouver l'estime et la considération dont il jouissait, de vous dire qu'il avait à peine vingt-cinq ans lorsqu'il fut nommé supérieur de la maison de Marseille ; lui seul fut étonné d'un avancement aussi rapide, et que sa conduite et ses talens avaient justifié d'avance. Après avoir gouverné avec sagesse et habileté cette maison, pendant une assez longue suite d'années, le choix de ses chefs l'appela à la direction de celle de Lyon. C'est là où se trouvait M.r l'abbé Roman, lorsqu'éclata cette sanglante révolution, qui, en bouleversant toutes les idées et renversant toutes les institutions, a plongé la France et l'Europe dans un océan de troubles et de maux, et a ouvert un volcan, qui fume malheureusement encore.

Les prestiges qui entourèrent son berceau et qui séduisirent une foule de cœurs honnêtes, ne pouvaient avoir de poids sur un esprit de la trempe de celui de M.r l'abbé Roman. L'exemple même d'un assez grand nombre de ses confrères, (car il faut malheureusement l'avouer, l'oratoire n'a fourni que trop de noms célèbres dans les fastes révolutionnaires) furent sans influence sur lui. Il n'écouta que son devoir. Placé entre sa conscience et l'exil, entre les honneurs et la fatale nécessité de quitter sa patrie, il n'hésita pas un instant, et l'année 1790 n'était point encore écoulée, qu'il sortit de France et se rendit à Turin.

Honoré de l'estime et de la bienveillance du souverain de cette contrée, M.^{r} l'abbé Roman coulait des jours paisibles, qu'il savait partager entre l'étude, les lettres, les exercices de piété et les bonnes œuvres. Le seul délassement qu'il se permettait, il le trouvait dans la société d'un petit nombre de ses compatriotes, dont il adoucissait les maux par son exemple et ses conseils. C'est à cette époque que j'eus l'avantage de le connaître. Pendant plus de six mois, je ne passais jamais une journée sans le voir; jamais je n'entendis une plainte sortir de sa bouche. Rien ne troublait la sérénité d'une âme, qui semblait n'avoir d'autre patrie que le ciel.

Le trône de Sardaigne fut renversé par le torrent qui semblait devoir engloutir l'europe entière, et M.^{r} l'abbé Roman fut obligé, à la fin de l'année 1798, d'aller chercher un nouvel asile à Livourne et ensuite à Pise. Y conservait-il encore l'espoir de revoir sa patrie, d'être utile à ses concitoyens : c'est ce qu'il serait difficile de croire, vu la profondeur de l'abîme qui l'en séparait, si nous ne savions, par expérience, que cette flatteuse et consolante espérance soutint toujours les émigrés.

C'était dans le moment même qu'il ne l'apercevait que comme un de ces songes légers et souvent imposteurs, qui viennent s'offrir à l'imagination fatiguée, que le maître de la nature préparait un de ces évènemens extraordinaires, qui frappent d'étonnement les peuples contemporains, et dont les générations futures s'efforcent vainement à rechercher les causes. Fatal aveuglement de l'esprit humain, qui s'obstine à chercher des motifs naturels, à ce qu'il devrait admirer comme un prodige.

Le fils d'un obscur citoyen d'Ajaccio, élevé par la munificence du meilleur des Rois; placé par lui dans un régiment d'artillerie, après avoir parcouru tous les grades de la milice avec une rapidité dont les révolutions offrent seules l'exemple, avait été porté au commandement des armées françaises. Devenu général à un âge où les autres commencent à peine à apprendre l'art de conduire les troupes, sa carrière ne fut qu'une longue suite de triomphes. L'Italie entière
soumise

soumise à ses lois, les redoutables armées autrichiennes défaites, humiliées, anéanties, leurs débris refoulés dans les Provinces reculées de l'Empire, la paix dictée par le vainqueur à Campo-formio, ne furent que le prélude des exploits d'un mortel destiné à offrir au monde le modèle du plus haut point de gloire où peut parvenir un homme, et de la plus épouvantable chute qui puisse l'en faire descendre.

Éternel ennemi du repos, BONAPARTE, après avoir rendu la paix au Continent de l'Europe, vole à la tête de ses vieilles légions, à la conquête de l'Egypte. Privé de sa flotte, dans l'impossibilité de recevoir aucun secours, absolument livré à lui-même, sa marche n'est qu'une suite de victoires, et l'Angleterre tremble déjà de voir tarir la source de sa puissance. C'est au milieu de ses conquêtes qu'il abandonne tout à coup son armée ; qu'il traverse une mer que couvrent les vaisseaux Anglais, sans être arrêté par un prodige extraordinaire que nous devions malheureusement voir se réaliser une seconde fois. Il aborde les côtes de Provence. Loin qu'on lui demande compte de l'armée qui lui fut confiée, il s'avance triomphalement vers la capitale, et va s'y asseoir sur le trône, sans trouver d'obstacles. La victoire, fidèle

T

à sa voix, vient planer de nouveau sur nos étendards qu'elle avait momentanément abandonnés, et les phalanges étrangères reculent encore devant lui.

Le nouveau Souverain des Français connaissait trop bien les hommes et l'art de les gouverner, pour croire que la puissance du sabre, qui établit les empires, pût suffire pour les consolider, et ses idées se portèrent nécessairement d'abord sur les deux plus puissants leviers qui agissent sur les peuples, la religion et l'enseignement public. Les proscriptions cessèrent. Les temples furent rouverts; le culte de nos pères fut rétabli, si non avec la majesté qu'il avait autrefois, du moins avec assez de pompe pour imprimer le respect aux peuples. Le vénérable successeur du vertueux Belsunce fut appelé au gouvernement de l'église de Paris.

Il était indispensable de changer l'instruction publique. L'enseignement destiné à produire de farouches républicains ne pouvait convenir aux sujets d'un despote. L'Université fut fondée sur de nouvelles bases. Un choix si parfaitement bon, qu'il reçut l'approbation de tous les partis, plaça à sa tête M.r le Marquis de Fontanes. La France n'oubliera jamais tout ce qu'elle doit à ce grand homme; sa mémoire passera à la postérité avec le souvenir du bien qu'il a fait à la patrie, et de celui qu'il aurait pu lui faire, sans les entraves mises à son pouvoir.

Une ère nouvelle s'ouvrit pour M.̂ l'abbé Roman. Ancien ami de Monseigneur le Cardinal de Belloy, honoré de l'estime particulière du Grand Maître, une carrière brillante devint nécessairement son partage. Son excessive modestie lui eût sans doute fait préférer une heureuse obscurité : sa vie nous en fournira la preuve évidente. Mais, celui qui **avait** tout sacrifié à sa conscience, pouvait-il ne pas se sacrifier lui-même à sa patrie.

Rentré en France dans le courant de l'année 1802, il fut créé Chanoine de la cathédrale de Paris. Ce titre honorable ne pouvait être pour lui le signal du repos, il fut nommé, dès l'année suivante, proviseur du Lycée de Marseille. Il rentra, avec plaisir, dans une carrière où ses premiers succès devaient lui persuader qu'il faisait le bien. Ce motif fut constamment son unique ambition.

Mais, hélas, combien d'obstacles allaient s'opposer à ses vues. Des maîtres qui ne se trouvaient liés entre eux ni par la conformité des doctrines, ni par celle des opinions, osons même ajouter, encore plus divisés par leurs croyances ; une jeunesse indocile, et malheureusement corrompue, l'athéisme hautement professé et avidement accueilli; les cérémonies augustes de la religion devenues l'objet de la dérision, et le sujet des plus révoltants sacriléges. Que pouvaient contre un pareil débordement, les vertus, la fermeté d'un seul homme. Je fus à cette époque voir M.^r l'abbé Roman, chargé de lui confier un jeune homme appartenant à l'une des plus illustres familles de l'Italie; je me vis forcé d'entrer avec lui dans une foule de détails qu'il ne m'est pas permis de vous retracer, mais qui vous prouveraient le courage avec lequel il essayait d'opposer une digue aux désordres, et combien son âme eut à souffrir dans une pareille lutte; lassé enfin d'être le témoin des maux auxquels il ne pouvait apporter de remèdes, il retourna à Paris, où il fut nommé, en 1804, Archiprêtre de Ste-Geneviève, et, en 1805, Official métropolitain.

Il n'entre point dans mon sujet de vous entretenir de la manière distinguée avec laquelle M.^r l'abbé Roman s'acquitta de ces dernières fonctions. Leur nature même les dérobe à nos regards. Mais je dois vous le montrer à la tête du clergé de Ste-Geneviève. Cette époque de sa vie fut trop difficile et trop brillante, pour ne pas mériter toute votre attention.

La piété de Louis xvi avait élevé un temple magnifique à la patronne de Paris.

La révolution, dans sa rage impie, substitua aux reliques de la modeste vierge de Nanterre, les restes odieux de l'infâme Marat, et de quelques autres monstres. Napoléon, par une suite de ce système de mélange et de fusion qui signala les premières années de son gouvernement, rendit le temple au culte catholique, et voulut qu'il servit de sépulture aux grands de son empire.

Forcé de prononcer l'oraison funèbre de tous ceux dont les dépouilles venaient successivement occuper la place qui leur avait été marquée, M.ʳ l'abbé Roman se trouvait placé entre deux écueils également difficiles à éviter. D'un côté, un gouvernement soupçonneux et despotique exigeait que l'on considérât comme vertueuses, toutes les actions qui lui avaient été utiles; de l'autre, le sentiment de sa propre conscience, et le scandale que ses paroles n'auraient pu manquer de produire, enchaînaient sa voix. Il fallait autant de vertus que de talents pour surmonter de pareilles difficultés. Il prononça plusieurs discours remarquables par leur élégance, leur à-propos, et l'esprit de modération et de sagesse qu'exigeait le ministère qu'il avait à remplir. Les journaux en firent souvent l'éloge. Le gouvernement ne s'en trouva point offensé, et l'édification publique en fut le résultat.

L'impossibilité où il s'était trouvé de continuer les fonctions de proviseur du Lycée de Marseille, ne pouvait être considérée comme une renonciation à l'enseignement public. M.r de Fontanes connaissait trop bien le mérite d'un pareil coopérateur, pour le laisser long-temps dans l'oubli, et dès que sa sagesse eut amené dans l'Université, les améliorations si ardemment souhaitées par les pères de famille, il confia à M.r l'abbé Roman les importantes fonctions d'Inspecteur général. Ce fut, en 1807, qu'il en commença l'exercice, et les diverses Provinces qu'il parcourut rendent trop de justice à son zèle, à son activité et à ses talens, pour que j'entreprenne d'en faire l'éloge.

Enfin, en 1811, il fut élevé au rang de Conseiller de l'université. Ce poste éminent, récompense de ses longs travaux, est le rang le plus élevé où l'on puisse parvenir dans cette carrière, et sa nomination fut considérée comme un gage du retour aux bons principes et aux saines doctrines.

Cependant, les infirmités que l'âge traîne à sa suite, et qui sont presque toujours l'indispensable conséquence d'une vie pleine de travaux et d'inquiétudes, commencèrent à avertir M.r l'abbé Roman que le repos lui devenait nécessaire. La crainte qu'elles ne fussent un obstacle aux devoirs qu'il avait à remplir, le détermina à donner sa démission. Il obtint une honorable retraite.

L'attachement à son pays, qualité qui distingue éminemment les Provençaux, lui fit tourner les yeux vers les champs paternels. Il y était également attiré par un motif bien puissant sur son cœur, la présence d'un neveu et d'une nièce, qu'il aimait comme ses enfants, qui l'ont soigné comme un père chéri, et que sa perte a rendus inconsolables. Il permuta donc son canonicat de Paris, et vint s'établir à Aix, pour y jouir enfin du repos.

Il ne pouvait y rester ignoré. Vous vous empressâtes de l'inscrire au nombre de vos Membres résidants, et bientôt après vous lui décernâtes l'honneur de vous présider. Ce n'est point à moi à vous rappeler le zèle, les talents supérieurs qu'il développa pendant sa présidence, l'éloquent discours qu'il prononça dans votre séance publique. Le sentiment que j'éprouve en ce moment, est celui de ma propre faiblesse, et du regret de ne pouvoir ressembler à un prédécesseur aussi distingué, que par l'attachement et la reconnaissance que m'inspire la Société, qui ne m'a pas jugé indigne d'occuper sa place.

Les infirmités s'accumulaient sur la tête de M.r l'abbé Roman, sans pouvoir altérer la sérénité de son âme. Déjà, depuis long-temps nous étions privés du bonheur de le voir assister à nos réunions. Sa vue s'affaiblissait par degrés. Il avait fini par être privé de la plus grande jouissance qui pût rester à un homme qui pendant toute sa vie avait fait, de l'étude, sa plus douce occupation. Il ne pouvait plus lire. La religion lui restait, elle lui suffit. Des lectures pieuses qu'il écoutait avec recueillement, des méditations continuelles, occupèrent les derniers temps d'une vie si bien employée. Son humilité excessive le porta à détruire des manuscrits précieux, fruits de ses travaux et de ses veilles. Nous devons déplorer, Messieurs, une aussi grande perte. Vainement M.^{r} l'abbé Roman crut pouvoir anéantir les titres qu'il avait à l'estime et à la reconnaissance de ses contemporains. Le souvenir de l'homme vertueux survit à tous les âges. Celui que nous regrettons s'endormit dans la paix du Seigneur, le 7 juin 1823, dans la quatre-vingtième année de son âge. Son nom sera béni par tous ceux qui lui durent les principes et les talents qui ont marqué leurs places dans la société. Il sera précieusement conservé par nous, comme un de ceux qui illustrèrent le plus notre Société.

ANALISE

D'UN CALCUL URINAIRE,

Par M.ʳ Icard, Pharmacien.

Lorsque par leur séjour prolongé dans la vessie, les calculs urinaires sont parvenus à une certaine grosseur, ce n'est qu'au moyen d'une opération douloureuse, qui expose les jours des malades aux plus grands dangers, qu'on parvient à les en délivrer. Afin de les soustraire à cette cruelle opération, on a cherché, et l'on a cru avoir trouvé, des remèdes doués de la faculté de les attaquer, et même de les dissoudre. L'expérience et le temps n'ont jamais sanctionné ces prétendues découvertes, et les lithontriptiques les plus merveilleux, n'ont jamais été que ceux qui venaient d'être inventés tout nouvellement. Il a donc fallu s'en tenir à l'opération de la taille, connue et pratiquée depuis si long-temps (1), ou bien, employer

---

(1) Elle était connue du temps d'Hypocrate, « *qui regrettait vivement de n'avoir pu affranchir l'humanité de la nécessité de cette opération.* » Rapport fait à l'Académie royale des sciences, par M. Perey.

le procédé du broyement de la pierre dans la vessie (1), tout nouvellement mis à jour par le docteur Civialle ; heureux encore, si par ces périlleuses opérations l'on parvenait à délivrer les malades de toute crainte pour l'avenir ; mais il n'en est point ainsi : la formation d'un nouveau calcul est assez fréquente chez les personnes qui ont été opérées, et on en a vu souvent dans la dure nécessité de supporter plusieurs opérations.

Il faut, pour éviter cette cruelle récidive, que le médecin remonte aux causes du mal, et qu'il parvienne à les détruire, et c'est pour y parvenir, que le flambeau de l'analise chimique lui est de la plus grande utilité ; en effet, une fois qu'il connaîtra la nature du calcul, les détails de la composition, ainsi que les circonstances dans lesquelles il a pris naissance, il pourra s'expliquer la théorie de sa formation, et s'opposer par un traitement convenable, à sa régénération.

C'est afin d'atteindre ce but et pour seconder les intentions de l'un des opérateurs les plus distingués de notre ville, que nous nous sommes occupés d'analiser un calcul qu'il a extrait de la vessie d'une femme, pendant

---

(1) La Lithotritie.

le courant de l'été de 1826 (1). Ce calcul pesait huit grammes, ou près de trois gros, ancien poids d'Aix. Il avait la forme et la grosseur d'une belle amande encore entourée de son péricarpe, (voyez fig. 1). Il était recouvert d'une couche d'un blanc grisâtre et aqueuse que l'on en détachait facilement.

---

(1) Au moment où nous tracions ces lignes, M. Magendié, l'un de nos plus célèbres physiologistes, communiquait à l'Institut une note à l'appui de son opinion, sur les rapports qui existent entre la nature des aliments dont on se nourrit, la quantité et la qualité des boissons, et la composition de l'urine, entre cette composition elle-même et la nature des graviers qui s'échappent des voies urinaires, dans la maladie nommée gravelle, et termine ainsi son importante communication. « On voit quelle utilité on pourrait
» retirer de la connaissance de la composition chimi-
» que des concrétions urinaires et de leur origine, et
» de quelle importance il serait aussi pour les calcu-
» leux qui se font opérer par le broyement, ou au-
» trement, de faire analiser les pierres que l'on extrait,
» et de remonter à l'origine de leur formation. Alors
» seulement ils pourraient espérer de guérir complè-
» tement d'une maladie pour laquelle l'extraction des
» pierres de la vessie, n'est qu'un dangereux palliatif
» qui les laisse, ainsi que l'expérience le démontre
» tous les jours, exposés à toutes les chances de la
» récidive; cette lacune de la science mérite de fixer
» l'attention des physiologistes et des médecins.
Gazette de santé, 25 janvier 1827.

Au-dessous de cette première couche, on en voyait une autre plus compacte, blanchâtre et légèrement mamelonnée. L'on apercevait sur l'une et l'autre de ces couches, des points brillants cristallins.

Il a été scié dans le sens de sa longueur, et l'on a distingué trois noyaux différents, d'une teinte jaunâtre, liés ensemble par la même substance que celle des couches supérieures. L'on a brisé l'une des deux sections, et l'on a pu reconnaître qu'elle était composée d'un nombre assez considérable de petits noyaux circulaires qui paraissaient former à-peu-près la moitié de la totalité du calcul.

Au moment de son extraction, il était assez pesant; mais par le laps de temps et son exposition à l'air, il est devenu léger et poreux. Sa pesanteur spécifique était de 1080, l'eau distillée prise pour 1000. Par son immersion dans l'eau, il a laissé dégager des bulles d'air, et il a augmenté de 0,05 en poids.

Trituré dans un mortier de verre, il a fourni une poudre d'un gris jaunâtre, qui laissait dégager une odeur très-prononcée, d'urine corrompue.

I. Un fragment exposé à la flamme d'un chalumeau, a laissé dégager de l'ammoniaque.

II. Cent parties de sa poudre calcinée dans un creuset de platine, ont brûlé à la manière des substances animales, et répandant une forte odeur de cornes brûlées, et ont laissé après une longue incinération, un résidu de 0,10. Nous rendrons compte plus bas de l'examen de ce produit.

III. Cent autres parties également mises en poudre très-fine, ont été traitées par soixante mille parties d'eau distillée. Avant d'être portée à l'ébulition, cette eau laissait dégager un grand nombre de bulles, et répandait une odeur urineuse très-prononcée, dans laquelle on ne distinguait pas celle de l'ammoniaque. Au moment de bouillir, les écumes qui se sont élevées au-dessus de l'eau et qui ont clarifié le liquide, ont indiqué l'existence d'une petite quantité d'albumine. Le calcul s'est dissous presque en totalité dans le liquide bouillant. Par le refroidissement, il y est resté suspendu sous forme de paillettes micacées, ou bien s'est déposé sur les parois du vase qui le contenait. Jeté sur un filtre, ce produit avait tous les caractères de l'urate d'ammoniaque, avec excès d'acide urique; broyé avec la potasse caustique, il a laissé dégager de l'ammoniaque. La dissolution de ce calcul dans l'eau distillée, fesait passer au rouge le papier bleu de tournesol; évaporée après avoir été filtrée, elle a laissé un résidu de 50 parties : ce qui prouve que la presque totalité de ce calcul est soluble dans à-peu-près cent mille parties d'eau froide, et que l'eau bouillante en dissout le double de cette quantité. Ce résidu desséché contenait une petite quantité de mucosités animales.

IV. Cent parties ont été traitées par mille parties d'alcool à 39°. Porté à l'ébulition cet alcool est resté incolore. Mis à évaporer, il s'est coloré en se concentrant, et il a laissé un résidu d'un brun rougeâtre, d'à-peu-près deux centièmes, déliquescent, rougissant le papier de tournesol, et répandant une odeur urineuse. Nous estimons que ce résidu, composé de l'urée qui colorait l'acide urique, était rendu acide par quelques millièmes de ce dernier.

V. Les quatre-vingt dix-huit centièmes inattaqués par l'alcool, ont été traités par une lessive de potasse caustique étendue d'eau. Ils s'y sont dissous presqu'entièrement, en dégageant une quantité notable d'ammoniaque.

La partie insoluble composée de phosphate de chaux, sous forme de molécules blanchâtres et de magnésie, sous forme d'un nuage léger, a été recueillie sur un filtre. Elle pesait quatre centièmes.

La dissolution alkaline a été décomposée par l'acide hydro-chlorique. Le précipité blanc laiteux, séparé par le filtre et desséché, pesait 0,65. Il avait tous les caractères de l'acide urique ; il a été traité à chaud par l'acide nitrique, et a donné naissance au purpurate qui caractérise cet acide.

VI. Pour compléter la série de nos essais, il nous restait à examiner le calcul, par les acides. Les expériences que nous avions déjà faites, nous ayant éclairés sur sa nature, nous crûmes devoir choisir l'acide hydro-chlorique, qui est à même de dissoudre les phosphates de chaux et ammoniaco-magnésien, sans attaquer l'acide urique. Nous pesâmes en conséquence les cent dernières parties du calcul, dont il nous était permis de disposer, et nous les fîmes bouillir dans cet acide étendu d'eau. L'odeur urineuse qui s'était manifestée pendant les autres ébulitions, eut lieu de même. Nous filtrâmes après le refroidissement, et nous obtînmes un résidu qui pesait 0,70. La liqueur qui avait passé à travers le filtre, a été examinée par les réactifs qui nous ont démontré la présence de la magnésie, et d'une petite quantité de chaux.

VII. Les dix centièmes produits par la combustion de cent parties de calcul, dans un creuset de platine (1), verdissaient le sirop de violette. Ils ont été traités par l'acide acétique faible, s'y sont dissous sans effervescence, et ont laissé deux centièmes de résidu. La dissolution traitée par le carbonate de potasse a donné un précipité de huit centièmes de magnésie, et les deux centièmes insolubles dans l'acide acétique, se sont dissous complètement dans l'acide muriatique.

En rapprochant les caractères physiques du calcul qui a été soumis à notre examen, des produits de notre analise, il est évident que les noyaux jaunâtres qui en occupent le centre (voy. la planche, figure 2), sont composés d'acide urique coloré par une petite quantité d'urée, et que les couches supérieures qui les enveloppent, ainsi que le ciment qui les unit, sont composés d'urate d'ammoniaque, de phosphate ammoniaco-magnésien et d'une petite quantité de phosphate de chaux, le tout lié par des mucosités animales et un peu d'albumine, dans les proportions suivantes :

Acide

---

(1) Voyez le §. II.

Les figures representent le Calcul de grandeur naturelle.

F. 1 F. 2

 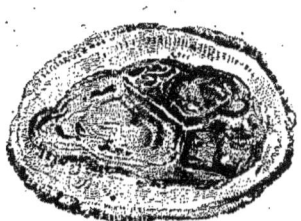

1 Calcul entier.
2 Section du Calcul coupé dans le sens de sa longueur.

On voit le centre formé par les noyaux composés d'acide Urique.

M. Reinaud SC.t à Aix.

Acide urique..................50, 00
Urate d'ammoniaque...........25, 00
Urée..........................2, 00
Phosphate ammoniaco-magnésien 12, 00
Phosphate de chaux............2, 00
Mucosités, albumine et perte... 9, 00
100,00

Telle est l'analise du calcul urinaire soumis à notre examen. Maintenant que nous connaissons sa composition chimique, tâchons d'établir la théorie de sa formation.

La malade chez laquelle il a été extrait, a rendu pendant quelque-temps des urines abondamment chargées d'un sédiment briqueté très-foncé, qu'elle comparait à du marc de café. Il est probable que ce sédiment aggloméré donna naissance aux noyaux qui en occupent le centre. Ces noyaux ont pu se former d'abord dans les reins, d'où ils auront été poussés par les urines dans les uretères, et de là dans la vessie.

Cette congestion calculeuse fut nécessairement la cause des grandes souffrances que la malade eut à endurer près de deux ans, avant l'époque à laquelle elle supporta l'opération de la taille. Un espace de quinze mois s'écoula depuis cette première époque, sans qu'elle ait ressenti d'autres incommo-

V

dités, qu'un état de gêne et de pesanteur dans les organes de la génération, qui augmentaient par la marche et surtout par une progression accélérée ; ignorant absolument les causes de son mal, elle l'attribuait à un relâchement de la matrice. Elle n'observa plus dans ses urines, pendant tout cet intervalle, le sédiment qui les colorait autrefois. Enfin, après ce temps, les souffrances revinrent avec la plus grande intensité ; elles consistaient dans des douleurs insupportables ressenties dans l'intérieur des mêmes organes ; le ventre était météorisé, et la malade tourmentée par un état d'anxiété vaporeux rendait par la bouche une grande quantité de vents.

Nous pensons que c'est pendant ces deux périodes de souffrances et sous leur influence, qu'eut lieu le développement de l'ammoniaque, et par suite la formation des urates d'ammoniaque et phosphate ammoniaco-magnésien, qui forment le ciment des noyaux du calcul, ainsi que les couches supérieures qui les recouvrent.

NOTICE

Sur quelques Poëtes Provençaux des trois derniers siècles.

Par M. Pontier.

Le Père Bougerel, de l'Oratoire, né à Aix, en 1680, et mort à Paris, en 1753, a composé, sur les Hommes illustres de la Provence, des Mémoires précieux qui sont malheureusement restés inédits jusqu'à ce jour entre les mains de ses héritiers : mais ces manuscrits ayant été mis à la disposition de notre confrère, M. Porte, depuis son alliance avec cette famille, nous avons lieu d'espérer qu'il s'empressera de les publier pour en faire jouir ses concitoyens.

De quarante Poëtes Provençaux, environ, mentionnés dans l'ouvrage du Père Bougerel, et qui ont vécu dans les trois derniers siècles, la plupart n'ont produit que des pièces fugitives, aujourd'hui oubliées. Il nous est resté seulement les ouvrages imprimés ou manuscrits de sept principaux poëtes, qui ont joui pendant leur vie d'une réputation à quelques égards méritée, relativement au temps où ils écrivaient, mais qui ne sont plus recherchés aujourd'hui, si ce n'est sous le rapport de la rareté des exemplaires.

Ces poëtes sont : Bellaud de la Bellaudière; Claude Brueys, Ecuyer ; Zerbin, Avocat ; Gauthier, Prêtre de l'Oratoire; d'Isnard, Chanoine de l'Eglise collégiale de Salon; Jean de Cabanes ; Toussaint-François Gros de Marseille.

Je ne dirai rien des Poésies de la Bellaudière, par la raison que M. Henricy, notre confrère, doit publier des recherches sur ce poëte, dans la notice sur l'Origine de l'imprimerie en Provence, dont il s'est occupé pour la Statistique de notre Département.

Je me bornerai à présenter quelques observations bibliographiques très-succintes sur les deux poëtes les plus marquants de l'époque antérieure à François Gros, et de celle même de cet auteur Marseillais, qui les a éclipsés par des poésies estimées.

Le premier est Claude Brueys, connu par son Jardin des Muses provençales, ouvrage varié, dans lequel le genre proverbial est prodigué avec autant de sel que de vérité, mais où le poëte s'est montré trop licencieux.

Le second, est Jean de Cabanes, contemporain de Gros, et qui a obtenu peu de célébrité, parce que ses nombreuses productions n'ont été ni imprimées, ni communiquées.

Claude Brueys, Ecuyer, naquit à Aix, vers l'année 1580 ; en calculant d'après ce qu'il dit dans la préface placée à la tête de ses œuvres. C'est donc sans fondement que quelques personnes l'ont confondu avec David-Augustin Brueys, controversiste et poète, qui ne naquit qu'en 1640, dans la même ville. Peut-être le premier était-il l'oncle du second.

Claude Brueys fit imprimer son Jardin des Muses provençales, à Aix, chez Etienne David, l'un de mes prédécesseurs, en 1628, dans un format in-16, contenant 862 pages, et divisé en quatre parties. Je ne connais que cette édition. Il serait trop long de décrire ici les nombreuses pièces renfermées dans ce volume; j'y renvoie le lecteur, ne pouvant en donner le moindre extrait ; mais il importe de ne pas confondre cet ouvrage, avec deux collections qui parurent plus tard, en 1665 et 1666, sous le même titre, dans le format in-18 : celles-ci ne contiennent qu'une des comédies de Brueys, et un de ses coqualanes ou discours à bâton rompu. On ne posséderait donc pas les poésies de Claude Brueys, en acquérant l'une ou l'autre de ces éditions. J'ai dressé un tableau détaillé des pièces renfermées dans ces trois collections qui diffèrent entièrement l'une de l'autre ; les deux dernières, ne sont qu'une compilation des œuvres de plusieurs poëtes de ce temps.

Mes recherches sur Jean de Cabanes ont été infructueuses jusqu'à présent. Je suis réduit à copier ce qu'en dit le Père Bougerel. Les Biographies, les Nobiliaires, ne donnent que la filiation de cette famille. Voici les paroles du Père Bougerel.

Jean de Cabanes eut pour patrie la ville d'Aix ; il était frère d'un Conseiller au Parlement de Provence ; il composait en poésie provençale avec une facilité et un naturel admirables : aussi a-t-il laissé un grand nombre d'ouvrages sur différents sujets, et entre autres sur le siége de Toulon, qui eut lieu en 1707.

Jean de Cabanes vivait sous la régence ; la licence qui règne dans plusieurs de ses Contes, et son Poëme sur le Duc de Savoye, en Provence, ne permettent aucun doute à ce sujet. Voici la liste de ses ouvrages dont aucun n'a été imprimé. Cinq comédies en 5 actes, savoir : lou Paysan astrologue ; (*Sic.*) — Lisetto ou la Courtisanno amourouso ; —

leis Bigots, coumedie; — lou Jugi avare; — Marra ou le Foui sagi. — Cent Contes dans le genre de ceux de Bocace; — cent Enigmes; — un volume de Sentences, ou de faits mémorables anciens, en prose, suivis d'un sens moral en vers; — un ample recueil de nos Proverbes qu'il a rangés par ordre alphabétique;—enfin, l'Histourien sincere sus la campagno dau Duc de Savoyo, en Prouvenço, en 1707.

Je terminerai cet article par un fragment de ce dernier ouvrage, dont la lecture fera ressortir et mieux apprécier le talent des Poëtes Provençaux de nos jours, généralement estimables par la décence, la délicatesse des sentiments, et la pureté de goût; qualités qui manquèrent aux précédents, parce que ceux-ci vécurent dans des siècles moins civilisés, ou plus corrompus.

Victor - Amédée II, Duc de Savoye, oubliant les obligations qu'il avait à la Cour de France, quoique gendre de Monsieur, Frère de Louis XIV, voulut tenter la conquête de la Provence, en 1706 et 1707. L'auteur expose ce qu'il fit avant d'y entrer, et rapporte la harangue qu'il adressa à ses soldats.

Passo en revuo soun armado,
Troubet apres l'ayer noumbrado
Quaranto - cinq millo souldats

En fouert bouen ordre et ben armas.
Touteis de natien Barbaresquo,
Loumbardo, Saxouno, Tudesquo,
Hessiens, Hussards et Brandebourgs,
Gens a presenço et caro d'ours.
Lou Duc, coumo persouno habilo,
Et catiou dessus leis catious,
Per noun pas espousar leis sious,
N'en avie menat que huech millo.
Se vezen tant fouert, tant puissant,
Courre, volo de rang en rang,
Et per li dounar bouen couragi
Se servé d'un parie lengagi.
« Souldats ! anas veire la fin
Deis penos, deis soins, doou chagrin
Qu'avès souffert sus la mountagno ;
Intras aou pays de coucagno,
Ounte despuy moun gran papa,
Degun n'a cridat qui va la,
Es a dire, qu'aquesto terro
Despuy lors sçau pas ce qu'es guerro.
D'aqui soulet poudès jugear
Se vous li farès gras a lard.
Siou segur que dins vouestro routo
Troubares ges de vitro routo,
A mens que lou vent v'ague fach ;
Et que se prenès lou prefach
De courre castèous et bastidos,
Leis pardrix li toumboun roustidos.

Per vaoutres, braves Allemands,
Vrays piliers, et mouissouns de croto,
Que n'en goubas de touteis mans,
Senso recours a la chalotto,
Comptas que dins aquest pays
Troubares de vin tant exquis,
Que jounct eme la fino anchoyo,
Ve n'en dounares a couer joyo.
Et vous, Messies leis Oufficies,
Que sias quasi de memo trempo,
Car sabi qu'amas pas la trempo,
Vous proumeti d'un vin de Ries,
May, vin, que tiro la pailleto,
Et que fa faire la cambeto.
Enfin, cadun per soun plesir,
Li troubara deque chausir.
Siguès me, dounc, en assuranço:
Pouedi dire, que se la Franço
Ero transfourmado en moutoun,
Prouvenço serie lou rougnoun. »

NOTICE HISTORIQUE

Sur le lieu de la naissance de GUILLAUME DURANTI, *surnommé Speculator.*

Par M. l'abbé CASTELLAN, Chanoine.

La famille des Duranti féconde en hommes illustres sous bien des rapports, a eu différentes ramifications en Provence et en Languedoc.

Guillaume, Evêque de Mende, l'un de ceux qui l'ont le plus illustrée, est connu dans la jurisprudence ancienne, par le *Speculum juris*, Miroir du droit.

Cet ouvrage lui valut une telle réputation de science et de droiture parmi les gens de loi, que, depuis qu'il l'eut publié, on le surnomma *Speculator*.

La lithurgie lui doit aussi le *Rationale divinorum officiorum*, rempli de recherches curieuses analogues à l'histoire et aux usages sacrés de son temps, qu'on ne trouverait pas ailleurs.

Ce prélat, la gloire de sa patrie, naquit vers le milieu du treizième siècle, à Puimisson, appelé en latin *Podium missonis*.

Il existe deux villages de ce nom en France, l'un dans le diocèse de Beziers et l'autre dans celui de Riez. Duquel fut-il originaire ?

Ce genre de dispute n'est pas nouveau. Sept villes grecques, Smyrne, Rhodes, Colophon, Salamine, Chio, Argos et Athènes, se disputaient l'honneur de compter Homère parmi leurs concitoyens.

L'épitaphe placée à Rome, au bas du tombeau de Duranti, dans l'église de Ste. Marie, sur la Minerve (chose singulière), fournit des armes aux Languedociens et aux Provençaux pour se l'approprier. Examinons donc, sans passions, conformément aux règles de la critique, lequel des deux partis a raison.

Les premiers croient en triompher par la lecture de ces mots :

Et dedit à Podio missone diœcesis illum, Indè biterrensis, etc.

cependant tout bien considéré, le vers antérieur ne peut que leur être contraire.

Quem memori laude genuit Provincia Dignum.

De fait, s'il était né à Puimisson, du diocèse de Beziers, il ne pouvait pas être provençal; et s'il n'était pas provençal, pourquoi dire si affirmativement, *quem memori laude genuit Provincia dignum.*

Car, quel homme tant soit peu instruit ignore, que quoique le Languedoc fit jadis partie de la Province romaine, on ne l'appelait plus, depuis bien des siècles, que *septimania*, *gothia* ou *occitania* ; le nom propre de *provincia* étant resté spécialement à la Provence.

D'ailleurs l'épitaphe que nous avons nous-même découverte et lue sur les lieux après de longues recherches, parait faire corps à part avec le monument, et y avoir été ajoutée dans des temps postérieurs, par quelqu'un qui ignorait, ou voulait laisser ignorer à Rome, l'existence de *Podium missonis*, dans le diocèse de Riez.

Il était plus facile de substituer *biterrensis* à *regiensis*, que de retrancher les mots expressifs, *quem memori laude genuit provincia dignum*, qui désignaient la vraie patrie de Guillaume.

Les judicieux auteurs du nouveau *Gallia christiana*, ont tellement senti toute la force de ces raisons, qu'ils ont cru devoir mettre au bas de son article, tom. 1, *Diœcesis minatensis*, la note suivante :

« *Alii dicunt Puimisson esse diœcesis*
» *biterrensis : idque significare videtur epi-*

» *taphium Guillelmi : sed ibidem episcopus*
» *dicitur in Provinciâ genitus. Biterrensis*
» *autem diœcesis longé distat à Provinciâ.* »

Aussi ils n'ont pas fait difficulté de le déclarer Provençal, et du diocèse de Riez.

« *Guillelmus Duranti, speculator dictus,*
» *ex nobili genere natus est in oppido de*
» *Podio missone in provinciâ et diœcesi*
» *Regiensi, etc.* »

On le croyait encore ainsi dans le quinzième siècle. Nous pouvons citer en notre faveur Jacques de Bellovisu ou de Beauvezer, citoyen d'Aix, contemporain du roi René. Il donne, comme nous, la Provence pour patrie à ce grand homme, dans son livre intitulé, *De ratione studendi in utroque jure*.

Mais si ces preuves, quoique convaincantes, pouvaient ne pas paraître sans réplique, en voici une autre qui sapera le système de nos adversaires par les fondemens.

Guillaume Duranti va nous indiquer lui-même sa patrie : et qui oserait récuser un pareil témoignage ! Telles sont ces propres paroles tirées du *Speculum juris*, lib. 4, *art.* de Feudis.

« *Quod autem in Italiâ et alibi vocatur*
» *vassalagium, in provinciâ homagium*

» *appellatur. Nos provinciales*, (qu'on note
» bien ceci), *nobiles feudatarios, vassales*
» *verò plebeïos nostros vulgariter appel-*
» *lamus.* »

Oserait-on traduire, sans donner un contresens à la phrase, les mots *nos provinciales*, autrement que par ceux-ci, *nous provençaux*.

Aussi les plus graves auteurs, tels que ceux du nouveau *Gallia christiana*, Fleuri, et presque tous les dictionnaires des hommes illustres, donnent Guillaume à la Provence.

Les bénédictins qui ont travaillé à la dernière histoire du Languedoc, et le père Brumoi, continuateur de celle de l'Eglise gallicane, n'auraient pas soutenu le contraire, s'ils avaient sérieusement réfléchi sur les monumens que nous venons d'indiquer.

Guillaume Duranti, dit Speculator, est donc Provençal. Puimisson au diocèse de Riez fut donc le lieu de sa naissance, d'après la tradition constante et non interrompue.

Sa maison qu'on y montre encore, dont la construction d'un genre gothique paraît remonter jusqu'au treizième siècle, et où on observe même des restes, quoique frustes, d'armoiries d'Evêques, prouvent encore plus aux Languedociens, que c'est à tort qu'ils voudraient s'approprier ce grand homme.

EXTRAIT

D'un Mémoire sur les Amandiers,

Par M. Polydore DE BEC,

Couronné par la Société Académique d'Aix, en 1825.

On demande *quelle est l'espèce ou la variété d'Amandiers la plus tardive, et, par-là, la moins sujette aux gelées tardives du printemps, qui presque chaque année détruisent ou diminuent nos récoltes d'amandes ?*

Je puis répondre par des observations appuyées sur une longue suite de travaux et couronnées du plus heureux succès...

Il y a environ quarante ans qu'une grande partie de notre terre de la Touloubre, près Saint-Cannat, fut complantée en amandiers. Tous les soins furent donnés à ces plantations. On nous signala deux espèces d'amandiers tardifs, comme résistant davantage aux intempéries des premiers jours du printemps. Nous voulûmes multiplier ces espèces, et nous fîmes des essais qui réussirent. Souvent les fleurs des autres amandiers avaient péri par les gelées blanches, tandis que les fleurs de ces variétés tardives n'avaient point paru.

Encouragés par le succès, nous résolûmes de transformer toutes nos plantations en ces espèces d'amandiers tardifs.

Nos travaux ayant été heureux, je crois pouvoir proposer ces deux espèces comme les seules sur lesquelles puissent reposer les espérances de l'agriculteur.

La description la plus détaillée va les faire connaître.

1.° *Amandier dit Grosse verte.*

Les feuilles de cet amandier sont d'un vert luisant en-dessus, et d'un vert un peu grisâtre en-dessous. Ayant cela de commun avec les autres espèces, je n'entreprendrai pas d'expliquer l'origine du nom qu'on lui donne dans le pays. Les feuilles des bourgeons ont en général trois pouces et demi de longueur avec leur queue, sur dix ou douze lignes dans leur plus grande largeur. Quelques-unes, si la sève abonde, prennent une croissance assez exagérée. Elles sont dentelées finement, se terminent en
pointe

pointe à leurs deux extrémités. L'extrémité opposée à la queue est beaucoup plus aiguë, quoique quelquefois un peu émoussée par le bout qui se trousse par côté ou en-dessous ; les nervures en sont d'un gris blanchâtre et très-marquées, surtout celle du milieu. La queue ou pétiole est forte, a une gouttière très-sentie, bordée des deux côtés d'arêtes rouges, et a six lignes de longueur. Le bois de l'année est rougeâtre, vigoureux et s'élève beaucoup.

Les feuilles des bourgeons à fruits sont plus étroites. Elles n'ont guères que six à sept lignes de largeur, et leur plus grande longueur n'excède pas trois pouces, avec la queue qui est plus déliée que dans les feuilles des bourgeons à bois. Quelques-unes de ces feuilles sont très-courtes et presque sans nervures apparentes.

La fleur bien épanouie, présente à-peu-près, le diamètre d'une pièce de cent sous. Elle a cinq pétales parfaitement blancs ; ils sont plus longs que larges et dans la forme d'un cœur ; l'onglet est d'un rouge vif. Le calice a cinq échancrures ; il est d'un pourpre très-prononcé. Le pistil est gros et surmonte les étamines.

Le fruit avec le brou a de dix-huit lignes à deux pouces de longueur, sur douze à

X

quinze lignes de largeur. Le pédoncule (ou la queue), est gros et court, et d'un roux grisâtre cendré, comme le bois un peu vieux. Il est fortement implanté dans un enfoncement bordé de plis plus ou moins sentis suivant la vigueur de l'arbre. L'extrémité la plus petite du fruit, c'est-à-dire la tête, est presque égale à la plus grosse, et se termine par un léger enfoncement au milieu duquel s'élève à peine un très-petit mamelon qui ordinairement ne dépasse pas les bords du brou. Le côté le plus grand de l'ellipse est divisé, dans sa longueur, par une rainure très-bien marquée, accompagnée tout au long à-peu-près, et des deux côtés, par un creux. Cette rainure est rarement au milieu. Un des bords est plus élevé que l'autre qu'il recouvre un peu. Le brou est d'une teinte verte roussâtre, raboteux, couvert d'un duvet épais, gris et fin quoique très-sensible au toucher. Il a une ligne d'épaisseur quand il est frais, et quelquefois un peu plus. Le noyau est dur ; il a une arête très-élevée et se termine par une pointe fort obtuse. La coquille est poreuse et percillée plus ou moins profondément, tantôt par des trous liés les uns aux autres par un creux alongé, tantôt par des points arrondis, comme ceux que ferait une aiguille fortement enfoncée. L'amande est grosse, douce et très-agréable au goût.

L'arbre en général est fort, vigoureux, bien portant. Il prend une jolie forme à la taille ; s'élève avec fierté et pousse toujours des bourgeons très-ambitieux. Sa végétation est telle, qu'avec l'âge, il forme à l'endroit des greffes, des bourrelets fort gros excédant de beaucoup le pourtour du tronc de l'ancien arbre sauvage. Ses bourgeons à fruit sont multipliés à l'infini, et se couvrent chaque année d'une multitude de fleurs.

Il n'est pas facile de déterminer d'une manière précise l'époque de la fleuraison. L'amandier est un arbre sans frein, s'il est permis de parler ainsi. Etranger à nos climats, enfant d'une zône plus chaude, sa sève ne connaît guère l'ordre de nos saisons. A peine les feuilles sont-elles tombées, que déjà, si la température est douce, sa végétation recommence; mais lorsque l'ordre des choses suit à-peu-près la marche accoutumée, au mois de février en général, on voit grossir les boutons à fruits de l'amandier ordinaire. Souvent avant le mois de mars, toutes les fleurs sont épanouies, ou prêtes à l'être : l'amandier *Grosse verte* se hâte moins. Quelle que soit la saison, cette espèce tardive ne fleurit que quinze jours au moins plus tard que toutes les autres variétés cultivées dans le pays, une seule exceptée et dont je parlerai bientôt. A cet avantage, cet arbre en joint deux autres qui contribuent également à assurer la récolte. Le premier, est d'avoir une fleur qui produit un très-bon germe, capable de résister longtemps au froid et surtout au brouillard; et le second, est d'élancer ses branches fort haut, et de les prolonger vers le ciel. Par-là les bourgeons reçoivent l'impression du plus léger souffle de vent, et les amandes ou les fleurs insensiblement balancées dans l'air, échappent au contact immédiat de la gelée meurtrière qui se fait sentir sur des branches basses et immobiles.

Voyons la seconde espèce tardive.

2.° *Amandier dit Petite verte.*

L'amandier *Petite verte* est bien différent de l'amandier que je viens de décrire, quoique son nom puisse faire croire qu'il n'en est qu'une variété. Il est encore connu sous les dénominations de l'*Amandier de M. Aubert* (à Eguille et ses environs); *la Courfière et la Coursière*, ou *Courrière en retard* (à Puyricard et Aix), etc....

Les feuilles des bourgeons à bois sont

longues seulement de deux pouces et demi à trois, en y comprenant la longueur de la queue. Elles sont étroites, n'ayant en général que six lignes de largeur, quoique quelques-unes s'écartent de cette mesure dans l'abondance de la séve. Elles sont dentelées plus largement que celles de la *Grosse verte*, et avec finesse, et sont très-resserrées par l'extrémité pointue qui finit par être fort aiguë. Du côté de la queue la pointe est plus arrondie. Les pétioles sont minces et ont une gouttière peu profonde; les arêtes en sont vertes et leur longueur est de huit à neuf lignes. Quelquefois les pousses de l'année sont très-vertes et toujours un peu grêles. Quand l'arbre est vigoureux, le bois du côté du soleil est légèrement pourpré, mais en général, ce bois ne prend cette teinte que la seconde année, encore est-elle très-cendrée.

Les branches à fruits portent leurs feuilles très-rapprochées et fort multipliées, ce qui fait paraître cet arbre plus touffu que l'amandier *Grosse verte*. Les feuilles des bourgeons à fruit sont plus irrégulières dans leur dimension que celles des bourgeons à bois; quelques-unes même n'ont que quinze lignes, tout compris.

La fleur est presque aussi grande que celle

de la *Grosse verte*. Elle a cinq pétales de couleur rose, avec des marques d'un rouge plus vif. L'onglet est très-rouge et pourpré. Le pétale est assez large et ne forme point un cœur régulier ; le calice est d'un rouge verdâtre, et les étamines qui sont nombreuses et rouges dans leur tige, surmontent de beaucoup le pistil qui est fort court.

Le fruit est petit. Il diminue peu vers sa tête et se termine par un mamelon pointu, placé dans un creux fort peu sensible. La plus grande partie de l'ellipse est divisée par une rainure assez bien sentie, mais peu profonde. En général, cette rainure est placée au milieu de l'ellipse, et rarement une de ses lèvres s'élève plus que l'autre. Le pédoncule qui soutient le fruit est long, d'une teinte verte et prend une couleur rousse vers la partie qui tient à la branche. Il est évasé et planté un peu obliquement au milieu de l'extrémité du noyau, dans un enfoncement quelquefois bordé de plusieurs plis. Le brou est très-vert, piqué de petits points bruns et rougeâtres à l'époque de la maturité, sur le côté opposé à la rainure. Son duvet est plus fin que celui de la *Grosse verte*. Son épaisseur est d'une ligne au plus. Le noyau dépouillé a environ un pouce de longueur, et va quelquefois jusques à quinze lignes. Le bois est très-dur et la couleur un peu brune. Les pores en sont peu larges et peu profonds. La pointe du noyau est mieux marquée que celle du brou. L'amande est ferme, douce et agréable.

L'arbre est vigoureux dans ses pousses, quoiqu'il ait l'apparence d'être grêle en le comparant à l'amandier *Grosse verte*. Il n'étale point aussi bien ses branches. Sa tête ressemble un peu à un buisson, tant les bourgeons à fleurs se multiplient et s'étendent en tout sens. Sa fleuraison n'a lieu que quinze jours après celle de la *Grosse verte*.

Je ne crois pas qu'il soit possible de trouver une espèce d'amandier plus tardif. Il arrive souvent que dans les années où le froid se prolonge, les fleurs de cet arbre ne s'ouvrent qu'à la fin d'avril et presque au mois de mai. C'est ce qui a eu lieu dans nos plantations en 1823. Les amandiers *Grosses vertes*, avaient déjà des fruits assez gros, tandis que les *Petites vertes* n'avaient point encore épanoui leurs fleurs....

Je ne puis donner l'époque fixe de la fleuraison de ces amandiers que par comparaison. Un hiver doux hâtera leur végétation ; un hiver froid et brumeux la retardera de beaucoup. Ainsi, le retard est toujours relatif à la végétation précoce des autres espèces ;

mais d'après l'observation que j'en ai faite et qu'en font tous les ans les propriétaires de la commune de Saint-Cannat, l'amandier *Grosse verte* ne donne ses fleurs que quinze jours au moins après les autres variétés, comme les *Pistachiers*, les *à Flots* les *Abeylans*, les *Races*, les *Demi-Fines*, etc., et l'amandier *Petite verte* ne fleurit encore que quinze jours après la *Grosse verte*, c'est-à-dire, un mois plus tard que toutes les autres espèces. Il est inutile de faire remarquer combien ce retard est à l'avantage de l'agriculteur. Sa récolte est presque assurée. Il n'a à craindre que ces froids si tardifs, calamités publiques, qui heureusement pour notre pays ne sont pas de toutes les années....

Le moment de la maturité des fruits de nos deux espèces d'amandiers est, pour la première, à la fin de l'été, dans le courant et vers les derniers jours de septembre ; et pour la seconde, au commencement de l'automne. Au reste, la maturité dépend encore d'une autre cause. Si l'atmosphère a été rafraîchie par quelques pluies, le brou de l'amandier s'ouvre plutôt, et livre le fruit au propriétaire qui doit être attentif à ne pas le cueillir avant cet instant, afin de l'avoir meilleur, d'une plus belle apparence, et d'une vente plus facile. Cependant cette précaution n'est bonne que pour les amandes à coquille dure. Les autres, comme les *pistaches*, doivent être cueillies avant que le brou soit trop mûr.

NOTICE

Sur Rambaud de Vacqueiras, Troubadour.

Par M. d'Arlatan de Lauris.

La commune de Vacqueiras a été la patrie d'un Troubadour du douzième siècle.

Le nom seul de *Troubadour* rappelle des idées de galanterie; et l'épithète de *gentils* que l'usage leur a donné, désigne assez l'opinion qu'ils ont acquise.

Ils étaient poëtes, ils étaient amoureux; leur occupation était de chanter leur bonheur ou leurs tourmens. Heureux le siècle où c'était là le plus grand intérêt des cours comme des hameaux!

Rambaud, que les historiens surnomment de Vacqueiras ou de Vachères, dans la principauté d'Orange, est ce Troubadour; il était fils d'un chevalier nommé Peirols, seigneur de cette Commune; il y naquit vers l'an 1160; il avait peu de fortune, mais il fut ambitieux d'en acquérir.

Il s'attacha d'abord à Guillaume de Baux, premier prince d'Orange, et dont il était le sujet; il passa ensuite en Italie auprès de Boniface, marquis de Montferrat.

Dans l'une et l'autre cour il s'adonna à la poésie et à l'art de la guerre avec un égal succès, tellement que Boniface en fit son *frère d'armes* et le combla de faveurs.

Béatrix, sœur du marquis, inspira à notre Troubadour la plus vive passion et devint l'unique sujet de ses chants; il la désignait sous le nom de *Bel Cavalier*, parce qu'un jour il l'avait aperçue, une épée en main, s'essayant à espadonner à l'instar d'un chevalier; sa prudence ou sa timidité n'employa même pendant long-temps que cette expression mystérieuse pour indiquer l'objet de ses vœux.

En fut-il payé de retour? On doit toujours respecter un tel secret; nous dirons seulement, que Rambaud raconte lui-même qu'ayant déclaré sa flamme à Béatrix, elle lui répondit:

« Soyez le bien venu et le bien trouvé,
» tâchez de plus en plus, de valoir, de bien
» faire, et de bien dire; si jamais vous avez
» été gai et amoureux, vous devez faire de
» nouveaux efforts pour l'être davantage. »

Elle l'accepta ainsi pour son chevalier;

les naïfs entretiens d'amour de ce temps-là valaient bien les déclarations de nos jours.

Mais Beatrix fut inconstante ; les femmes d'alors aimaient aussi le changement ; la douleur de Rambaud fut si vive qu'il paraît que sa raison en fut altérée, et que le bon sens, ainsi que le bonheur, n'existèrent de nouveau chez lui que lorsque le marquis de Montferrat eût engagé sa sœur « pour l'amour » de lui et de toute la compagnie (ainsi » que le rapporte un historien), à prier » Rambaud de se réjouir et de chanter comme » il faisait auparavant. »

On peut à ce sujet remarquer encore, combien nos mœurs sont éloignées de celles de l'époque où les intrigues d'amour se traitaient de cette manière.

Rambaud suivit le marquis de Montferrat à la croisade dont ce prince fut nommé le chef, sous le pontificat d'Innocent III ; il partagea la gloire et les conquêtes de son protecteur qui l'enrichit de propriétés importantes dans les royaumes de Salonique et de l'île de Candie.

Le marquis de Montferrat mourut après cette guerre ; il paraît que Vacqueiras ne lui survécut pas long-temps, et qu'il finit sa vie vers 1226, dans un âge peu avancé.

Les ouvrages, assez nombreux, de ce

Troubadour ont une teinte de singularité intéressante à connaître, parce qu'elle dépeint sans doute son caractère et ses sentimens.

Entreprend-t-il de raconter les faits d'un tournois ? il débute ainsi :

« Je vous dirai sans façon qui se comporta
» le mieux ; car personne ne farde ou ne
» déguise moins que moi un mauvais pro-
» cédé en chevalerie comme en galanterie. »

Adresse-t-il des couplets à sa maîtresse ? le refrain en est cette phrase d'une délicatesse charmante :

« Je n'ai jamais fait que vous aimer, vous
» désirer et vous craindre. »

Il lui écrivait aussi au moment de son départ pour la Palestine, et hésitant encore :

« Je ne sais si pour vous je prendrai ou
» quitterai la croix ; car vous me plaisez
» tant quand je vous vois, et je suis si
» affligé quand je ne vous vois pas ! »

Eloigné d'elle, il disait dans ses vers :

« Que me servent mes conquêtes, mes
» richesses et ma gloire ? Je m'estimais
» bien plus heureux lorsqu'amant fidèle
» j'étais aimé. »

Il avait dit dans un autre temps :

« Qu'on ne me condamne point de m'é-

» loigner pour elle d'Orange et de Vacquei-
» ras. »

C'était ainsi que l'absence de sa patrie devenait le plus grand sacrifice de son cœur.

Il avait pour devise à son armure et à ses poésies, ces trois mots qui remplissent, il me semble, tous les sentimens,

« *Honneur, amour, piété.* »

Mais lorsque sa muse eut à soupirer sa peine sur l'inconstance de Béatrix, ce fut encore avec des traits singuliers ; il composa une romance en cinq langues, « par le motif, » disait-il, que sa dame ayant changé d'opi- » nion, il changeait aussi de langage ; » la dernière stance était même un mélange confus qui exprimait ainsi l'état de son cœur.

Ces divers extraits des ouvrages de Rambaud prouvent une aimable originalité dans l'esprit, mais surtout de la simplicité et de la franchise dans le caractère ; ces sentimens sont toujours ceux d'un cœur sensible et loyal, et les Troubadours les professaient plus particulièrement. De tels chevaliers, de tels poëtes devaient en effet plaire, séduire, et immortaliser leur siècle.

Il exista un autre Rambaud également Troubadour, mais il était d'Orange, fils d'un comte de cette Principauté. Il aima la

Comtesse de Die, célèbre elle-même par ses vers, et mourut à Courthéson ; on ne peut donc le confondre avec Rambaud de Vacqueiras.

Pétrarque, dans le quatrième chapitre de ses Triomphes d'Amour, parle de l'un et de l'autre Rambaud en ces termes :

« E quei che fur conquisi con piu guerra,
» Io dico l'uno e l'altro Raimbaldo,
» Che cantar pur Beatrice in Monferato. »

Il distingue ainsi davantage le Rambaud, amant de Béatrix.

Crescimbeni, Rédi et Tassoni, l'ont également mentionné avec éloges dans leurs ouvrages.

Son existence fut donc aussi célébrée par les auteurs contemporains, qu'elle est encore aujourd'hui un titre de gloire pour sa patrie et d'intérêt pour les littérateurs.

APERÇU

Sur l'état actuel des Lettres. *

Par M. de Montmeyan.

Un écrivain célèbre a dit, que la Littérature était l'expression de la société, et plus on étudie en même temps l'histoire des lettres et celle des mœurs et des institutions sociales, et mieux on s'assure de la justesse de ce principe. Pour bien déterminer l'état actuel de notre littérature, pour saisir, si je puis m'exprimer ainsi, sa physionomie, pour faire voir en quoi son caractère diffère de celui qu'elle eut à d'autres époques mémorables où les lettres ont brillé d'un grand éclat, il est donc nécessaire de montrer le changement que nos mœurs et nos institutions ont subi. Un si vaste sujet, traité avec tous les développemens qu'il exige, demanderait un temps beaucoup plus considé-

---

* Cet aperçu, lu dans la Séance publique de 1827, n'est que le résumé même incomplet d'un ouvrage beaucoup plus étendu auquel l'auteur travaille, et qui est presque achevé.

rable que celui qui m'est accordé. Je serai réduit à ne présenter mes idées que d'une manière très-incomplète. La sagacité de mon auditoire suppléera à tout ce qu'un cadre aussi étroit doit nécessairement laisser à désirer.

Mon projet n'est point d'établir de rapprochement entre les siècles mémorables de Périclés, d'Auguste, de Léon x, et l'époque actuelle. Ce rapprochement qui pourrait avoir son intérêt et son utilité, me forcerait à entrer dans de trop grands détails. Le siècle de Louis xiv, le dix-huitième siècle, le siècle présent, tels seront mes trois objets de comparaison.

C'est un spectacle vraiment digne d'admiration que celui que nous présente ce beau règne où une foule de grands hommes également remarquables dans des genres différens, vinrent, pour ainsi dire, orner les degrés d'un trône où siégeait un monarque, qu'ils s'accordèrent à regarder comme plus grand qu'eux tous. Tandis que les Turenne, les Condé et leurs illustres disciples étendaient au loin la gloire du nom français par l'éclat de leurs victoires et la sagesse de leurs combinaisons militaires ; tandis que d'illustres magistrats, d'habiles négociateurs, par la profondeur de leurs vues, par la noblesse de leur conduite, prêtaient un nouvel appui à ce trône entouré de lauriers ; de grands poëtes, de grands orateurs rappelaient par leurs talens les plus illustres écrivains de

Y

la Grêce et de Rome. Grâces au génie des Corneille et des Racine, la France, dans le genre tragique, eut ses Sophocle et ses Euripide. Molière nous rendit Ménandre, et La Fontaine orna le simple apologue d'une foule de beautés inconnues avant lui. L'éloquence sacrée, la seule qui ait été portée à un haut degré dans ce siècle, nous présente dans Bourdaloüe, dans Bossuet, et dans Massillon, de dignes rivaux des Cicéron et des Démosthène. Doué d'un esprit hardi, d'un génie original et profond, Descartes secoua les chaînes dont l'intelligence semblait garrotée depuis dix siècles, et ne reconnaissant dans les matières philosophiques d'autre autorité que la raison, d'autre règle que l'évidence, malgré les erreurs où son esprit trop systématique l'entraîna, il n'en mérite pas moins d'être compté parmi ce petit nombre d'hommes *d'après lesquels pense le genre humain.* Quel est cet homme prodigieux dont tous les pas sur la terre sont marqués par quelque découverte, qui semble n'exister que pour penser, ne penser que pour découvrir ; doué du génie du style comme de celui de la méditation ; il fixe les règles de notre langue ; prend tous les tons de l'éloquence, et sur la fin de sa rapide carrière, après avoir parcouru le cercle entier des connaissances humaines, malgré les souffrances continuelles d'un corps qui succombe sous le poids d'un si haut génie, il nous laisse dans quelques fragmens, expression rapide de ses pensées, l'ouvrage le plus étonnant peut-être qui soit sorti de la main des hommes. A ces traits, qui ne reconnaîtrait le fameux Pascal, génie unique, véritable phénomène dans les annales des sciences et de l'éloquence ? Disciple de Descartes, et pourtant esprit original, Malebranche s'enfonce dans toutes les profondeurs de la métaphysique et l'orne de tous les trésors d'une imagination riche et brillante. Nul homme ne posséda à un plus haut degré de cet esprit d'observation intérieure, bien plus rare et bien plus difficile que celui qui s'applique au monde sensible. Nul homme n'eut plus que ce grand philosophe le talent de former de ses idées une longue chaîne où tout se tient, et si malgré la force de son esprit et cette profondeur de réflexion, il tomba dans quelques erreurs, ces erreurs même eurent un caractère particulier de grandeur et de sublimité.

Au milieu de tant de grands hommes marche cet illustre prélat qui par le seul ascendant de son génie est pendant trente ans le dictateur de l'Église de France, et qui même dans les choses profanes semble avoir un rang a part. Je ne parlerai ni de ses victoires sur l'hérésie, ni de ce tableau rapide et sublime des annales du monde, ni de tant d'autres productions où son talent se montre dans toute sa force ; qu'il me soit permis seulement dans cette esquisse rapide, de m'arrêter un moment sur ses triomphes dans la chaire évangélique. Qu'on se représente Bossuet devant le cercueil du grand Condé dont il fut l'ami, poussant à bout la gloire des conquérans, anéantissant toute grandeur humaine devant des grandeurs d'un autre ordre, et après avoir fait l'éloge le plus magnifique du Héros de la France, venant mêler ses regrets à ceux de tant de guerriers célèbres, de tant de personnages illustres, et laissant entrevoir sa fin prochaine. Quelle impression ne dût pas faire un tel tableau ? Un Condé dans la tombe, un Bossuet près d'y descendre, qu'est-ce qui pouvait mieux prouver le néant de la gloire ? C'est à cette même époque de grandeur que se rattachent et ce Fénélon qui dans son Télémaque a su fondre ensemble Homère, Platon et Sophocle; qui dans son traité de l'existence de Dieu, s'est élevé si haut en métaphysique, et a parlé de la Divinité aussi admirablement que St. Augustin et Clarke, et de qui le nom rappelle tous les talents comme toutes les vertus ; et cet illustre Domat dont l'esprit profond, clair et méthodique simplifia l'étude de la jurisprudence dans un ouvrage immortel qu'aucun changement dans la législation ne fera jamais oublier ; et cet universel Daguesseau, non moins versé dans l'étude de la philosophie que dans celle des lois, capable de discuter une question mathématique avec les premiers géomètres de l'europe, comme une question littéraire, avec Boileau et Racine, et qui sera le modèle éternel de la magistrature.

Qui n'eût promis alors à la France des siècles de grandeur et de gloire ? Mais ô prodige ! à peine un grand monarque est-il descendu dans la tombe, que tout semble prendre une face nouvelle ; la Religion perd de son empire sur les esprits, les mœurs n'ont plus de frein et l'autorité plus de force. Quelles furent les causes d'un changement si imprévu, si prompt, si extraordinaire ? Osons le dire, sans craindre de compromettre la gloire de Louis xiv, il faut bien qu'à cette époque même des causes puissantes quoique d'abord inaperçues, eussent agi sur les esprits, pour qu'une révolution si subite pût s'opérer dans les mœurs et dans les opinions. Ce serait la matière d'un travail étendu et difficile de signaler ces causes. Tout ce que je puis faire en ce moment c'est d'en indiquer quelques-unes.

Prenant en main les rênes de l'autorité immédiatement après les troubles de la fronde, Louis XIV fut peut-être trop frappé de la crainte de voir la résistance des différens corps de l'état dégénérer en guerre civile. Il appartenait à un grand monarque comme lui de s'en fier à l'ascendant de son caractère, à l'attachement des Français pour leur roi, et de ne pas redouter ces luttes utiles quand elles sont renfermées dans de justes bornes, en ce qu'elles parviennent sinon à prévenir entièrement, du moins à diminuer les écarts de l'autorité. Mais Louis XIV se laissa dominer par des idées contraires; aussi le droit d'enregistrement des Cours souveraines fut-il réduit, sous son règne, à une espèce de formalité; et le mot d'États généraux ne fut pas même prononcé. Le courageux Fénélon est le seul qui dans un mémoire curieux ait osé appeler l'attention du gouvernement sur cette antique institution de la France. Que résulta-t-il de cette direction donnée aux esprits? C'est que les uns, et ce fut le plus grand nombre, restèrent étrangers à toutes les théories politiques, ce qui les rendit faibles au jour du combat, et que les autres nourrirent dans le secret, contre l'autorité, un levain d'indépendance et de rébellion. L'instruction de la jeunesse, trop exclusivement dirigée peut-être vers l'étude de l'antiquité, pût contribuer aussi à cette explosion d'idées anti-monarchiques qui eut lieu vers la fin du siècle suivant.

Si de la politique nous passons à la Religion, peut-être que des rigueurs indiscrètes donnant trop d'éclat à de malheureuses querelles, affaiblirent l'esprit de religion chez des hommes frivoles ou peu instruits, et à qui quelques abus font méconnaître l'avantage des meilleures institutions. On peut regarder comme un grand malheur pour l'église et pour la société cette longue lutte de *Port-royal* contre l'autorité religieuse, lutte ou le talent, il faut l'avouer, fut du côté de cette savante école (*), et qui entretenant un malheureux esprit de discorde, vint fournir des armes à l'irréligion. Dans les questions fondamentales de la philosophie, quoique les grands écrivains du siècle de Louis xiv se fussent élevés très-haut, ils n'avaient pu

---

(*) En reconnaissant que le talent fut du côté de Port-royal, je suis loin de vouloir approuver ses doctrines qui ont fait plus de mal qu'on ne le croit communément, mais je ne puis m'empêcher d'admirer les Grands Hommes qu'elle a produits.

manquer de se tromper sur plusieurs points. Ces discussions suivies, ces chocs prolongés de doctrines qui finissent par jeter un si grand jour sur la vérité ou la fausseté des principes qu'on examine, ne pouvaient être le partage d'un siècle qui avait tout créé. Il lui manquait en un mot, l'expérience utile de tant d'incertitudes, de tant de contradictions, de tant d'erreurs, et telle est la faiblesse de l'esprit humain, qu'il n'apprend presque jamais rien qu'après s'être long-temps trompé.

Quoiqu'il en soit de ces causes, l'effet ne fut que trop certain, et l'on vit les esprits en France prendre une direction opposée à celle qui avait régné jusqu'à la fin d'un siècle unique peut-être dans les fastes de l'Histoire. Cette direction ne tarda pas à se manifester dans la littérature. Celle-ci avait été grave et religieuse sous le règne de Louis XIV, elle devint railleuse et impie dans le siècle suivant. Malheureusement encore pour la cause de la religion, des mœurs, et de la société, des hommes d'un grand talent semblèrent ne l'employer qu'à ébranler les institutions les plus sacrées et les plus nécessaires au bonheur de l'humanité. Quel est cet écrivain doué de tous les genres d'esprit excepté celui de méditation, qui sait revêtir toutes les formes, s'adresser à tous les goûts, plaire à tous les esprits, et dont l'ascendant sur son siècle fut si prodigieux ? Il règne sur la scène tragique, il amuse par des contes légers et piquants, il trompe, il séduit par des histoires infidèles et attachantes, et toutes les ressources de son génie, toute l'activité de son esprit, il les emploie à détruire la religion de son pays. Quelques hommes habitués à des méditations profondes, à une manière de raisonner forte et pressante, se sont étonnés de l'ascendant de Voltaire sur ses contemporains. Comment se fait-il, ont-ils dit, qu'un homme d'une érudition superficielle, lorsqu'elle n'est pas mensongère, presque étranger aux études philosophiques, incapable de tous ces travaux qui demandent une grande force de tête, qui, en un mot, ne fut richement partagé que des dons de l'imagination, et de ceux de cet esprit agréable et léger qui peut plaire sans doute, mais qui ne doit pas servir de guide dans la recherche de la vérité, ait pu être regardé par tant de personnes comme un oracle sur des questions importantes, et les plus importantes de toutes.

Pour expliquer cet empire, elles ont accusé la frivolité de notre nation ; mais sans vouloir nous justifier entièrement sur cet article, il est juste d'observer, que les circonstances où Voltaire écrivit, favorisèrent beaucoup ses succès, et l'on peut croire, je pense, sans craindre de se tromper, que s'il eût paru à une autre époque, il eût fait beaucoup moins de mal, et n'eût pas obtenu la même influence.

Un homme d'un génie tout différent vint aussi dans le même temps fixer l'attention sur lui par la manifestation subite d'un talent qui s'était nourri dans la solitude et dans la méditation. Sorti des rangs inférieurs de la société, ayant mené long-temps une vie inquiette, tourmenté du besoin de la renommée et du chagrin de ne pas occuper la place que son talent lui indiquait, J.-J. Rousseau laisse apercevoir dans ses premiers ouvrages un esprit de haine contre les institutions sociales. Tantôt il attaque les lettres comme corruptrices du genre humain, et veut nous ramener à la vie sauvage ; tantôt il ne reconnaît de pouvoir légitime que le pouvoir démocratique, et veut réformer tous les gouvernemens de l'europe sur celui de sa patrie ; tantôt, sous prétexte de nous ramener à la religion de la nature, il cherche à ébranler les preuves de la religion révélée. Il avait vécu au milieu d'hommes indifférens à presque tous les principes les plus essentiels de la morale, et parce qu'il conserve les plus nécessaires, il se croit le réformateur de son siècle. Si le poëte de Ferney dont les écrits s'adressaient à un plus grand nombre de lecteurs, fit plus de mal à la Religion, le philosophe de Genève forma plus d'ennemis de l'autorité, plus d'adversaires du pouvoir monarchique, et en France où on était malheureusement trop étranger aux questions de droit politique, le *Contrat social* fut regardé par beaucoup de monde, comme un ouvrage qui renfermait tout ce que la raison humaine avait imaginé de plus profond sur l'origine et le fondement de la société.

Un grand écrivain, un publiciste célèbre, avait précédé Rousseau. Ouvrage de vingt années de travail et de méditation, l'Esprit des Lois ne répondit pas peut-être à tout ce qu'on aurait pu attendre du génie de Montesquieu. Admirable dans les détails, mais faible quelquefois dans les principes, il ne fournit point à la France une doctrine assez bien liée pour qu'elle la préservât de la contagion des théories démocratiques, et peut-être qu'une terrible expérience était nécessaire pour éclairer les esprits et dissiper de faux systèmes que des événemens mémorables devaient si cruellement démentir.

Un genre de mérite que l'on ne peut contester au siècle dont j'essaye en ce moment d'esquisser quelques traits, c'est celui d'avoir su retracer les grands tableaux de la nature physique. Quoique le siècle de Louis XIV n'en eût pas été entièrement privé, cependant on est forcé de convenir que Buffon et d'autres écrivains qui se sont montrés comme lui de grands peintres de la nature, ont porté ce mérite beaucoup plus loin. La prose française acquit, sous la plume du philosophe de Montbar, un éclat, un nombre, une magnificence toute particulière. Le pinceau de Buffon sut tout retracer depuis les plus grands jusqu'aux plus petits objets, et avec un art infini, au milieu des scènes imposantes de la nature, cet illustre écrivain place toujours l'homme de manière à ce qu'il tienne le premier rang, et qu'il soit en quelque sorte le dieu dont elle n'est que le temple.

La philosophie du siècle de Louis XIV, avoit eu une direction religieuse et sublime; celle du siècle suivant eut une tendance opposée. Disciple de Locke, Condillac vint substituer à une philosophie toute intellectuelle une méthode bien différente; suivant cette nouvelle doctrine, l'homme dut toutes ses connaissances à ses sens, toutes nos facultés ne furent plus que la sensation transformée; et des disciples exagérant, comme il arrive toujours, les opinions de leur maître, réduisirent bientôt l'homme à n'être qu'une masse organisée et sensible, esclave de ses besoins et de ses passions. De là, cette morale de l'intérêt réduite en système par Helvétius.

Un homme, d'une imagination ardente, qui réunissait à beaucoup de connaissances un esprit fort inégal, après avoir, dans ses premiers écrits, combattu le matérialisme et l'athéisme, finit par être l'apôtre de ces absurdes doctrines, et montra l'enthousiasme d'un inspiré pour faire prévaloir des opinions destructives de tout enthousiasme. Comme on l'a déjà remarqué, il eut le talent d'écrire quelques belles pages, et ne sut pas faire un livre. Les principes les plus incohérens se rencontrèrent quelquefois sous sa plume, et il fut un mémorable exemple de tous les écarts auxquels un écrivain séduit par une imagination sans frein, par un esprit sans doctrines fixes, peut se laisser entraîner. A peu près à la même époque commença à se faire connaître le prosateur éloquent à qui nous devons *les Études de la nature* : aucun écrivain n'a porté plus loin la pureté, l'élégance et la grâce du style. Quoiqu'on puisse lui reprocher des erreurs en politique, quoiqu'il ne se soit point assez franchement placé dans le rang des défenseurs de la révélation, cependant ses principes s'éloignaient beaucoup de ceux qui dominaient à l'époque où il écrivit. Le sentiment de la divinité se manifeste par-tout dans ses ouvrages. Les affections douces et vertueuses y sont peintes avec un charme tout particulier. Quel contraste entre un roman comme Paul et Virginie, et la pluspart des livres qui parurent dans le même temps! On peut presque considérer cette touchante narration comme une fleur qui a cru au milieu des sables du désert.

S'il entrait dans mon plan de rappeler tous les titres littéraires du dix-huitième siècle, il serait juste de n'oublier, ni le grand géomètre qui, par le discours préliminaire de l'encyclopédie et les élémens de philosophie, s'est acquis une réputation, sinon d'homme éloquent, au moins d'écrivain exercé et précis; ni l'historien de l'astronomie dont le style rappelle souvent celui de Buffon; ni l'éloquent Vicq-d'Azyr, rival de Fontenelle dans l'éloge académique, et qui, parlant de médecine et d'anatomie, sut s'exprimer avec tant d'élégance et de noblesse; ni le peintre ingénieux et savant à qui nous devons le voyage d'Anacharsis; mais j'ai voulu rappeler seulement l'esprit dominant du dix-huitième siècle. Cet esprit fut en tout opposé à celui du siècle précédent. Les écrivains qui donnaient le ton à cette époque, se constituèrent les adversaires de la religion et des institutions monarchiques. Ils ne cherchèrent qu'à tout ébranler et obtinrent dans ce genre un déplorable succès.......

Un nouveau siècle commençait ; il n'avait rien hérité du siècle précédent que des ruines; il n'existait plus ce trône que défendirent Turenne et Vauban, que semblaient devoir rendre à jamais indestructible, l'héroïsme de Philippe Auguste, les vertus de St. Louis, la magnanime bonté de Henri IV, l'imposante grandeur de Louis XIV. L'athéisme avait fait entendre sa voix impure dans la patrie de Bossuet et de Fénélon ; le cri de la révolte avait prévalu chez une nation qui pouvait citer parmi ses premiers magistrats, des Molé, des Lamoignon, des Daguesseau ; et des doctrines d'anarchie régnaient encore dans cette belle France si renommée par son amour pour ses rois. Parmi les malheureux proscrits, réduits à fuir une terre qui dévorait ses habitans, se trouvait un jeune homme qu'avait signalé de bonne heure une imagination ardente, un esprit noble et courageux. Témoin du bouleversement des empires, de ces grandes convulsions de la société qui resserrent en peu d'années l'expérience de vingt siècles, dans les climats lointains où le conduisit sa fortune, la nature lui offrit des tableaux non moins imposans dans leur tranquille majesté. C'est sous la hutte du sauvage, au fond de toutes les solitudes de l'Amérique, que ce jeune homme devenu depuis le plus grand écrivain de son siècle, sentit les premiers élans de son génie, et sans doute que les scènes imposantes et sublimes dont il était entouré, contribuèrent à donner à son style ce tour pittoresque et hardi, ces formes rapides et fières qui le caractérisent. Enfin, le Génie du Christianisme parut, et commença, pour ainsi dire, une nouvelle époque littéraire. L'influence de ce bel ouvrage sur la littérature, et même sur la société, fut incalculable; mais quelque mérite qu'il offrît, on doit remarquer que les circonstances dûrent beaucoup contribuer à étendre cette influence. Une religion que l'on avait prétendu détruire, par le fer des bourreaux, après avoir cherché à la renverser sous le poids des déclamations et des sophismes, reparaissait plus imposante que jamais, lavée par un baptême de sang des taches que la faiblesse des hommes avait pu joindre à l'ouvrage de Dieu. De même que ces empires qui rajeunissent sous la tente guerrière, elle avait trouvé une nouvelle force au jour de ses combats. La philosophie irréligieuse n'avait tenu aucune de ses promesses; convaincue d'imposture, elle

ne

ne pouvait manquer de succomber. Un intérêt naturel dût s'attacher au courageux défenseur des saines doctrines. La fin du siècle dernier avait été marquée par le règne des sentimens frivoles; la peinture des passions avait perdu toute vérité et toute énergie ; la poésie n'était plus occupée qu'à retracer les scènes de la nature physique, ou des tableaux de volupté. Il y avait long-temps que les accents d'une sensibilité profonde ne s'étaient point fait entendre. Avec quel plaisir ne les retrouva-t-on pas dans Réné et dans Atala, accompagnés des tableaux les plus énergiques d'une nature étrangère. Par son mérite, et même par ses défauts, le style de M. de Chateaubriand devait faire école ; aussi l'on peut dire sans exagération, que presque tout ce qui a paru de remarquable, soit en prose, soit en vers depuis la publication du Génie du Christianisme, porte des traces sensibles d'imitation (*). Il est donc dans le monde littéraire, comme dans le monde politique, des conquérans qui dominent tout leur siècle.

Une connaissance beaucoup plus approfondie des littératures étrangères, surtout des littératures anglaise et allemande, vint

---

(*) Cette imitation n'est nulle part plus sensible peut-être que dans les Poésies de M. de Lamartine.

Z.

encore modifier le goût en France, et donner aux esprits une direction nouvelle. Les partisans des théories sur lesquelles s'appuyent ces littératures étrangères allèrent beaucoup plus loin que l'illustre auteur du Génie du Christianisme, et mirent en avant des principes que celui-ci n'eût pas voulu reconnaître. Enfin, une nouvelle école s'établit sous le nom d'école romantique. Son influence étant aussi puissante sur les esprits, il est important de bien définir le genre qu'elle cherche à faire prévaloir, d'en déterminer les avantages et les inconvéniens. Notre avenir littéraire devant beaucoup dépendre du succès qu'aura cette nouvelle école, et des modifications qu'il peut et doit subir, il entre dans le plan de ce court aperçu de l'état de notre littérature, de prédire en quelque sorte ses destinées.

Il est difficile de définir précisément en quoi consiste le genre romantique. Secouer toutes les règles, violer toutes les convenances, ne peut jamais constituer aucun genre, et jamais chez une nation instruite, des ouvrages qui n'auraient point d'autre titre au suffrage des gens de goût, ne pourraient obtenir de succès. Comment se fait-il donc que les productions que l'on regarde comme appartenant à cette école, agissent si puissamment sur l'imagination et produisent un aussi grand effet ? Il est donc quelques principes cachés, quelques règles difficiles à saisir qui constituent principalement ce nouveau genre, et qui sont la cause de son empire sur les esprits.

Le genre classique repose principalement sur l'imitation des anciens qui ont été les premiers modèles d'une littérature arrivée à un haut degré de perfection. Par ces anciens, il faut surtout entendre les Grecs et les Romains ; car les romantiques pourraient, au besoin, trouver des autorités dans la littérature orientale, et même chez les Hébreux. Les grands écrivains du siècle de Louis xiv, frappés de l'exagération et du mauvais goût de quelques auteurs du seizième et du dix-septième siècles, qui n'avaient suivi d'autres règles qu'une imagination désordonnée, ne tinrent peut-être pas assez compte de tous les changemens qu'une religion divine, que des institutions différentes, que des mœurs si éloignées de celles des anciens, qu'un ordre de chose si opposé, en un mot, devait produire dans la littérature, expression naturelle de la société, ainsi que nous l'avons dit plus haut, d'après l'illustre auteur de la Législation primitive. M. de La Harpe, en parlant de ces grands romans du siècle de Louis xiv, qui, à travers beaucoup de choses fausses et puériles, offrent quelquefois la peinture de sentimens d'une noblesse et d'une délicatesse inconnues aux anciens; dit que Boileau et Racine ne tardèrent pas à s'apercevoir que l'amour était mieux peint dans vingt vers de l'Énéïde, que dans ces longues et assoupissantes productions. S'il était vrai que ces deux grands écrivains eussent porté un tel jugement, j'oserais, malgré toute l'autorité qui s'attache à leurs noms, leur en faire un reproche. Virgile est sans doute un des poëtes de l'antiquité qui a su le mieux peindre la passion de l'amour. Mais il appartenait à une religion et à des mœurs trop différentes de celles de nos jours, pour qu'on puisse espérer de retrouver dans ses écrits la peinture complète d'une passion qui prend tant de formes diverses. Aussi, pour l'homme doué d'une imagination vive et d'un cœur ardent, combien l'amour de Didon est loin de remplir l'idée que l'on se forme d'un sentiment qui, après la vertu, est ce qu'il y a de plus beau sur la terre! La vie des anciens s'écoulait presqu'entièrement dans les camps ou dans les assemblées publiques. Les femmes renfermées dans l'intérieur de leurs maisons n'avaient point chez eux l'influence dont elles jouissent parmi nous. Aussi leurs poëtes érotiques n'ont-ils guère chanté que des courtisanes. Les nations du nord auxquelles nos ancêtres, les Gaulois, ressemblaient sur ce point, comme sur beaucoup d'autres, firent des femmes l'objet d'une vénération particulière. Elles assistaient à leurs délibérations ; leur blâme ou leur suffrage avaient la plus puissante influence sur la conduite des hommes. Que de causes se réunissaient donc pour donner à notre littérature une physionomie fort différente de celle des littératures grecque et romaine !

Un des principes fondamentaux du genre romantique, c'est la peinture fidèle des mœurs et des sentimens des peuples modernes. On s'attache surtout dans cette école, à exprimer ces impressions profondes, et qui ont pourtant quelque chose de vague. La poésie des anciens avait eu pour principal objet de reproduire, si je puis m'exprimer ainsi, la partie extérieure de l'existence ; ces sentimens et ces passions qui se manifestent au dehors par des actions faciles à reconnaître. La poésie romantique, sans négliger entièrement ce genre de peinture, attache un grand prix à l'expression fidèle des sentimens les plus cachés du cœur humain ; à la peinture de ces nuances fugitives, de ce choc et de ces incohérences d'idées dont le cœur de l'homme est si souvent le théâtre. Il y a quelque chose de plus étendu dans nos affections, que dans nos idées ; et de même que les plus profondes méditations, n'atteindront jamais les dernières limites de l'intelligence ; de même il restera toujours beaucoup à découvrir dans la peinture de nos sentimens. Sans doute il ne faut pas que des analises trop subtiles du cœur humain, et une trop grande importance attachée à de légères nuances viennent dessécher la poésie ; mais, d'un autre côté, ce serait une grande erreur de croire que tous les mystères de ce cœur, océan incommensurable, ont été découverts, et qu'après Homère, après Virgile, après les peintres les plus sublimes de nos passions, le génie ne peut pas pénétrer plus avant dans cet abîme. Il faut convenir que la peinture de sentimens exaltés, a quelque chose d'aérien et de métaphysique qui peut fatiguer l'imagination si l'on ne sait pas la reposer par des tableaux qui lui donnent plus de prise, et dont la couleur différente jette d'ailleurs une variété nécessaire dans tout ouvrage d'esprit. Ainsi, pour rapprocher les deux écoles, on pourrait dire aux partisans des doctrines classiques : ces anciens dont vous êtes les admirateurs à si juste titre, ont été sans doute des peintres fidèles et énergiques des premières affections de l'homme ;

mais convenez que la carrière s'est agrandie pour nous ; que sous l'empire d'une religion qui fait un devoir de la résistance aux passions, on doit mieux connaître ces chocs d'affections opposées dont le tableau offre tant d'intérêt ; qu'une manière d'exister plus concentrée, plus repliée sur elle-même, a dû faire apercevoir des sentimens que les anciens ne pouvaient saisir au milieu d'une vie publique et agitée. D'un autre côté, en s'adressant aux romantiques on les forcerait d'avouer qu'ils mettent souvent trop d'importance à saisir des nuances tellement vagues et subtiles, qu'elles ne peuvent presque produire aucun effet ; qu'une peinture trop continuelle de ce que l'on peut concevoir de plus grand et de plus idéal dans le cœur humain, fatigue et même épuise l'imagination si on ne sait la rappeler bientôt à un monde plus sensible, plus palpable, pour ainsi dire.

Ces réflexions sur la littérature ont aussi leur importance politique. Rien ne peut mieux assurer le repos d'une nation, rien ne peut davantage lui faciliter les moyens d'arriver au plus haut période de puissance et de gloire, que d'établir une harmonie parfaite entre les idées religieuses et politiques qui la gouvernent, et les idées littéraires qui l'occupent et la distraisent. On ne sait pas assez quelle influence obtient, à la longue, une littérature qui s'identifie pour ainsi dire avec toutes nos pensées. C'est un reproche que l'on peut adresser aux temps modernes. Le christianisme n'était point entré assez avant dans nos préjugés, dans nos habitudes, dans nos occupations ordinaires. Notre littérature aurait dû en être, pour ainsi dire, imbibée; mais si nous étions chrétiens par la raison, nous étions encore païens par l'imagination, et cette opposition entre deux de nos facultés a eu plus d'importance et a pu faire plus de mal que l'on ne le pense communément. Il appartient à l'époque actuelle de posséder enfin une littérature entièrement nationale, qui, tout en prenant les anciens pour modèles dans la manière de s'exprimer, dans l'observation de ces règles qui ne sont que le code de la raison humaine, tienne compte de tous les changemens que le monde a éprouvés depuis Homère et Virgile, et qui, appropriée à nos idées, en harmonie avec toutes nos institutions, ait ainsi ses racines dans notre cœur et un plus grand empire sur les esprits.

Je ne sais si je me trompe et si j'ai trop bonne opinion de mon siècle, mais il me semble impossible, malgré le mot de Fontenelle, qu'il ne profite pas des mémorables leçons que lui fournissent les deux siècles qui l'ont précédé. Au point où nous sommes arrivés, l'enchaînement des erreurs et celui des vérités doivent être nécessairement plus faciles à saisir. On pouvait à toute force être protestant sous le règne de Louis XIV ; il faut opter aujourd'hui entre le catholicisme et le socianisme ou le déisme ; ajoutons que les adversaires de la révélation n'ont jamais pu s'entendre entre eux, et que les déistes se sont trouvés exposés de la part des athées, au même genre d'objections que les premiers avaient employé contre la religion chrétienne. Il en est de même dans la politique ; tout ce qu'on a objecté contre le pouvoir monarchique peut également être opposé à toute autre forme de gouvernement ; et la souveraineté essentielle au peuple, ou, pour s'exprimer avec plus d'exactitude, à la majorité, ne peut plus, je crois, faire de dupes ; et c'est vainement qu'on essaie de substituer à cette erreur usée une opinion plus déraisonnable encore et qui consiste à investir de tous les attributs de la souveraineté, celui qui a la justice et la raison de son côté ; doctrine destructive de toute société, véritable niaiserie politique et qui ne peut par cela même avoir une influence aussi puissante ni aussi durable que celle qu'a exercée la théorie du contrat social exposée par le philosophe de Génève.

Mais si notre siècle, instruit par l'expérience, doit, je l'espère, devenir de plus en plus religieux et monarchique, d'un autre côté, il ne se laissera séduire ni par ceux qui voudraient faire de la religion un moyen d'arriver à la puissance, au lieu d'y voir le lien sublime de l'homme avec Dieu, ni par ces royalistes intéressés qui veulent que la monarchie n'existe en quelque sorte que pour eux, tandis qu'elle est le bien commun d'une nation. L'homme sincèrement attaché au christianisme, sentira que c'est par des discussions profondes et lumineuses, par l'exemple d'une vie irréprochable, et non par la persécution, que l'on ramène ceux qui s'égarent; et qu'affecter un zèle ardent, et fanatique pour le triomphe d'une religion dont on viole presque tous les préceptes, c'est se rendre justement suspect de n'avoir qu'une religion mondaine. Le défenseur de l'ordre social comprendra que le pouvoir monarchique devient plus fort en s'imposant des règles, et que la participation d'une nation par le moyen de ses représentans, à l'autorité législative et au vote de l'impôt, est un perfectionnement dans la combinaison des pouvoirs ; perfectionnement qui se retrouve d'ailleurs sous différentes formes, dans tous les gouvernemens établis sur les ruines de l'empire romain.

Le philosophe qui étudie les loix de la pensée, les phénomènes de l'intelligence, le monde des esprits, pourra désormais sans craindre de passer pour téméraire, ne pas se soumettre à l'autorité de ce Locke qui suivant Voltaire

A de l'esprit humain, posé la borne heureuse, et ne sera point traité de rêveur pour préférer les doctrines de Descartes et de Leibnitz, celles du philosophe anglais. On ne craindra pas d'être sérieux dans un sujet grave, car le vrai restera vrai en dépit de toutes les plaisanteries.

Enfin, pour en revenir à la littérature, la pensée reprenant sa dignité, le langage retrouvera l'élévation qu'il a eue dans le beau siècle de Louis xiv. Pascal, Bossuet, Fénélon, Racine, La Fontaine, hommes incomparables, vous, serez les modèles éternels du poëte et de l'orateur ; mais l'écrivain habile, tout en reconnaissant la supériorité de génie des auteurs du siècle de Louis xiv, apprendra de nouveaux secrets de style dans la prose éloquente et passionnée de J.-J. Rousseau ; dans les descriptions pompeuses de Buffon ; dans le tour énergique et concis de Montes-

quieu. Il cherchera à imiter le brilla
de Voltaire, en poésie, la simpl
clarté, les tournures piquantes de
la grâce et la fraîcheur des tabl
Bernardin de St. Pierre; les form
resques et hardies du style de Chate
il ne s'efforcera point de reprod
nature de convention, ni des sent
tices; étudiant les modèles de l'antiq
également versé dans la connaiss
différentes littératures modernes, il
dra point d'avouer que Shakspe
quelquefois grand comme Sophocle
sublime comme Homère; Klopsto
comme Pindare; l'homme enfin se r
plus souvent dans l'écrivain. C'est a
rapprochant du siècle de Louis xiv
sieurs points, et profitant cepen
richesses littéraires du siècle suivant,
l'étude des littératures étrangères à
l'antiquité, religieux sans fanatism
narchique par conviction et par int
la société toute entière, également é
de cette présomption qui voudrait
truire pour tout refaire; et de cette
toute innovation qui repousserait le
rations les plus évidentes, c'est ainsi
que notre siècle est appelé à de haut
nées. Nos neveux seuls pourront dé
les aura remplies.

LE VIEUX SERVITEUR.

Par E.-C. Rouchon-Guigues.

Il y a mille ans que ces tours sont bâties. Ce fut trois siècles avant la première croisade qu'un de tes ancêtres en jeta les fondemens, et depuis elles furent achevées sous son petit fils. Mon illustre Seigneur m'avait raconté cela à la flamme de son foyer, un soir que le vent sifflait dans les créneaux antiques, et que le tonnerre retentissait à travers les longs corridors.

Fixe tes yeux sur la tour orientale; regarde ces vestiges de l'attaque que le Comte Robert a repoussée il y a quatre siècles. Il s'était trouvé dans une réunion de nobles Chevaliers, où l'on avait porté une santé en ces termes : à Edouard, Roi de France. Le Comte se leva de son siège, on dit qu'il frappa l'air deux fois de son épée, et que prenant une coupe pleine de vin, il répliqua en ces termes : à Philippe, Roi de France. Ce fut l'occasion de la guerre.

Mon jeune Seigneur, tu as enlevé les vieilles tentures. Ces vitraux qui amusaient les loisirs de tes serviteurs, ne sont plus depuis deux ans. Le feu a dévoré les meubles de tes pères ; le grand fauteuil où ton aïeul assis au terme de ses jours, réconciliait ses amis, et pacifiait ses vassaux. Et tu vas renverser ces vieilles tours.

Quand tu étais enfant, je te soutenais dans mes bras, je te portais sur mes épaules; j'avais promis de te rester attaché jusqu'au bout de ma carrière. Mais j'ignorais ton dessein funeste ; ainsi je me crois dégagé de ma parole. J'attendrai que l'ouvrier ait donné le premier coup de marteau, et sur le champ, avec ces images que j'ai recueillies dans la poussière, et cette bourse de cuir où je tiens serrées quelques pièces d'or, j'irai mourir hors de la vue de ces lieux.

LE TABLEAU D'APPELLES.

Par le même.

Appelles avait exposé un tableau dans le temple de Jupiter, à Athènes. C'était une merveille du ciel. Au fond était une colline couronnée des feux du midi. Sur le devant, une jeune fille se levait de son rouet, pour retenir un vieillard aveugle qui avait chancelé dans sa démarche. Voilà tout le sujet. Ce jour là une grande multitude s'était assemblée devant le temple. Tout à coup un pauvre insensé élevant la voix, chanta ce qui suit sur le mode dorien.

Appelles, Appelles, tu n'es qu'un insigne voleur : rien de ce qu'il y a dans ce tableau ne t'appartient. Tu as tout pris où tu as pu, et moi qui ne suis, parmi les grecs, ni peintre ni poëte, si j'eusse voulu comme toi, j'aurais aussi exposé mon tableau dans le temple du souverain des dieux. Appelles, Appelles, tu n'es qu'un insigne voleur.

Ce vieillard sublime que j'aperçois, dont les yeux sont fermés à la lumière, et qui est revêtu d'une robe de pourpre, liée sur sa poitrine par une agraffe d'or, je le connaissais avant qu'il fut dans ton tableau. C'était ce vieux prêtre d'Apollon, qui tous les soirs s'assayait sous le sacré portique, et consolait les ennuis de ses longs jours, en chantant sur la lyre les louanges du dieu. Appelles, Appelles, etc.

Dis-moi, est-ce à toi qu'appartient cette jeune fille, ou au grand Jupiter qui a tout créé chez les mortels. Cette fille est de la race des rois d'Athènes, la maison de son père est voisine du pyrée. Je veux, voleur insigne, me mettre à la tête de tout ce peuple, pour le conduire chez l'Archonte Parménion. Pour toi, n'y viens pas, car ton larcin serait trop manifeste. Appelles, Appelles, etc.

Je m'arrêterai un instant dans ma course chez Cimon, l'ouvrier, du Bourg de Sciros. Je lui donnerai cette pièce d'or que je tiens dans la main. Ami, lui dirai-je, je te promets l'admiration des grecs et même une couronne dans les jeux olympiens. Pour cela, tu n'as qu'à faire un de ces rouets qui t'ont rendu fameux dans Athènes. Prends ton temps et mets-toi à l'œuvre. Quand le soleil se sera
couché

couché deux fois sur la citadelle, je reviendrai dans ton atelier avec tous ces citoyens. Appelles, Appelles, etc.

O Athéniens, votre raison est égarée. Quoi ! vous ne reconnaissez pas la montagne qui borne l'attique du côté de l'orient. Oh certes, elle est plus vieille que votre peintre. C'était bien avant la célèbre querelle des deux immortels ; bien avant le roi Thésée, et les merveilles d'Alcide, que la main de Saturne en posa les fondemens sur les entrailles de la terre. Appelles, Appelles, etc.

Tous les citoyens, après avoir écouté avec attention cet insensé, supplièrent les dieux de lui rendre la raison, et Appelles promit de consacrer son tableau dans le temple même, si les Dieux se rendaient propices aux vœux du peuple.

L'AFFRANCHI DE TIBÈRE.

Par le même.

Appius, Appius, ces ornemens te vont à merveille. Demande à la courtisane Lycisca combien tu es beau sous la toge consulaire, ou plutôt demande-le à ton illustre maître l'empereur Tibère, dans quelque moment où son regard s'arrêtera sur son affranchi.

Le Sénat assistait, un de ces jours, à la pompe de la grande déesse. Il fallait voir le consul Appius inclinant son flambeau et regardant à droite et à gauche les dames romaines qui bordaient les galeries. Appius, tu peux choisir, écris quelques mots, et derrière ton messager fidèle, arrivera ou la nièce de Caton, ou la petite-fille de l'Africain.

Je n'ai point vu cette sainte cérémonie. Quand il y a des prières au temple, ou que le Sénat s'assemble au capitole, je reste près de mes dieux domestiques, indigné contre les grands dieux, de ce qu'ils abandonnent le peuple et la ville.

Mais on m'a dit, qu'au moment où le

cortége a passé près de la statue renversée de Cassius, un bruit lamentable est sorti de l'image sacrée. Le peuple entier a frémi, le pontife a prononcé la formule des expiations, les vieillards du Sénat ont caché leurs faces dans leurs mains ; et le consul, qui se joue des dieux et des hommes, a déclaré, en souriant, qu'il n'avait rien entendu.

POÉSIES.

FRAGMENT

du IV.e Chant

DE LA MESSIADE ;

Poëme imité de Klopstock,

Par M. de Montmeyan.

Bien loin de cette terre en misères féconde,
Aux limites des Cieux s'élève un autre monde
Que la rébellion n'a point défiguré,
Monde heureux où le mal est encore ignoré !
C'est là que vit en paix une race innocente
De ce nouvel Eden immortelle habitante ;
Là, comme aux premiers jours la terre sans labeurs
Fait éclore à la fois et les fruits et les fleurs ;
Là l'amour maternel ignore les alarmes
Et sur l'urne des morts n'a point versé de larmes.
Rien ne brise des nœuds que le Ciel a bénis,
Le père y voit fleurir les enfans de ses fils,
Et l'immortel amant d'une amante immortelle
Sans redouter la mort vit heureux auprès d'elle.
De ce peuple choisi le père respecté

Marchait environné de sa postérité,
Quand tout à coup des Cieux traversant l'étendue,
Leur éternel auteur s'est offert à sa vue.
Il s'incline, il l'adore, et d'un ton paternel:
« Voyez-vous mes enfans dans les déserts du Ciel
L'auteur et des esprits et des mondes sans nombre,
Celui que la lumière entoure comme une ombre ;
Des plus brillantes fleurs il orna ces vallons,
Il fit couler cette onde, il dessina ces monts ;
Mais de tous les trésors de sa magnificence
Sa libérale main orna l'être qui pense.
Du souffle de la vie il anima son cœur,
Éleva son regard vers un Dieu protecteur
Ennoblit ses pensers, permit qu'avec les Anges
Sa voix de l'éternel célébrat les louanges.
A sa parole un jour du néant je sortis
Pour habiter en paix cet heureux Paradis,
Et pour que le bonheur fut mon hôte fidèle
Il me donna bientôt une jeune immortelle.
Mais aujourd'hui ce Dieu si puissant et si doux
Fait marcher devant lui le céleste courroux;
Adoucis, ô Seigneur, ce regard qui m'accable ;

Sans doute, ô Jéhova, sur un monde coupable
Ta main va diriger un juste châtiment.
Jadis, il m'en souvient, à ton commandement
Deux Esprits dans Eden se montrèrent rebelles,
Vas-tu perdre aujourd'hui ces races criminelles?
Apprenez un secret que jusques à ce jour
Voulut vous dérober mon paternel amour ;
Bien loin dans cet espace où gardant leurs limites,
Les mondes infinis roulent dans leurs orbites,
Est un séjour, jadis les délices du Ciel,
Mais que frappa de mort la main de l'éternel ;
A vous tous mes enfans semblable en apparence
Le peuple qui l'habite a perdu l'innocence;
D'immortels qu'ils étaient un déplorable sort,
Depuis leur faute, hélas, les soumit à la mort.
Mais comment sur l'esprit qui vit par la pensée
L'empreinte du trépas peut-elle être tracée?
L'esprit vivra toujours; au limon dont il sort,
Le corps doit retourner, esclave de la mort;
Et l'âme au même instant, pour subir sa sentence
Seule ira du Dieu juste affronter la présence.

Ah combien d'un mourant le destin est cruel !
Il voit s'évanouir le doux aspect du Ciel
Que remplace des nuits l'obscurité profonde,
La mort ferme ses yeux où se peignait le monde ;
Son oreille déjà n'entend plus qu'à demi
Les sanglots d'une épouse ou la voix d'un ami,
A peine il peut encor d'une voix expirante
Dire ses derniérs vœux à l'amitié constante ;
Une froide sueur a glacé tous ses traits,
Son cœur cesse de battre et s'arrête à jamais.
Rien ne fléchit d'un Dieu la trop juste colère,
Il voit sans s'attendrir les larmes d'une mère
Qui d'un fils bien aimé pleure le triste sort,
Et voudrait en mourant l'arracher à la mort :
Cet enfant faible encor et qui d'un pas timide
S'avance dans la vie en reclamant un guide
La mort va le priver de l'appui paternel ;
Et ces jeunes amans qu'un amour immortel,
Enchaîna l'un à l'autre, et dont l'âme épurée,
A choisi son séjour dans la sphère éthérée,
Rien ne peut les sauver d'un trop juste courroux,
Ni leurs cœurs innocents ni leurs vœux purs et doux
Qui d'un temps plus parfait ont *retracé quelqu'ombre*,
Des sujets de la mort ils accroîtront le nombre,
Hélas, et l'Eternel sans se laisser fléchir

Dans les bras de l'amant voit l'amante périr,
Entend ces derniers vœux si chers à la tendresse
Que l'épouse mourante à son époux adresse,
Il est inexorable à ces pleurs vertueux
Qui baignent leur visage et s'adressent aux Cieux ;
L'amante en son engoisse implore en vain une heure
La mort sourde à ses cris, à l'amant qui la pleure,
La frappe au moment même et vient pour désunir
Ce que la terre au Ciel de plus saint pût offrir. »

Tandis qu'il prononçait ces paroles touchantes,
Les enfans dans les bras de leur mères tremblantes,
Laissaient couler leurs pleurs. Le baiser maternel,
Calma ce court chagrin qui n'eut rien de cruel ;
Chaque amant tressaillit de crainte et de tendresse,
Et l'amante cédant au trouble qui la presse,
Aux bras de son époux cherche à se rassurer,
Heureuse d'un hymen qui doit toujours durer,

Elle bénit le Ciel d'un malheur qu'elle
  ignore,
Et fixe un œil ému sur l'époux qu'elle adore. »
Soutenant d'une main la mère de ses fils
Leur aïeul un moment ranima ses esprits,
Et reprit en ces mots « O race fraternelle
Est-ce vous que de Dieu la colère éternelle
S'apprête à condamner? auriez-vous irrité
Ce Dieu dont nous n'avons connu que la
  bonté?
De la nuit du néant sa parole féconde
Jadis en un clin d'œil a fait sortir le monde,
Dans la nuit du néant va-t-il vous replonger?
Peuples que le très-haut se prépare à juger,
Que nous vous pleurerons si l'Eternel lui-
  même
Vient exercer sur vous sa justice suprême,
Et que de fois nos yeux erreront attendris
Sur ces monts où sans fin dormiront vos dé-
  bris. »

LOU MUEOU ¹ QUE VANTO SA LIGNADO. ²

Fablo imitado de La Fontaine.

Lou Mueou d'un Cardinau, que l'ourguil doouminavo,
 (Parli doou Mueou, devires pas la cavo), ³
D'estre de counditien si dounavo leis ers.
 La testo hauto eou caminavo ;
 Et de cousta vous allucavo ⁴
  Eme ⁵ d'uils fiers.
Si frutavo eis chivaus, eme elleis counfisavo ⁶
Coumo s'erount esta seis socis, ⁷ seis paries; ⁸
 Et leis bardots ⁹ leis mespresavo
 Erount de trop pichots messies !
 Em'eou jamai istavias gaire,
 Que de la jumento sa maire
 Noun countessé leis vaillanties.
 A tout instant eou s'en vantayo,

---

¹ Mulet. ² Généalogie. ³ Chose. ⁴ Regardait. ⁵ Avec. ⁶ Il était familier avec eux. ⁷ Ses compagnons. ⁸ Ses pareils. ⁹ Mulets de petite espèce.

Senso escupir, ¹⁰ quand enregavo ¹¹
N'aurie parla doui jours enties.
Lou foullie ausir: ¹² dins Argier ¹³ ero nado;
Ero tant bello que doou Dey
Un grand prince l'avie croumpado ¹⁴;
Lou Papo un cooup l'avie mountado;
Avie mangea dins leis grupis ¹⁵ doou Rei;
Et souto d'eou à la parado
Tau jour faguet sa petarrado.
Avie ¹⁶ passa leis mars; s'ero attrouvado oou fuech;
Dins uno villo presso, un jour... noun ero nuech,
A travès leis canouns avie, premiero en testo,
Caussigant ¹⁷ leis corps mouers, intra pèr tau pourtau.....
Et piei.... que sabi iou? ai oublida lou resto;
Mai de ce que diie n'aurias fach un missau. ¹⁸
Per tout aco, l'enfant bouffi de glori
Avie la prétentien d'estre mes dins l'histori.
Dévengut vieil fouguet mes oou moulin.
Quand mi parlas! se l'espéravo gaire.

---

¹⁰ Sans cracher. ¹¹ Quand il était en train d'en parler. ¹² Il fallait l'entendre. ¹³ Dans Alger. ¹⁴ Achetée. ¹⁵ Crèches pour écuries. ¹⁶ Elle avait. ¹⁷ Foulant aux pieds. ¹⁸ Missel, c-à-dire, gros livre.

S'estransinant et plourant soun destin,
Si remembret [19] aqui [20] qu'un asé ero soun paire.

Prousperita souvèn nous enbournié [21]
Souvèn atou [22] nous fa marchar de caire
Quand piei après nou viro lou darnié.
Vèn lou malur que nou mouestro à bèn faire;
Nouestr'oourigino et lou pau que voulèn;
Lou malur dounq es bouen à quauquaren. [23]

---

[19] Il se ressouvient. [20] Alors. [21] Nous aveugle. [22] Aussi. [23] Quelque chose.

LA COOUQUILHADO [1] ET SEIS PICHOTS, EME [2] LOU MESTRE D'UN LOOU. [3]

Fablo.

Ti fises de degun. [4] Lou sen [5] ti va coummando,
  Et lou prouverbi ti va dis :
Quu voout l'y va, et quu voout pas l'y mando.
Dins une fablo encaro, Esopo, meis amis,
D'aquello verita la provo nous fournis.

  Leis coouquilhados fant soun nis
  Eis samenas [6], quand prisounièro
L'espiguo tout beou jus [7] neisse [8] dins soun fourreou.
  Ce qu'es lou tèm que lou souleou
Rescauffant de seis fuechs la terre touto entiero.

---

[1] L'Alouette huppée. [2] Avec. [3] Champ. [4] Ne te fie à personne. [5] Le bon sens. [6] Aux sémis. [7] *Tout beou jus*, à peine. [8] Nait.

Tout ce que viout si serquo [9] et s'eimo à sa maniero
> Que tout puplo; et que hors d'un hasard,
> Tout animau mette à proufit sa grano.
> Balenos oou found de la mar,

Sengliers dedins leis boues, cariandros [10] à la plano.
> Uno d'elleis avie pamen [11]
> Leissa passar la mita per lou men
> Doou printèm la sasoun tant bello!
> Tant courto atou! [12] deis plesirs, deis amours
> Senso n'en tastar [13] leis douçours.

Que voout dire? noun sai. Quu l'y vis? [14] La femello
A piei, coumo sabès, en pau [15] la testo ansin..... [16].
Debado [17] jusqu'oou bout faguet pas [18] la rebello;
Entendet piei resoun; si decido à la fin
> D'enjitar [19] encaro uno familho.
Oou pus espes doou bla, eme en pau de baouquillo [20],

---

[9] Se cherche. [10] Alouettes. [11] Pourtant. [12] Aussi. [13] Goûter. [14] Qui y voit clair. [15] Un peu. [16] Comme ça. [17] Cependant. [18] Elle ne fit pas. [19] D'élever. [20] Feuilles, débris de plantes.

Entre doui moutassouns [21] vous arrangeo
   soun nis,
Fa leis ueous, [22] couat, [23] leis espelis; [24]
   De coucho [25] coumo poudès creire.
Pamen rèn prenguet mau, leis pichots bèn
   nourris,
Coumoulavount [26] lou niou que fasié gau [27]
   de veire. [28]
Acoto [29] va proun ben: [30] mai, leis blas soun
   madus. [31]
Que doou peou fouletin [32] recuberts tout
   beou jus,
N'erount pas en etat de prendre sa voulado.
   Dins la peno et lou pensamen
La maire (foout mangear) va sarquar [33]
   la becado. [34]
   Li recoummando entandooumen [35]
D'estre toujours alerto, et tenir bèn damen [36]
» Quand lou mestre doou loou vendra far
» sa tournado,
» Li dis, à cooup segu [37] vendra din la
» journado,

---

[21] Mottes de terre. [22] Œufs. [23] Couve. [24] Les éclot. [25] Un peu pressée. [26] Remplissaient à fleur du bord. [27] Plaisir. [28] A voir. [29] Cela. [30] Assez. [31] Mûrs. [32] *Peou foulletin*, poil follet. [33] Chercher. [34] Béquée. [35] En attendant. [36] Faire bien attention. [37] Sûrement.

» Eme soun fiou : escoutas bèn ;
» Seloun ceque dira, partirem tous ensèm ».
  A peno avié quitta sa niado
Que lou mestre, en effet, arribo eme soun
 fiou.
  Vauto [38] la peço....« A ce que viou
» Lou blad es bèn madu, li dis, aquestou
 » sero [39]
» Foout anar moun enfant, dire à nouesteis
 » amis,
» Qu'avant l'aubo deman toun paire leis
 » espero ; [40]
» Farem soouquos ensem. [41] » Revengudo
 à soun nis,
   La Coouquilhado,
  Dins l'espravant trobo touto sa niado.
Un accoummenço : « a dit qu'avant l'aubo
 » deman
» Venguessount seis amis li dounar un cooup
 » de man ;
» Que pourrien faire soouquos elleis et sa
 » meinado. [42]
» S'a dich qu'aco, dis la maire à l'oousseou,
» Presso p'enca de faire san miqueou [43],
  » Seis amis m'esfrayount gaire ;

---

[38] Il parcourt. [39] *Aquestou sero*, ce soir. [40] Attend.
[41] Nous moissonnerons ensemble. [42] Sa famille. [43] De déménager.

» Es deman, meis enfans, que foout bèn
» escoutar.
» Enterim, [44] sigues gai, vaqui [45] de que
» pitar. [46]
Lou ventre bèn redoun, [47] leis pichots et
la maire,
Touteis amoulounas, [48] s'endouermount à
la fes,
L'aubo parei, d'amis pas ges.
La Coouquilhado en l'er. Lou mestre revent
faire,
Eme soun fiou, lou tour doou loou.
« L'y a doui jours qu'aqueou blad deourrié [49]
» tout estre oou soou. [50]
» Maugrabiou leis amis ! ant plus ges de
» vargouigno;
» Mi deffautar [51] ansin! [52] tambèn [53] foout
» estre iou,
» De mi fisar aqui !..... Moun fiou
» Li coumpten plus, de faire la besouigno,
» Vai leou d'aquestou pas pregar nouesteis
» parens.
» Sount fouesso [54], es ce que foout; et
» sount gens d'autro meno. [55] »

---

[44] En attendant. [45] Voilà. [46] Manger. [47] Rond.
[48] Les uns sur les autres. [49] Devrait. [50] Par terre.
[51] Me manquer de parole. [52] Comme ça. [53] Aussi.
[54] Ils sont en grand nombre. [55] D'autre acabit.

Leis oousseous de la poou batient quasi plus veno.

— Maire, a dich seis parens : es aro...sount de gens.....

—A vous pas treboular, li dis la coouquilhado,
Es pas tem de partir, dourmès, dourmès en pax.

La maire aguet resoun, degun pareisset pas.
L'homme vent mai [56] faire sa passegeado [57]
Eme soun fiou per lou troisième cooup.

« Te ! sount mai pas vengus ! cadebiouri ! si
» poout ?

» Aqueou [58] blad es resti ! [59] l'espiguo si
» degruno ; [60]

» Toumbo en peço...lou vent v'espausso [61]
» tout ; ô qu'uno !

» Se fa neblo [62] deman es tout perdu! moun
» fiou

» Avèn tort les premiers de coumptar su leis
» autres.

» Deis parens, deis amis, leis millous sount
» nous autres ;

» Souven-ti bèn de ce qu'aissi ti diou.

» Sabès que fen per s'espargnar de lagno ? [63]
» Foout que deman tant que siam dins l'houstau

---

[56] Vient encore. [57] Sa tournée. [58] Ce. [59] Roti. [60] S'égrène. [61] Le secoue. [62] *Se fa neblo*, s'il y a du brouillard. [63] Du chagrin.

» Prenguem [64] touteis l'ouramo [65] oou pre-
» mier cant doou gau. [66]
» Foout pas soungear d'aver la cagno. [67]
» Si boutarem [68] en trin, et piei acabarem [69]
» Nouesto meissoun quand va pourrem. [70] »

    Doou moumen que la coouquilhado
    D'eissoto [71] fouguet avisado,
» Caspi ! diguet, es pa lou prepau d'hier ;
» Es aro, [72] meis enfans, que foout faire
» siei liard. [73] »
Aco [74] dich, leis pichots en si fen esqui-
neto [75],
    Sourten doou nis oou meme instant,
      Si rigoulant, [76] vouletegeant,
    Si soouverount senso troumpetto.

---

[64] Nous prenions. [65] La faucille. [66] Du coq. [67] Indolence. [68] Nous nous mettrons. [69] Nous achèverons. [70] Nous pourrons. [71] De ceci. [72] C'est maintenant. [73] Qu'il faut décamper. [74] Cela. [75] *En si fen esquinetto*, les uns montant sur le dos des autres. [76] Se roulant.

LOU CAT, LA MOUSTELO[1] ET LOU PICHOT[2] LAPIN.

Fablo.

Doou palai d'un jouine lapin,
Vieil casau[3] que toumbavo en peço,[4]
Misè[5] moustèlo, un beou matin,
Si fet mestresso. Es uno pesso![6]
Proufitet doou moument per li jugar lou tour
Qu'ero ana[7] faire à l'auroro sa cour.
Lou mestre l'esten pas, sentes qu'ero coucagno!
Vous fa soun san miqueou,[8] et pouerto aqui dedin,[9]
A la pouncho[10] doou nas,[11] soun pau de san crespin.[12]
Eou tandooumen[13] battié l'eigagno.[14]
Après qu'aguet[15] d'un pè loougier et gai,

---

[1] Belette. [2] Petit. [3] Cahute. [4] Pièce. [5] Mademoiselle. [6] Rusée. [7] *Qu'ero ana*, qu'il était allé. [8] Déménagement. [9] Là dedans. [10] Pointe. [11] Du nez. [12] *Soun pau de san crespin*, son petit avoir. [13] Pendant ce temps. [14] *Battié l'eigagno*, parcourait les champs couverts de rosée. [15] Qu'il eut.

Trouta, soouta, coumo si poout pas mai; [16]
Bèn debrouta la farigoulo, [17]
La lavando, lou pebre d'ai; [18]
Fa de cardelo [19] une sadoulo, [20]
Et piei soun tour oou petoulié, [21]
V'ounte fet sa cabrioulado; [22]
Jan tournavo à sa trooucarié [23]
Fouert countent de sa matinado.
La moustèlo avie mes la testo oou pourtissoou, [24]
Fasié baboou. [25]
Juste ciel! qu'es que viou! dis, en vesèn l'oubriéro,
Noueste paure Janet qu'es mes à la carriéro. [26]
Fouero [27] d'eici, madamo, anen [28] leou, [29] su lou cooup.
Vo bèn, vau [30] avertir toutaro
Tous leis garris [31] d'apéreissito. [32] Et garo!
La damo oou ventre linge, [33] oou corps prin, [34] loungarut, [35]

---

[16] Davantage. [17] Le hym. [18] La sarriette, plante aromatique. [19] Espèce de chardon. [20] Une ventrée. [21] Certains lieux dans le bois où les lapins se plaisent à déposer leurs crotins. [22] Cabriole. [23] Terrier. [24] Pétite fenêtre. [25] Fille guettait. [26] Rue. [27] Hors. [28] Allons. [29] Vite. [30] Je vais. [31] Rats. [32] Du voisinage. [33] Mince. [34] Grêle. [35] Long.

Respoundet que la plaço, ero [36] oou premier vengut.
M'estouni pas! lou beou sujet de guerro,
Qu'un houstau, [37] v'ounte foout quand l'y voulès intrar,
Si touesse, [38] tirassar [39] lou ventre contro terro,
Et anar plan [40] de si despouderar. [41]
Boutten [42] aro [43] lou cas que fousse [44] uno courouno.
Voudrioi bèn saupre [45] cadebiou!
Quinto lei per toujour la douno
A Jan fiou, [46] vo nebou [47] d'André vo de Mathiou,
Pu leou [48] qu'à pau, puleou qu'a iou? [49]
Ansin va voout, dis Jan, la coustumo, l'usagi,
Sount seis leis, que d'aqueou masagi [50]
M'ant fach mestre et signour; et que de paire en fiou,
L'ant toujour fach passar en heiritagi.
De Thoumas à Simoun, d'aquestou à Bourthoumiou,

---

[36] Etait. [37] Maison. [38] Se tordre. [39] Traîner. [40] *Anar plan*, aller doucement. [41] De se déchirer, de s'écorcher. [42] Supposons. [43] Maintenant. [44] Que ce fut. [45] Savoir. [46] Fils. [47] Neveu. [48] Plutôt. [49] Moi. [50] Vieilles mesures.

(Qu'ero moun paure paire), et piei à Jan,
qu'es iou.
Premier vengut ! Es-ti un decret pu sagi ?
La damo alors : ho vè, fes [51] pas tant de cancan.

Tout aco mi roumpe la testo.
Per mettre fin à la countesto,
Fen [52] va jugear à Roumiouroumadan :
Ero un cat benhuroux coumo un canounge [53]...à taulo. [54]

Un gatas, boueno catomiaulo, [55]
Un sant home de cat, bèn vesti, gros et gras,
Que senso aver, se voulès, la litturo,
Avié, va tenié [56] de naturo,
Un rude doun per jugear tous leis cas.
Lou lapin diguet d'o. [57] Leis vaquis [58] arribas
Davant lou consou en fourraduro.
Harpemignot li dis : meis enfans approuchas,
Approuchas, si fen vieil, ai l'oousido en pau duro.
S'avançount touteis dous, coumo dous innoucens.

---

[51] Ne faites. [52] Faisons. [53] Chanoine. [54] Table. [55] Châte-mite. [56] Il le tenait. [57] Oui. [58] Les voilà.

Harpemignot, drech [59] que sount à seis caires, [60]
Mando [61] deis dous coustas leis arpos [62] en meme tèms,
Et leis mette d'accord, touis dous entre seis dents.

Avis, avis eis pleidegeaires.

---

[59] Dès. [60] Côtés. [61] Il envoie. [62] Les griffes.

LEIS DOUS PIGEOUNS.

Fablo.

Ensem vivient dous pigeouns bouens amis.
Un d'elleis, las d'oou repau doou lougis,
    A la foulié de vouille faire
Un viagi long per veire de peys.
L'autre li dis : et vouestre fraire
Lou leissares ? si languira ;
L'a rèn de pu marri [1] que d'estre separa.
Mai, v'est [2] tout un, vous qu'aimas gaire...
Michant ! se sias insensible eis amours,
Ooumen que la fatiguo et leis dangiers doou viagi,
De ven anar [3] ansin, vous levount lou couragi.
Siam [4] encaro d'hiver, esperas [5] leis grands jours.
Qu'es que vous presso tant ? tout esca [6] sus ma testo,

---

[1] Mauvais. [2] Il vous est. [3] De vous en aller. [4] Nous sommes. [5] Attendez. [6] Tout à l'heure.

A passa un croupatas [7] qu'a fa quierar [8] lou gau, [9]

Et sioune [10] de malhur, oourai ges de repau;

La nuech, lou jour vau [11] soungear que tempesto,

Marri rescontre, arets, [12] lou fooucoun, lou fusiou :

Ah! paures ! mi dirai, vaqui [13] que si fa niou; [14]

Quu soout v'ountes, [15] a ti ce que desiro;

La sousto, [16] un bouen soupa; lou couer gai.... manquo bèn? [17]

D'eisso [18] fouert esbranla noueste pigeoun souspiro.

Mai, lou tic de partir pau aprés li révent.

Anas sàrquar, aco [19] v'avié [20] à la testo.

Aquestou [21] ero d'avis de si faire savent.

Per aco de roudar, s'ero fach une festo

De veire de seis ues [23] dins leis autreis climats

Ce que fasien lou patus, [24] lou voulaire. [25]

Ero [26] curiou. Anen, [27] vous lagnés [28] pas,

---

[7] Un corbeau. [8] Qui a fait pousser un cri. [9] Coq. [10] Signe. [11] Je ne vais. [12] Filets. [13] Voilà. [14] Que le ciel se couvre. [15] Où il est [16] Un abri. [17] Ces deux mots disent beaucoup, on ne peut les rendre qu'imparfaitement par *que sais-je encore?* [18] De ceci. [19] Ceci. [20] Il l'avait. [21] Celui-ci. [22] Il s'était. [23] Yeux. [24] Pigeons patus. [25] Pigeons volants. [26] Il était. [27] Allons. [28] Ne vous chagrinez pas.

Diguet à l'autré, istarai [29] gaire
Quand cresés dounc que mi fourra de tem ?
Tres jours. Aqui n'a proun [31] per mi rendre
  countent.
 A soun retour oousires voueste fraire,
 Seis fourtunos vous countara
  Aco v'espassara. [32]
Oh piei, vesés, aqueou que si mourfounde
 Dins soun casau, [33]
 Que jamai vis lou mounde
 Que per un trau, [34]
Que vous dira? toujour la memo histori.
 Iou mi fourra que de memori,
 Tous meis contes vous farant gau [35]
Vous dirai eri [36] aqui, m'arribet talo cavo...
Vous semblara que li sias coumo iou.
Sus acoto, en plourant, si diguerount adiou.
Nouestre pigeoun parti, lou levant que
  bouffavo [37]
Adus [38] la pluejo et que pluejo, grand Diou !
Per s'assoustar [39] troubet que lou fuillagi
D'un aubré que n'avié quasi plus rèn de
  viou.
Lou souleou parei mai, si remette en vouyagi
Tout remuilhat [40], si sequo coumo poout.

---

[29] Je resterai. [30] Là. [31] Assez. [32] Vous amusera. [33] Cahute.
[34] Trou. [35] Plais. [36] J'étais. [37] Soufflait. [38] Apporte,
amène. [39] Pour se mettre à l'abri. [40] Tout trempé d'eau.

Dins un garat [41] vis de granilho oou soou [42]
Un pigeoun li pitavo, [43] as rèn dins lou gavagi, [44]
Si dis, [45] trobes [46] de vioure et piei de coumpanié !
Ooublidem la chavano [47] et reprenguem couragi.
   L'y vouelo, es prisounié.
De la casso a l'aret sabié pas la magagno ; [48]
   L'oousseou que si vis engagea,
Boundo, [49] arpategeo. [50] Aurié proun agut lagno [51]
Se l'aret en pau vieil fousse pas endooummagea. [52]
De l'alo et de la patto à forço d'eigregea [53]
   Russis à si desfessegea [54]
   De la bendo [55] que l'embaragno. [56]
Quauquo plumo restet. Lou piégi doou destin,
Fouguet qu'un vieil ratier [57] qu'en l'er fasié l'aleto [58]
   Viguet noueste paure mesquin
   Que tirassant la courdetto

---

[41] Gueret [42] A terre. [43] Y béquettait. [44] Gésier. [45] Se dit-il. [46] Tu trouves. [47] L'orage. [48] Ruse, finesse. [49] Bondit. [50] Il agit des pieds. [51] Il aurait eu assez de peine, de chagrin. [52] En mauvais état. [53] Faire des efforts. Se débarrasser. [55] Bande de filet. [56] Qui l'enveloppe. [57] Epervier. [58] Qui planait dans les airs.

Et leis trouas [59] de l'aret v'ounté [60] s'ero arrapa, [61]
Avié l'er d'un foussa [62] de Touloun escapa.
Lou ratier l'es dessus. De seis arpos damnados
Estregne l'animau lès [63] à far soun repas...
Mai, quu vous a pas dich, que d'amoun [64] deis niouras [65]
Un aiglo, oou même istant, eis alos rélargeados
Coumo un uilhau [66] toumbo su lou ratier.
S'anissount. [67] Lou pigeoun qué vis la battarié,
S'esquilho; et s'envoulant, si sauvo en un masagi. [68]
Crésié [69] qu'enca uno fes escapa doou nooufragi,
De lou persecutar lou sort s'allassarié.
Mai, un marri pitouet [70] (quand mi dias d'aquel agi !
Sabés pas leis enfants quand pouedount far de mau,
Va crounparient [71]); vous li mando un caillau [72]
Que se fousse pu gros coumplissié sa journado.

---

[59] Les lambeaux. [60] Où. [61] Il s'était pris. [62] Forçat. [63] Prêt. [64] D'en haut. [65] Nues. [66] Eclair. [67] Ils se battent furieux. [68] Masure. [69] Il croyait. [70] Enfant. [71] Ils l'achetèraient. [72] Caillou.

Per dire miés, sa destinado;
Lou ventre en haut lou deviret.
De vouyagear maudissent la pensado,
La pauro besti matrassado [73]
Si redreissant coumo pousquet [74]
A mita [75] mouerto, esplumassado,
Drech [76] oou lougis si retournet;
Tirassant l'alo, derenado [77]
Et caminant à pé coouquet [78]
Eme proun peno l'arribet,
Senso plus de ragouissinado. [79]
O moument fourtuna! v'ounte aqueleis amis,
Après tant de dangiers, d'alarmos, de soucis;
L'un eme l'autre si viguerount [80]
Encaro ensem dins lou meme lougis!
Que de caressos si faguerount!
Que de cauvetos [81] si diguerount!
Que de douçours!... Lou bounhur qu'esprouverount
Si sente miés que noun si dis.

---

[73] Brisée, harassée. [74] Comme elle put. [75] A demi. [76] Droit. [77] Éreintée. [78] *A pé cauquét*, à cloche pied. [79] Malencontre. [80] Se virent. [81] Que de douces petites choses.

C c

TABLE

DES PIÈCES CONTENUES

DANS LE PRÉSENT VOLUME.

1. Notice sur l'Origine de l'Imprimerie en Provence, *par M.* Antoine HENRICY, *Avocat, page.* 1.

2. Notice sur l'Église de Notre-Dame de la Seds, *ancienne Métropole d'Aix, par M.* CASTELLAN, *Chanoine, Professeur d'Histoire ecclésiastique à l'académie royale d'Aix, pag.* 44.

3. Recherches sur une Inscription romaine, mutilée, *qui se trouve dans le Cabinet de M. Sallier, à Aix, rétablie par M.* Marcellin de FONSCOLOMBE, *pag.* 60.

4. Réflexions sur l'idée et le sentiment de l'Infini, *par M.* de MONTMEYAN, *Secrétaire perpétuel-adjoint de la Société Académique d'Aix, pag.* 151.

5. Histoire d'une Anasarque, guérie par la diète sèche, *par M.* d'ASTROS, *Docteur en Médecine, pag.* 174.

6. Mémoire sur la Connaissance des Terres en Agriculture, *par M.* Henri PONTIER, *Minéralogiste, ancien Inspecteur principal de la* 16me *conservation des Eaux et Forêts, pag.* 185.

7. INTRODUCTION D'UN VÉGÉTAL ANNUEL DE LA CLASSE LÉGUMINEUSE DANS L'ÉCONOMIE RUSTIQUE, *indiquée par* M. GIBELIN, *D.-M.*, *Secrétaire perpét. de la Société Acadèm. d'Aix, pag.* 271.

8. DESCRIPTION D'UN NOUVEL APPAREIL VOLTAÏQUE A CYLINDRE, *par* M. DE CASTELLET, *Professeur de Physique et de Chimie, pag.* 275.

9. ÉLOGE DE M. L'ABBÉ ROMAN, *Chanoine de l'église métropolitaine d'Aix, et Conseiller honoraire de l'Université, par* M. DE MONTVALLON, *pag.* 283.

10. ANALISE D'UN CALCUL URINAIRE, *par* M. ICARD, *Pharmacien, pag.* 297.

11. NOTICE SUR QUELQUES POÈTES PROVENÇAUX DES TROIS DERNIERS SIÈCLES, *par* M. PONTIER, *pag.* 307.

12. NOTICE HISTORIQUE SUR LE LIEU DE LA NAISSANCE DE GUILLAUME DURANTI, *surnommé* SPECULATOR, *par* M. *l'abbé* CASTELLAN, *Chanoine, pag.* 314.

13. NOTICE SUR RAMBAUD DE VACQUEIRAS, TROUBADOUR, *par* M. D'ARLATAN DE LAURIS, *pag.* 330.

14. APERÇU SUR L'ÉTAT ACTUEL DES LETTRES, *par* M. DE MONTMEYAN, *pag.* 336.

15. LE VIEUX SERVITEUR, *par* M. ROUCHON-GUIGUES, *pag.* 365.

16. LE TABLEAU D'APPELLES, *par le même, p.* 367.

17. L'AFFRANCHI DE TIBÈRE, *par le même, p.* 370.

POÉSIES.

18. Fragment du ivme chant de la Messiade, Poème imité de Klopstock, *par M.* de MONTMEYAN, *pag.* 375.

19. Lou Mueou que vanto sa lignado, *Fablo imitado de La Fontaine, par M.* d'ASTROS, *Docteur en Médecine, pag.* 381.

20. La Coouquilhado et seis Pichots, eme lou Mestre d'un loou, *Fablo, par le même, pag.* 384.

21. Lou Cat, la Moustèlo et lou pichot Lapin, *Fablo, par le même, pag.* 391.

22. Leis dous Pigeouns, *Fablo, par le même, pag.* 396.

Fin.

ERRATA.

Page 94 ligne 16, coup, *lisez* cour.

Page 155 ligne 2, *mettez* un point à la fin de la ligne.

Page 164 ligne 16, après ces mots de l'homme, *mettez* un point.

Page 165 ligne 4, *mettez* une virgule après opposée, et *ajoutez* le mot et.

Même page ligne 6, *retranchez* le point et virgule.

Page 168 ligne 4, après le mot perfection, *mettez* une virgule au lieu d'un point d'admiration.

Page 283 ligne 3, *lisez*, Chanoine de l'Église Métropolitaine.

Page 287 ligne 1, furent sans influence, *lisez* fut sans influence.

Page 298 ligne 17, la composition, *lisez* sa composition.

Page 299 ligne 7, aqueuse, *lisez* rugueuse.

Même page ligne 16, et termine, *lisez*, et il termine.

Page 301 ligne 3, et répandant, *lisez* en répandant.

Page 339 ligne 15, après le mot degrés, *retranchez* le mot de.

Page 340 ligne 26, après le mot métaphysique, *retranchez* le mot et.

Page 343 ligne 2 dans la note, au lieu, de ses doctrines, *lisez* les doctrines de cette école.

Page 349 ligne 20, au lieu de, par un esprit sans doctrines fixes, *lisez*, et qui n'a point de doctrines fixes.

Page 352 ligne 16, au lieu de, durent contribuer, *lisez*, contribuèrent beaucoup.

Page 355 ligne 16, *retranchez* l's au mot siècle.

Page 360 ligne 1, au lieu de, distrairent, *lisez*, distraient.

Page 363 ligne 14, au lieu de, de celle, *lisez*, à celle.

Page 381 et suivantes, Fables *ajoutez*, par M. d'Astros, Docteur en Médecine.

www.ingramcontent.com/pod-product-compliance
Lightning Source LLC
Chambersburg PA
CBHW051833230426
43671CB00008B/938